# 拉丁美洲高等教育国际化政策研究

胡昳昀 范丽珺 著

人民出版社

责任编辑:宫　共
封面设计:源　源

**图书在版编目(CIP)数据**

拉丁美洲高等教育国际化政策研究/胡昳昀，范丽珺 著. —北京:人民出版
社,2022.11
ISBN 978-7-01-024126-5

Ⅰ.①拉…　Ⅱ.①胡…②范…　Ⅲ.①高等教育-国际化-研究-拉丁美洲
Ⅳ.①G649.73

中国版本图书馆 CIP 数据核字(2021)第 251540 号

拉丁美洲高等教育国际化政策研究
LADINGMEIZHOU GAODENGJIAOYU GUOJIHUA ZHENGCE YANJIU

胡昳昀　范丽珺　著

人民出版社 出版发行
(100706　北京市东城区隆福寺街 99 号)

北京汇林印务有限公司印刷　新华书店经销

2022 年 11 月第 1 版　2022 年 11 月北京第 1 次印刷
开本:710 毫米×1000 毫米 1/16　印张:16　字数:239 千字

ISBN 978-7-01-024126-5　定价:48.00 元

邮购地址 100706　北京市东城区隆福寺街 99 号
人民东方图书销售中心　电话 (010)65250042　65289539

# 总　序

在"十四五"乃至更长一个时期，我国教育改革与发展正在面临着新的国内外环境，面临着新的发展机遇和挑战。从国际上看，正如《中华人民共和国国民经济和社会发展第十四个五年（2021—2025年）规划和2035年远景目标纲要》明确指出的，"当今世界正经历百年未有之大变局，新一轮科技革命和产业变革深入发展，国际力量对比深刻调整，和平与发展仍然是时代主题，人类命运共同体理念深入人心。同时，国际环境日趋复杂，不稳定性不确定性明显增加，新冠肺炎疫情影响广泛深远，世界经济陷入低迷期，经济全球化遭遇逆流，全球能源供需版图深刻变革，国际经济政治格局复杂多变，世界进入动荡变革期，单边主义、保护主义、霸权主义对世界和平与发展构成威胁。"从国内看，经过40多年的改革开放，我国社会经济发展取得了辉煌的成就，实现了全面建成小康社会的目标，我国已转向高质量发展阶段。在新的历史阶段，我们必须统筹中华民族伟大复兴战略全局和世界百年未有之大变局，深刻认识我国社会主要矛盾变化带来的新特征新要求，深入贯彻创新、协调、绿色、开放、共享的新发展理念，加快构建新发展格局，推动高质量发展，为全面建设社会主义现代化国家开好局、起好步。

教育是高质量发展的重要内容，也是高质量发展的基础，因此，建设高质量教育体系，实现教育现代化，建设教育强国，便成为我国教育改革发展的主旋律和归宿。我国要打造的高质量教育体系应该是服务全民终身学习的教育体系，是满足所有人的发展需要的全纳、个性化的教育体系，是上下衔接、普职融通的教育结构体系，是优质均衡的基本公共教育服务体系，是多元、高效的教育评价与质量保障体系，是政府、学校、企业、社会共同参与的教育治理体系，是全面布局、重大突破、分类发展的高水平教育对外开放体系。在"十四五"乃至更长一个时期，我国教育改革与发展将致力于推进基本公共教育均等化，增强职业技术教育适应性，提高高等教育质量，建设高素质专业化教师队伍。这些重大任务的推进，迫切需要深化教育改革。

从国际上看，自20世纪80年代以来世界性的教育改革不但没有停止，而且随着21世纪社会经济、科学技术、文化等方面的新发展、新要求和新挑战而日益走向深入。在教育普及化的时代，不断推进教育现代化是教育改革发展的总体目标，提高质量和促进公平仍然是教育改革发展的主旋律，主要的改革趋势包括重新界定核心素养并将核心素养融入到培养目标、课程、教学和评价当中去，以培养创新能力、实践能力和学习能力为核心推进教学模式与方法的创新，以教师专业发展为指导推进教师职前教育和职后教育的一体化改革，以应对全球化时代挑战和全球性问题解决为目的推动国际理解教育、全球素养教育、全球公民教育和可持续发展教育，以教育数字化转型为途径应对信息革命、智能革命为主要驱动力的数字化社会带来的挑战，以全民终身学习和学习化社会为宗旨推进终身学习体系建设，以简政放权和提高效率为中心推进教育治理体系改革，以联合国教科文组织和多边主义等基础建构多行为体共同参与的全球教育治理体系。新冠肺炎疫情的全球蔓延使得全球教育面临着更大的不确定性，如何应对因疫情导致的面对面授课受限、国际交流与合作下降、教师与学生流动减少、失学和辍学人数飙升、毕业生就业恶化等挑战，如何在后疫情时代实现教育的重建，也成为世界各国和国际组织共同关心的问题。

在全球化时代，世界教育改革与发展进入一个互学互鉴的时代。我国的教育改革与发展的核心是建立高质量教育体系，实现教育高质量发展。这是一项前所未有的改革任务，迫切需要建立中国特色的教育现代化理论体系，探索中国式教育现代化的发展道路。这要求我们既要立足我国传统的文

化传统、教育理论和我国的现实国情，总结我国教育发展的经验，也要研究
世界教育理论发展前沿、教育改革发展的趋势和经验教训，为我国教育改革
与发展提供借鉴。

　　正是在这种背景下，北京师范大学国际与比较教育研究院组织出版了
"国际与比较教育研究丛书"。该丛书主要收纳教育部人文社会科学重点研究
基地北京师范大学国际与比较教育研究院和教育部国别和区域研究基地北京
师范大学国际教育研究中心的研究成果，同时也对国内外国际与比较教育学
者开放，力求反映世界教育理论发展的最新成果、世界教育改革与发展的最
新动态，并在世界教育改革与发展的大背景下审视我国教育的改革与发展，
为我国教育改革与发展提供借鉴。在丛书出版过程中，人民出版社给予了大
力支持，特别是王萍女士付出了大量的心血，在此谨致以衷心的感谢。

北京师范大学国际与比较教育研究院

刘宝存

2021 年 12 月

# 目　录

# 序　言

　　拉丁美洲作为21世纪海上丝绸之路的自然延伸，是"一带一路"建设不可或缺的重要参与方。拉丁美洲也是发展中国家和新兴市场国家的集中区域，是中国推动世界多极化的重要力量和共建人类命运共同体的重要伙伴。随着2015年中拉论坛的建立与召开，以及2016年中国对拉丁美洲第二份政策文件的发布，说明中国与拉丁美洲合作越来越密切。同时，《国家中长期教育改革和发展规划纲要（2020—2020年)》明确指出加大教育国际援助力度，为发展中国家培养培训专门人才，并积极参与双边、多边和全球性、区域性教育合作。《中国教育现代化2035》进一步提出了扩宽人文交流领域，促进中外民心相通和文明交流互鉴。目前，中国对拉丁美洲高等教育交流与合作尚处在起步阶段，政策制定与制度建设等方面都有待健全。因此，加强对拉丁美洲高等教育交流与合作研究，符合中国开创教育对外开放新格局的要求，具有理论意义与实践意义。

## 一、高等教育交流合作对加快和扩大新时代教育对外开放具有重要作用

　　教育对外开放作为中国改革开放事业的重要组成部分，同时也是教育现代化的鲜明特征和重要推动力。长期以来，教育对外开放战略紧密配合国

家对外战略变化，在服务于国家改革开放大局和促进教育事业改革发展中起到重要作用。[1] 尤其是十八大以来，党中央先后出台了《关于做好新时期教育对外开放工作的若干意见》《推进共建"一带一路"教育行动》《中国教育现代化2035》《教育部等八部门关于加快和扩大新时代教育对外开放的意见》等一系列文件，为提高中国教育质量、提升国际影响力，推进中国社会主义现代化建设提供了有力支撑。

其次，高等教育交流与合作促进我国教育软实力的建设。在这个全球化时代，任何一个民族国家的教育都具有向世界展示其自身、影响甚至改变他者的可能。高等教育文化的交流和沟通是循序渐进、潜移默化的进程。在这一过程中，不同国家高等教育机构之间缓慢地互相影响、互相改变。[2] 然而，不同民族国家的教育吸引他国的注意、被他国接受、喜爱甚至改变他国教育现状的程度却可能完全不同。高等教育国际化也由最初的经济的互动，逐步深入到合作研究、推广优秀教育制度、传播价值理念中。[3] 约瑟夫·奈（Joseph Nye）认为，一国开展国际教育交流是让参与者接受自己的规范、理念和程序的重要方式，有助于构建国家软实力。[4] 因此，在现代国际交往与国际竞争中，教育软实力就变得愈来愈重要。一直以来美国、英国、德国等教育软实力发达的国家，将学生国际流动项目作为公共外交，并将其视为国际教育交流与合作的中坚力量和教育软实力提升的重要手段。[5] 它们为世界最优秀的学生提供奖学金，着重培养世界各地的杰出青年领袖，为这些有

---

① 刘昌亚：《加快推进教育现代化开启建设教育强国新征程——〈中国教育现代化2035〉解读》，《教育研究》2019年第11期。

② 马健生、田京：《高等教育国际化的主要特征——基于高等教育经济属性和文化属性的分析》，《比较教育研究》2017年第5期。

③ 马健生、田京：《高等教育国际化的主要特征——基于高等教育经济属性和文化属性的分析》，《比较教育研究》2017年第5期。

④ Joseph Nye：Soft Power and Higher Education，2021年2月4日，见 http://theory.people.com.cn/n1/2019/0830/c40531-31326541.html。

⑤ Caitlin Byrne, "Australia's New Colombo Plan: Enhancing Regional Soft Power through Student Mobility", *International Journal: Canada's Journal of Global Policy Analysis*, Vol.71, pp.107-128.

可能成为国家领导人的青年人提供到本国学习的机会。这样做，不仅帮助提高接受奖学金国家学生的知识水平，更重要的是通过国际教育与交流，培养并扶持亲教育输出国的领导人。比如美国 1946 年成立的"富布莱特计划"（Fulbright Program），由美国政府资助，通过 50 个负责机构在 155 个国家和地区运作，到 2016 年为止已有超过 38.7 万名学生、学者、专业人士参与交流，其中包括 53 位诺贝尔奖得主、29 位国家元首、80 位普利策奖得主。正如美国前国务卿科林·包威尔（Colin Powell）曾经说过："我想不到有什么比通过让世界未来领导人来我们这里接受教育从而建立友好关系更划算的事情了。"① 精英之间的文化接触产生吸引力和软实力，它们为美国实现政策目标做出了重要贡献。正是在这个意义上，通过高等教育的交流与合作提高一个国家的教育软实力，已经成为全球化时代包括中国在内的不少国家的自觉追求。②

高等教育交流与合作的格局正在逐渐被打破。随着经济全球化的发展，发展中国家高等教育国际化出现新变化，逐步成为国际高等教育发展的重要力量。技术层面的全球化实现了世界联结，但从价值层面思考全球化及其塑造的世界秩序，零和博弈的西方中心主义全球化并未带来其宣扬的进步和共荣，全球范围内的国家之间不平等程度依然严重。③ 在这样的不平等格局中孕育了新的发展力量，随着发展中国家经济水平不断提高，就业机会增加，以"双向流动"为特征的留学生教育新模式开始出现。④ 近几十年来发展中国家在世界高等教育舞台上开始崭露头角，在世界体系理论中被认为半边缘国家，传统上西方创新知识的接受者，如韩国、中国、印度等，逐步向创新知识的制造者转型；其他一些国家，如新加坡、马来西亚和阿拉伯联合酋长

---

① [美] 约瑟夫·奈：《软实力》，马娟娟译，中信出版社 2015 年版，第 61 页。
② 胡昳昀、刘宝存：《国际比较视野下的中国教育软实力》，《教育研究》2021 年第 10 期。
③ 刘宝存、臧玲玲：《全球化时代的比较教育：机遇、挑战与使命》，《教育研究》2020 年第 3 期。
④ 姬芳芳、吴坚、马早明：《反全球化背景下美国留学生教育政策的新变化》，《比较教育研究》2020 年第 5 期。

国，正通过国际化积极引进国外创新成果，以增进能力建设和吸引越来越多的国际学生。① 而在当前逆全球化、单边主义、民粹主义思潮有所抬头的复杂多变国际化环境下，打破西方中心主义全球化和国际化的藩篱，促进国际高等教育的进一步交流与开放，推进真正的教育跨文化交流和国际理解"不仅令人渴望，也是可能的"②，崛起的发展中国家提供了新的方案和选择。尤其是疫情暴发后，以西蒙·马金森（Simon Marginson）为代表的学者认为，疫情暴发导致国际学术流动受到影响，国际教育部门遭受巨大打击，后疫情时期的国际教育的重点将由发达国家的"卖方市场"逐渐转向发展中国家的"买方市场"，东亚地区可能会逐渐走向高等教育中心地带的位置，高等教育国际秩序很有可能就此改变。③ 对于中国而言，需要抓住当下"买方市场"的机遇，正确地接受风险，借助后疫情时代高等教育资源在全球范围内重组和优化配置的形势，通过强化国际人才培养、充分利用远程教育技术等方式提升高等教育体系治理能力，一方面响应《中国教育现代化 2035》对于高等教育培养一流人才、提升创新能力、实现内涵式发展的战略需要，以高等教育治理体系现代化服务国家大局；另一方面扩大中国高等教育在世界教育体系中的影响力，完成从内向型输入国到外向型输出国、从边缘国家到中心国家的转变。④

① Hantian Wu & Qiang Zha, "A New Typology for Analyzing the Direction of Movement in Higher Education Internationalization", *Journal of Studies in International Education*, Vol.22, pp.259-277.

② [美] 克莉丝汀·福克斯：《比较教育视角下的认同问题——二元对立逻辑也是一种从属与支配的逻辑》，载罗伯特·阿诺夫等主编《比较教育学：全球化与本土化的辩证关系》，冯增俊等译，教育科学出版社 2012 年版，第 183 页。

③ Simon Marginson：Global HE as We Know it has Forever Changed，2020 年 3 月 26 日，见 https://www.timeshighereducation.com/blog/global-he-we-know-it-has-forever-changed#survey-answer。

④ 胡昳昀、范丽珺：《后疫情时代高等教育国际化发展的风险及规避策略研究——基于风险社会理论的视角》，《高教探索》2021 年第 5 期。

## 二、与拉丁美洲开展高等教育交流与
## 合作是中国亟待拓展的领域

同属于新兴经济体的中国和拉丁美洲各国不管是政治关系还是经贸交流都达到了历史的最好时期，对于具有搭建民心相通桥梁的教育交流也肩负起了新的使命。中国与拉丁美洲同属于发展中国家，地理位置相距遥远，不管是从社会制度还是文化背景都有很大的不同。由于客观地理和社会因素，以及美国对拉丁美洲的影响，中国与拉丁美洲的合作起步较晚，但是发展很快，目前拉丁美洲已经成为中国最重要的一个合作区域。中国与拉丁美洲的合作一直秉承着经贸先行，全面发展的合作原则。自 2013 年中国提出"一带一路"倡议，截至2019年已有 19 个拉丁美洲国家与中国签署"一带一路"合作谅解备忘录，2014 年中国提出与拉丁美洲共同构建"1+3+6"务实合作框架的倡议，2015 年中拉双方达成中拉产能合作"3X3"模式等。①2018 年，中国已经成为继美国之后拉丁美洲第二大贸易伙伴，拉丁美洲区域也成为仅次于亚洲的中国海外投资第二大目的地。不难看出，中拉经济合作机制不断推进和完善，中拉经济合作取得了显著进展。经济发展必然涉及技术的合作和文化的交流，这中间人才是关键，教育是基础②，因此教育交流与合作作为中拉友好往来不可或缺的一部分，是中拉关系发展的保障以及延伸。

1960 年古巴率先打破壁垒，成为第一个与中国建交的拉丁美洲国家。借此机会，中国颁布了《外交部关于拉丁美洲形势和开展对拉丁美洲工作的

---

① "1+3+6"务实合作框架的倡议是指："1"为"一个规划"，即《中国与拉美和加勒比国家合作规划（2015-2019)》；"3"为"三大引擎"，即贸易、投资、金融合作为动力；"6"为"六大领域"，即能源资源、基础设施建设、农业、制造业、科技创新、信息技术为合作重点，推动中拉产业对接。中拉产能合作"3X3"模式，即契合拉丁美洲国家需求，共建物流、电力、信息三大渠道；实行企业、社会、政府三者良性互动的合作模式；围绕中拉合作项目，扩展基金、信贷、保险三条融资渠道。

② 顾明远：《"一带一路"与比较教育的使命》，《比较教育研究》2015 年第 6 期。

意见》，在该意见中提出了未来一段时期中国对拉丁美洲的民间交往活动政策，其中包括扩大文化交流策略，"指定国内某些大学同拉丁美洲各国有名的大学建立联系，相互交换留学生；加快语言人才队伍培养的问题。"[①] 同时，为了进一步加深对拉丁美洲的认知，北京大学、复旦大学、北京师范大学、南开大学分别开设了拉丁美洲史研究课程，中国社会科学院设立拉丁美洲专门研究机构拉丁美洲研究所。虽然这一时期中拉教育交流与合作规模小，合作形式单一，但却拉开了中拉教育交流与合作的序幕。

20 世纪 70 年代起，随着中美关系的缓和，中国加入联合国，中国与拉丁美洲外交合作进入高速发展期，1970 年至 1999 年间中国先后与智利、秘鲁、墨西哥、巴西、哥伦比亚等 17 个拉丁美洲国家建立外交关系，建交国数量超过了拉丁美洲国家总数的一半，中拉双方也开始积极探索教育交流与合作的可能性。这一时期，中国提出了以国家利益为导向的"三个世界"外交理论，同时拉丁美洲各国发出呼吁"必须用一个声音对付工业大国"[②]，并认同第三世界国家的立场。共同的国家定位拉近了中拉间的距离，中拉政府间签署了一系列教育合作协定：如 1985 年中国和巴西签署了《中华人民共和国政府和巴西联邦共和国政府文化教育合作协定》，1988 年中国与乌拉圭签署了《中华人民共和国和乌拉圭东岸共和国政府文化教育合作协定》，1991 年中国与秘鲁政府签订了《中华人民共和国政府与秘鲁共和国政府关于互相承认高等学校的学位和学历证书的协定》、1995 年中国与古巴签订了《中华人民共和国教育部与古巴共和国高等教育部交流协定》等。同时，中拉逐渐重视教育科学领域的合作，中国分别同阿根廷、智利、哥伦比亚、巴西、厄瓜多尔、秘鲁、圭亚那等十多个国家签署了《科学技术合作协定》，在农业、医学、环境、航空航天等领域开展合作。

进入 21 世纪，中国又陆续与哥斯达黎加、巴拿马、尼加拉瓜等 7 个中美洲和加勒比国家建交，截至 2021 年，中国已与 25 个拉丁美洲国家建立了

---

① 孙洪波：《中国对拉美民间外交：缘起、事件及影响》，《拉丁美洲研究》2014 年第 3 期。

② 肖楠：《当代拉丁美洲政治思潮》，东方出版社 1988 年版，第 28 页。

外交关系。这一时期，中国政府提出要从战略高度重视拉丁美洲，中国与拉丁美洲各国开始积极探索教育领域合作的新内容与新形势，尝试向多主体、多层次的方向发展，中拉教育交流与合作进入了跨越式发展时期。2008年中国政府颁布了对拉丁美洲的第一部政策文件《中国对拉丁美洲和加勒比政策文件》，这也是中国继欧盟和非洲之后颁布的第三份区域性政策文件，其中第四部分"全方面合作"中提到加强双方教育科研领域合作，推动学历学位互认协议的签订，增加对拉政府奖学金名额。①2015年中国颁布了第一个对拉丁美洲中长期规划《中国与拉美和加勒比国家合作规划（2015—2019)》，该文件对中拉教育合作做出了具体的规划。②2016年中拉双方签署了最新的《中国对拉美和加勒比政策文件》（全文），在第一部对拉政策合作内容基础上，特别强调了要加强中拉教育领域交流、流动性研究项目以及教育部门和教育机构间合作，加强人力资源开发、能力建设和各领域合作，积极开展职业教育交流合作，并继续增加向拉丁美洲和加勒比国家提供政府奖学金名额。③ 2018年中国颁布了第二部对拉丁美洲规划《中国与拉共体成员国优先领域合作共同行动计划（2019—2021)》，在该阶段中国将继续增加对拉丁美洲政府奖学金数量，加强中拉大学和智库在学术、研究和发展领域的交流与合作，着重加强中拉思想文化的研究。④ 此外，2015年中国与拉丁美洲和加勒比国家共同体论坛（以下简称"中拉论坛"）建立，中拉论坛的建立标志着中拉教育交流与合作进入整体合作和双边合作并行互促的新阶段，为中拉教育的制度性合作奠定了基础。中拉间一系列战略文件的签署，这不仅反映出当今世界新兴市场国家和发展中国家群体性崛起的时代浪潮⑤，也是南南教育合作的新机遇。

---

① 中华人民共和国外交部：《中国对拉丁美洲和加勒比政策》（全文），2008年版，第5页。
② 中华人民共和国外交部：《中国对拉丁美洲和加勒比政策》（全文），2008年版，第5页。
③ 中华人民共和国外交部：《中国对拉美和加勒比政策文件》，2016年版，第6页。
④ 中华人民共和国外交部：《中国与拉共体成员国优先领域合作共同行动计划》，2008年版，第5页。
⑤ 新华社：《王毅谈习近平出访拉美：把握新机遇开启新里程》，2014年7月25日，见http://www.xinhuanet.com/world/2014-07/25/c_1111806453.htm。

随着中拉政治、经济关系的发展，中国与拉丁美洲国家在教育领域的合作也日趋紧密，但是同中拉的经济合作相比，教育合作没有达到应有的规模。[①] 随着中国国际地位的提升，教育合作对共建"人类命运共同体"有着不可估量的作用。因此，中国如何进一步推动中拉教育领域的互利合作，将中拉高水平政治经济贸易关系优势转化为人文领域的务实合作，是值得我们思考的问题。

因此，本研究选取在拉丁美洲高等教育领域具有影响力和代表性的国家巴西、墨西哥、智利和古巴进行案例研究，分析与比较这四个国家高等教育国际化的政策制定背景、内容、具体措施以及成效。在此基础上，分析中国与上述四个国家开展高等教育国际交流与合作的可能领域、途径和方式等，为中国与拉丁美洲区域以及拉丁美洲区域内主要国家开展高等教育交流与合作、建设教育共同体提供政策建议，实现中国与拉丁美洲区域以及区域内主要国家的教育战略对接、制度联通、政策沟通等。本研究的三个主要研究问题为：

第一，拉丁美洲高等教育国际化政策优先关注领域与需求是什么？弄清楚拉丁美洲高等教育国际化的政策制定、政策优先关注领域以及需求问题，做到"知己知彼"，找到中国与拉丁美洲高等教育交流与合作的空间。这是中国与拉丁美洲教育共同体建设中教育政策和发展战略制定的逻辑起点和基础。

第二，拉丁美洲高等教育国际化政策制定与执行的特征是什么？拉丁美洲常被中国作为一个区域性整体加以看待，但事实上拉丁美洲各国的差异性不亚于其一致性。作为案例分析的四个国家巴西曾为葡萄牙殖民地，其他三个国家为西班牙殖民地，其中古巴是社会主义国家，这四个国家的教育文化基础不一，政治制度相差甚远。由于地缘政治与历史原因，巴西一直与美国、非洲以及葡萄牙语联盟国家保持密切合作，墨西哥与美国、加拿大签订

---

① 麦高：《中国和拉美之间仍有很多旧框框》，2013 年 1 月 17 日，见 http://www.chinatoday.com.cn/ctchinese/chinaworld/article/2013-01/17/content_512961.htm。

了北美教育合作协议，智利与欧盟保持较为密切的教育合作关系，古巴则具有其独特的社会主义国家教育发展路线等。因此，中国在与拉丁美洲开展合作时，需要充分考虑其政策制定与实施特征的共性与差异性。这是中国与拉丁美洲高等教育交流与合作能否取得成功的关键因素。

第三，结合拉丁美洲高等教国际化政策制定与执行的特征，探讨中国如何有效推动与拉丁美洲高等教育交流合作。分析中国与拉丁美洲高等教育交流与合作政策历史的发展与现状，合作实践中存在的问题及面临的挑战。在总结已有合作经验基础上，充分重视拉丁美洲区域国家国情、高等教育体系差异，采取"因地制宜"的对外政策，开发多样化的实践模式，是推动中国与拉丁美洲建立教育共同体，实现有效合作的关键问题。

本书得以付梓，都是集体协同努力的结晶。著作的整体框架由北京师范大学国际与比较教育研究院胡昳昀设计，第一章"拉丁美洲高等教育国际化的发展图景"、第六章"拉丁美洲高等教育国际化政策的特征分析"和第七章"中国与拉丁美洲高等教育合作的成效与挑战"由胡昳昀撰写，第二章"巴西高等教育国际化政策"和第三章"墨西哥高等教育国际化政策"由香港大学教育学院的范丽珺撰写，第四章"智利高等教育国际化政策"由北京师范大学国际与比较教育研究院的吕宁撰写，第五章"古巴高等教育国际化政策"由北京师范大学国际与比较教育研究院的李子彤撰写，最后由胡昳昀和范丽珺逐章修改、补充并完善统稿。在此，对她们对著作撰写作出的贡献表示衷心的感谢。

在访谈数据收集过程中，我得到了墨西哥比较教育协会名誉会长 Marco Aurelio Navarro 的大力支持，他帮助我联系到了墨西哥高等教育国际化的专家，墨西哥、巴西和智利的大学国际与交流合作办公室的负责人。我得以与他们进行深入访谈，了解最为真实的拉丁美洲高等教育国际化现状。在本著作撰写过程中，北京师范大学国际与比较教育研究院刘宝存教授、肖甦教授、谷贤林教授、高益民教授、滕珺教授，北京师范大学政府管理学院王磊教授对本著作提出了宝贵意见。在著作出版过程中，人民出版社领导和本书责编付出了艰辛的努力。在此对他们表示衷心的感谢。

　　由于水平有限，我们深知本研究还有很多缺陷和问题，希望专家、学者和读者提出批评建议，我们一定认真聆听、学习和修改。

胡昳昀

2022 年 3 月 14 日

# 第一章 拉丁美洲高等教育
# 国际化的发展图景

20世纪80年代以来，特别是在20世纪90年代，为了应对全球化带来的挑战，拉丁美洲历经数次高等教育改革，但是，时至今日，拉丁美洲仍停留在国际研究和知识传播中心的外围。拉丁美洲正尝试在国际舞台上重新定位自己，利用自身优势和机会，走出适合拉丁美洲发展的高等教育国际化道路。

## 第一节 拉丁美洲高等教育国际化的发展进程

自20世纪以来，世界各国十分关注高等教育的发展。人们逐渐认识到高等教育对社会文化和经济发展的重要性。新兴技术的产生和发展改变了生产、组织、传播以及获取知识的方式，因此，高等教育必须面对技术带来的新机遇和新挑战。20世纪中期至20世纪末期是高等教育的急速扩张时期，世界范围内高等教育注册学生数量从1960年的130万人增至1995年的820万人。[①] 随着高等教育的扩张，高等教育所面临的问题日益凸显，不同经济发展水平的国家在高等教育入学率、学术研究以及学习资源等方面的差距逐渐拉大。因此，在高等教育层面的知识流动、国际合作以及新兴技术的应用

---

① UNESCO, *Declaración Mundial sobre la Educación Superior en el Siglo XXI: Visión y Acción*, Paris: UNESCO, 1998, p. 97.

为缩小国家间的差距提供了一定的机会。

拉丁美洲于 20 世纪 90 年代正式开始高等教育国际化。联合国教科文组织开展一系列的区域性和世界性的高等教育会议，旨在帮助拉丁美洲高等教育国际化的自主性发展。拉丁美洲高等教育国际化可分为三个阶段，分别为第一阶段：1996 年至 2008 年；第二阶段：2009 年至 2017 年；第三阶段：2018 年至今。

## 一、第一阶段（1996—2008 年）

20 世纪中期至 20 世纪末期，高等教育在促进社会变革以及推动社会进步方面发挥了重要作用。高等教育和科学研究的国际化现象显著增加。但是，在拉丁美洲和加勒比地区，高等教育国际化以一种杂乱无章的方式进行着。教育资源、人力资源明显从南方流向北方，与此同时，高水平专业人士和科学家从拉丁美洲地区向发达的工业化国家不断转移。因此，在面临人才严重流失的挑战下，拉丁美洲高等教育必须进行前所未有的改革。在高等教育领域中融入国际维度成为拉丁美洲高等教育改革的重要方向。

联合国教科文组织 1998 年于巴黎举行第一届世界高等教育大会（World Higher Education Conference 1998），在此之前，联合国教科文组织先后举办了五次区域协商会议。其中，1996 年于哈瓦那举行的拉丁美洲和加勒比地区高等教育转型政策和战略区域会议（Regional Conference on Policies and Strategies for the Tramformation of Higher Education in Latin America and the Caribbean）以及第一届世界高等教育大会制定了一系列与高等教育国际化相关的政策，拉开了拉丁美洲高等教育国际化进程的序幕。

古巴哈瓦那举行的拉丁美洲和加勒比地区高等教育转型政策和战略区域会议目标是在知识全球化进程的框架内建立全球教育行动计划，并通过三个关键概念来发展高等教育，即质量、相关性和国际合作。该区域会议动员各大主体，包括各国领导、高等教育机构领导，国家、区域、子区域的大学联盟，非政府组织、联合国机构和学术界代表等，以促进各主体之间的合作。该区域会议希望未来的高等教育能够有效地促进人类发展，并为制定无国界的、永久的全球教育行动计划奠定基础。① 此外，1996 年联合国教科文组织拉丁美洲和加勒比地区高等教育中心确定了拉丁美洲高等教育国际化的主要指导方针，主要包括：①基于团结以及促进世界各地高等教育机构之间的真正伙伴关系，开展"横向"的高等教育合作；②构建一个国际交流的组织框架；③创建和维护合作网络平台，通过网络平台促进国家间学术交流和人员流动，加强人力资源的培训，同时维护和尊重各地区的文化；④加强学位学历的认证，以促进各国高等教育系统内部以及各国高等教育机构之间的人员流动；⑤加强国际化课程的建设，使学生更好应对未来工作世界的挑战；⑥结合多语种实践，建立教师和学生交流计划，建立高等教育机构间的联系以促进知识交流；⑦在高等教育国际交流与合作中，优先考虑环境和可持续发展问题以及少数群体的利益。②

在经历五次区域会议之后，1998 年在巴黎举行的第一届世界高等教育大会中制定了《21 世纪世界高等教育宣言：愿景与行动》（*World Declaration on Higher Education for the Twenty-First Century*：*Vision and Action*）。该宣言认为推动高等教育的国际化就应秉持团结、承认和相互支持为基础的国际合作原则，以公平的方式为所有利益相关者带来真正的合作。该宣言第十一条明确指出在质量评估中，在考虑各国文化特点及国家状况的同时，也应加强对高等教育国际纬度的考量，如：知识交流、交流体系的创建、学者和学生的流动性以及国际研究项目。除此之外，在质量评估中，大学教学成员也是评估要素之一。高等教育机构应该制定完善的教师选拔标准，通过国家间、高等教育机构间的培训项目推动大学员工的专业发展，促进知识和人员在世界范围内的流动。③ 在人才外流方面，拉丁美洲面临着高级专业人才向

---

① CRESALIC、UNESCO，*Informe del Director de Conferencia Regional sobre Políticas y Estrategias para la Transformación de la Educación Superior en América Latina y el Caribe*，Caracas：CRESALIC，1996，p. 33.

② Oildier Labrada Cisneros，"Breve Acercamiento a las Políticas sobre la Internacionalización de la Educación Superior"，*Revista Cubana de Educación Superior*，Vol. 40（2021）.

③ UNESCO，*Declaración Mundial sobre la Educación Superior en el Siglo XXI*：*Visión y Acción*，Paris：UNESCO，1998，p. 109.

外流失的严峻挑战。该宣言指出国际合作的开展应以南北机构之间的长期合作关系为基础，并促进南南合作。应优先考虑在区域和国际网络组织的英才中心在发展中国家开展培训计划，同时在国外开设专业和密集的培训短期课程。此外，应在通过制定高素质专家和研究人员永久或临时返回原籍国的国家政策或国际协议，在拉丁美洲创造一个吸引和留住高端人才的社会环境。①

## 二、第二阶段（2009—2017 年）

鉴于区域一体化和全球化的不断发展，拉丁美洲及加勒比地区仍面临着机遇和挑战。20 世纪末至 21 世纪初的十多年经验表明，高等教育和研究有助于消除贫困、促进教育可持续发展和推动实现国际组织商定的千年发展目标（Millennium Development Goals）和全民教育（Education for All）。2008 年的经济危机扩大了发达国家和发展中国家之间高等教育准入标准和质量的差距。因此，拉丁美洲又制定了加强高等教育的社会承诺、改善高等教育质量、加强高等教育机构的自治权及开展国际合作的教育政策。

2008 年，拉丁美洲及加勒比地区高等教育区域会议（Regional Conference on Higher Education in Latin America and the Caribbean）在哥伦比亚举行。该会议指出高等教育是一项公共产品，接受高等教育是人的基本权利，国家有义务为全体公民提供高质量的教育。此外，会议提出高等教育机构是推动国家可持续发展、开展国际合作、实现区域一体化发展的重要载体，并提出应在拉丁美洲区域内努力构建拉丁美洲和加勒比地区知识和高等教育区（Espacio Común del Conocimiento y Educación Superior en América Latina y el Caribe）。在该会议中制定了《2008 年拉丁美洲及加勒比地区高等教育区域会议宣言及行动计划》（Declaración y Plan de Acción de la Conferencia Regional de Educación Superior en América Latina y el Caribe），表达了拉丁美

---

① UNESCO，*Declaración Mundial sobre la Educación Superior en el Siglo XXI：Visión y Acción*，Paris：UNESCO，1998，p. 113.

洲和加勒比地区对将于 2009 年召开的世界高等教育会议的共识和政治立场。《2008 年拉丁美洲及加勒比地区高等教育区域会议宣言及行动计划》指出应在科学研究和人力资源培训领域加强区域合作，关注每个国家高等教育系统的发展，推动各社会部门之间的合作。在促进高等教育国际化和区域一体化方面，首先，它指出建设拉丁美洲和加勒比地区知识和高等教育区的重要性，并指出政府及相关高等教育机构应做到：①对该地区的教育系统进行改革，通过分析各国文化和机构的多样性以提升项目、高等教育机构和各教育系统之间的兼容性；②推动该地区高等教育国家信息系统的联通与衔接，力图促进各高等教育系统之间的相互了解；③加强国家和子区域评估和认证系统的融合进程，以期制定保障高等教育和研究质量保证的区域标准；④在高等教育质量保证的基础上制定整个地区的学位互认制度；⑤在专项资金的支持下，推动学生、研究人员、教授和行政人员的区域内流动；⑥开展联合研究项目，建立大学间、学科间的学术网络；⑦建立有利于信息流通和学习的交流平台；⑧促进共享远程教育计划，并支持建立将远程教育和线下教育相结合的混合型学习机构；⑨加强语言学习，促进文化多样性和语言多样性，以丰富区域一体化的文化内涵。在国际化层面，该宣言指出有必要加强拉丁美洲和加勒比地区与世界其他地区的合作，特别是南南合作，以及在此范围内与非洲国家的合作。① 除此之外，《2008 年拉丁美洲及加勒比地区高等教育区域会议宣言及行动计划》向地区政府、高等教育机构、大学联盟以及与高等教育相关的其他国际组织提出了具体的执行建议，以期促进拉丁美洲和加勒比地区高等教育的发展。该行动计划确立了五项基本指导方针：①扩大本科和研究生的普及率，改善高等教育质量、加强高等教育社会包容性；②制定高等教育学分互认制度及高等教育质量评估和质量保证政策；③鼓励高等教育的科研与创新；④根据每个成员国的总体政策，制定区域科学、技术和创新议程，以改善各国之间的高等教育水平的差距，从而实现该区域的可

---

① UNESCO，*Declaración y Plan de Acción de la Conferencia Regional de Educación Superior en América Latina y el Caribe*，Paris：UNESCO，2008，pp. 22-24.

持续发展；⑤通过建设拉丁美洲和加勒比高等教育区（Espacio de Encuentro Latinoamericano y Caribeño de Educación Superior，ENLACES）等举措，倡导拉丁美洲和加勒比地区一体化和该地区高等教育的国际化。① "区域一体化和国际化"的具体指南包括对政府、高等教育机构、合作网络和国际组织的 28 项建议，其中主要涉及促进高等教育国际化政策的制定，促进南南合作、建立高等教育区域网络平台、支持开展人员流动项目，减少人才外流，加大财力支持等内容。②

2009 年在巴黎举行了主题为"高等教育与研究在社会变革和发展方面的新活力"第二届世界高等教育大会（World Higher Education Conference 2009）。该会议颁布了《第二届世界高等教育大会最终公报》（*Final Report of the Second World Lonference on Higher Education*），该报告"国际化、区域化和全球化"的部分提出了若干发展性建议，其中包括：①高等教育的国际合作应建立在团结和相互尊重的基础上，以人文主义和跨文化对话的价值观为基础。在经济萧条的情况下，高等教育的国际合作仍应该得到加强；②高等教育应通过增加跨境知识转移，特别是向发展中国家的知识转移，缩小国家间的差距；③建立国际大学网络平台，促进各国间的相互理解；④推进联合研究项目及学生和教师的交流项目，进一步推动学术流动；⑤联合倡议应有助于提升所有参与国的高等教育能力的发展；⑥高等教育国际化应惠及所有人，提升高等教育质量，尊重文化多样性和国家主权；⑦强调建立国家学习认证和质量保证系统的必要性；⑧提供高等教育的跨境服务，保障教学质量，尊重人权的基本原则、尊重文化的多样性和国家主权；⑨加强国际合作共同抵制虚假文凭、"文凭工厂"（fábricas de diplomas）等事件的发生；⑩国家、区域和国际组织应采取联合举措和协调行动，以确保世界各地高等教育系统的质量和可持续发展——特别是与撒哈拉以南非洲、小岛屿发展中国家

---

① UNESCO，*Declaración y Plan de Acción de la Conferencia Regional de Educación Superior en América Latina y el Caribe*，Paris：UNESCO，2008，pp. 6-7.

② UNESCO，*Declaración y Plan de Acción de la Conferencia Regional de Educación Superior en América Latina y el Caribe*，Paris：UNESCO，2008，pp. 34-38.

和其他最不发达国家，与此同时，大力发展南南合作和南北合作。①

## 三、第三阶段（2018年至今）

第三阶段始于2018年在科尔多瓦举行的第三届世界高等教育大会的准备会议，即第三届拉丁美洲及加勒比地区高等教育区域会议（III Regional Conference on Higher Education in Latin America and the Caribbean）。该会议主要基于2015年世界教育论坛《仁川宣言》发布的联合国可持续发展目标和联合国教科文组织制定的《教育2030行动框架》的原则，共同商讨拉丁美洲和加勒比地区的高等教育正在面临着社会转型和民主进步的问题。

会议颁布的《2018年第三届拉丁美洲及加勒比地区高等教育区域会议宣言》（*Declaración de III Conferencia Regional de Educación Superior en América Latina y el Caribe*）针对拉丁美洲及加勒比地区高等教育的国际化及区域一体化提出了建议，具体为：①开展基于团结和相互尊重的国际合作；②加强高等教育机构之间的联系，提升国家综合能力，保障在区域和全球范围内研究和知识生产领域的学术机构的多样性；③高等教育机构应积极参与国家教育项目的制定，承担教学和研究任务；④国际化将成为高等教育部门转型的重要推动力，系统的、综合的国际化战略应贯穿于课程内容和课程结构当中；⑤国际化是基于国际合作视角的知识生产的战略手段，这是一个培养学生的全球素养及跨文化能力的过程；⑥推动科研领域的国际合作，增加科研经费投入，重视研究生层次的教育质量和国际化培养力度，进一步寻求区域合作，推动区域科研一体化进程；⑦以区域科学发展政策和战略为基础，巩固高等教育国际化，同时政府需要推动、深化和巩固拉丁美洲和加勒比区域一体化的政治意愿；⑧通过制定学生包容性计划和国家融资计划来增加区域内学生的流动性，使弱势群体的学生也能够融入国际化进程中；⑨保障课程和学习计划的灵活性、提高学历学位认可度，推动区域高等教育人员

---

① UNESCO，*Comunicado Final de la II Conferencia Mundial de Educación Superior*，Paris：UNESCO，2010，pp.5-6.

流动的可持续增长。①

对 2030 可持续发展目标议程的回应，此次会议还通过了《2018 至 2028 年十年行动计划》(*El Plan de Acción para el decenio 2018—2028*)。在高等教育国际化层面，该行动计划对已有的高等教育国际化政策进行了补充与更定，制定了 8 项总体目标和 14 项具体目标。八项总体目标包括：①继续推动拉丁美洲和加勒比地区高等教育国际交流与合作；②促进和支持拉丁美洲和加勒比地区的国际学术合作；③巩固拉丁美洲和加勒比地区的学术区域一体化进程；④加强区域一体化和南南合作，完善现有的学术网络合作平台，推动区域性计划的实施；⑤推动高等教育机构的国际交流与合作，并制定相应的国际化政策；⑥在教师培训及教学实践中融入国际化纬度；⑦支持研究生项目以及高校科研人员培养项目的国际交流与合作；⑧通过公共政策和高等教育机构支持学生和研究人员的外语学习。② 除此之外，该计划针对政府、高等教育机构及国际组织这三大主体提出了具体的要求，强调应将高等教育国际化作为教育发展的优先事项，推动学分学历互认体系的建立与完善，发展各大高等教育机构之间的国际化项目以及促进科学知识的交流，加强教师培训以及推动实施学生和研究人员之间的交流。

## 第二节　拉丁美洲高等教育国际化的发展战略

### 一、修订教育法律法规为高等教育的国际化发展提供法律支持

20 世纪末，拉丁美洲各国陆续对本国的高等教育法律法规进行修订，

---

① Instituto Internacional para la Educacion Superior en America Latina y el Caribe, *Declaración de III Conferencia Regional de Educación Superior en América Latina y el Caribe*, Paris：Instituto Internacional para la Educacion Superior en America Latina y el Caribe, 2018, pp.14-15.

② Instituto Internacional para la Educacion Superior en America Latina y el Caribe, *Plan de Acción 2018—2028*, Paris：Instituto Internacional para la Educacion Superior en America Latina y el Caribe, 2018, pp. 55-64.

以满足高等教育发展的时代需求，如巴西、智利、阿根廷、墨西哥等国。在大多数国家新修订的法律法规中，都提出了要求国家或各高等教育机构增设负责高等教育国际交流的行政部门，提升教育国际交流与合作的管理与执行能力。在国家层面，各国政府相继成立新的部门或将已有部门进行调整或重组，以满足国家高等教育国际化战略实施的需求。巴西1996年颁布的第9394号法案《国民教育规章与基础法》（*Lei de Diretrizes e Bases da Educação Nacional*）中明确规定，教育部是高等教育国际化进程的主要参与者和管理者。[①] 教育部成立了三个下属机构，即高等教育秘书处国际咨询办公室、国际事务咨询办公室以及高水平人才培养机构协调办公室，负责高等教育国际交流和人才培养工作。智利1997年修订了高等教育政策框架，确定了教育部的四大战略职责，其中之一就是促进高等教育国际化发展。[②] 同年，智利政府将留学服务视为国际商品和服务纳入智利出口促进局（Prochile）[③] 的管辖范围。智利历史最悠久且最具影响力的智利大学校长委员会（Consejo de Rectores de las Universidades Chilenas，CRUCH）[④] 成立了国际合作办公室，负责成员大学的国际合作和关系网络搭建工作。

在学校层面，当时已经建成的国际事务办公室多属于高等教育机构的第四级或第五级行政部门，更不用说像欧美大学那样具有副校长或副院长级

---

① [巴] 索尼娅·佩雷拉·劳斯等：《巴西高等教育的国际化》，载 [荷] 汉斯·德维特等著《拉丁美洲的高等教育：国际化的维度》，李锋亮等译，教育科学出版社2011年版，第113页。

② [智] 卡洛斯·拉米雷斯·桑切斯：《智利高等教育的国际化》，载 [荷] 汉斯·德维特等著《拉丁美洲的高等教育：国际化的维度》，李锋亮等译，教育科学出版社2011年版，第139页。

③ 智利出口促进局（Prochile）隶属于智利外交部，主要负责促进产品和服务的出口工作。

④ 智利大学校长委员会（Consejo de Rectores de las Universidades Chilenas，CRUCH）成立于1954年，现有成员27所大学，18所公立大学，9所私立大学。2015年之前，成员为25所大学，均是1981年之前建成的智利历史悠久的大学。2015年之后，智利高等教育改革，又在没有公立大学的两个省，建立了两所公立大学，也成为该大学校长委员会的成员。

别的国际关系办公室。① 大多数学校缺少具有独立管理权力和办事能力的国际事务办公室，人员多为借调且流动性大，专业水平低，因此无法独立制定高等教育机构的国际化战略发展方针和政策，制约了学校国际化水平的发展。因此，作为各高等教育机构对外"联络员"的国际事务办公室，成为各高等教育机构首先建立和完善的部门。

### 二、提高高等教育质量助力国际竞争力的提升

提高教育质量成为拉丁美洲各国政府和教育机构的核心任务。拉丁美洲各国希望通过高等教育质量水平的提升以促进国际竞争力和影响力的发展。因此进入 21 世纪，各国都在致力于建立具有兼容性、可对比性的高等教育质量认证体系。

拉丁美洲高等教育较为发达的国家相继于 20 世纪 90 年代开始了高等教育质量改革工作。1990 年，智利颁布了《教育总法》(*Ley General de Educación*)，该部法律规范了智利高等教育机构体系，建立了高等教育评估和认证制度，并且特别成立了高等教育委员会负责高等教育质量评估与监管工作。②1994 年，阿根廷修订宪法，在新修订的宪法中对高等教育改革提出了新的要求。次年，阿根廷颁布了高等教育第 24.521 法令，这部法令规范了阿根廷高等教育机构体系，涉及大学类型、大学自治权、教师聘用、学生选拔、财政等方面内容。在规范统一的高等教育制度基础上，建立评估和认证制度，根据评估和认证标准建立教师培训考核制度。③ 同年，玻利维亚也进行了宪法修订，主要涉及高等教育评估和认证制度的建立，教师晋

---

① ［墨］若瑟兰·加塞尔·阿维拉等：《拉丁美洲的道路：趋势、问题和方向》，载［荷］汉斯·德维特等著《拉丁美洲的高等教育：国际化的维度》，李锋亮等译，教育科学出版社 2011 年版，第 329 页。

② Biblioteca de Congreso de Nacionla de Chile：Ley General de Educación，2010 年 7 月 2 日，见 https：//www.bcn.cl/leychile/navegar？ idNorma=1014974。

③ Comisión Nacional de Evaluación y Acreditación Universitaria：Ley Nacional De Educacion Superior Nro. 24.521，1995 年 8 月 10 日，见 https：//www.coneau.gob.ar/archivos/447.pdf。

升考核制度等。① 巴西于 1996 年颁布了《国民教育规章与基础法》(*Lei de Diretrizes e Bases da Educação Nacional*)，该法律确定了高等教育质量的标准，并建立了教育项目和高等教育机构的教学质量评估和认证制度，并且巴西政府认为本次高等教育改革是巴西实现国家现代化的重要举措。② 墨西哥高等教育改革同样开始于 20 世纪 90 年代中期，这一时期墨西哥政府出台了《教育发展计划》(*Programa de Desarrollo Educativo*)，建立了国家高等教育评估制度，新制度的建立同样对高等教育机构治理模式提出了新的要求。③ 在厄瓜多尔和巴拉圭等国，虽然没有立法要求建立高等教育的评估制度，但也都将提升高等教育质量作为本国高等教育发展的主要目标。

随后，拉丁美洲各国陆续建立了高等教育认证机构，这些机构多数是以外部同行评估、自我评估和量化绩效指标等方式对高等教育质量进行评测。这些质量认证机构主要职能是对高等教育机构从业资质的认证以及对执行项目的质量认证。拉丁美洲各国建立高等教育认证机构，一方面是对国内高等教育机构的办学质量进行把控，提高学生毕业率，提高人才培养与市场需求匹配度，促进社会的平等和民主发展；另一方面是提高自身国际化水平，面临发达国家开始的高等教育国际化改革，拉丁美洲高等教育机构感受到提高自身高等教育质量、与国际高等教育体系接轨的迫切需求，进而在国际舞台上争取一席之地。拉丁美洲各国建立教育质量认证机构外，各个大学也在通过大学联盟的方式寻求发展，如智利、尼加拉瓜、玻利维亚、秘鲁等国，众多具有历史传统的名校同样肩负着国家的政治任务，因此在校长选拔、质量监管、经费支出等方面实行国家、监管机构和校长联盟三方共同管理模式。

---

① Bolivia：Ley de Reforma Educativa，1994 年 7 月 7 日，见 https：//www.lexivox.org/norms/BO-L-1565.html。

② [巴] 索尼娅·佩雷拉·劳斯等：《巴西高等教育的国际化》，载 [荷] 汉斯·德维特等著《拉丁美洲的高等教育：国际化的维度》，李锋亮等译，教育科学出版社 2011 年版，第 103 页。

③ Diario Oficial de la Federación：PROGRAMA de Desarrollo Educativo 1995-2000，1996 年 2 月 19 日，见 http：//dof.gob.mx/nota_detalle.php？codigo=4871357&fecha=19/02/1996。

　　虽然拉丁美洲各国高等教育质量认证和评估制度的发展水平不尽相同，它们作为"学术警察"，在监控高等教育机构办学质量的过程中发挥着重要的作用。但需要指出的是，教育质量认证和评估制度的建立在拉丁美洲各国遇到了不小的阻力，一方面第三方质量认证机构的建立使得大学自治权力受到了威胁；另一方面近代拉丁美洲第二次教育改革中以市场为导向建立起来的私立高等教育机构，因教育质量不高而面临机构调整甚至是关闭的风险。面对重重压力，各国政府表现出了坚定的态度并给予大力支持，在尊重高等教育自治传统的前提下，推进新一轮的改革。目前，在拉丁美洲的 33 个国家中，只有海地未建立起高等教育质量认证和评估机构，已建成的质量评估机构呈现出多样性特点，根据国家宪法要求有的评估机构隶属于政府的公立机构，有的是独立于政府的私立机构。

　　高质量的高等教育服务是政府为人民提供的"公共福利"，同时随着高等教育国际化的发展也成为国家提升竞争力和保持吸引力的重要工具。对于拉丁美洲来说，首要的任务是提升自身的高等教育质量，这样才能同发达国家进行平等的交流和对话，在推动人才"走出去"的同时，具有吸引人才"走进来"的能力，在人才交流过程中形成良性的"人才循环流动"模式，为国家的人才储备不断增添新的血液。

### 三、建立区域层面合作模式促进高等教育的协同发展

　　在经济全球化的发展过程中，依靠国家的单边力量已经不能在错综复杂、变幻无常的国际关系中站稳脚跟，国家与国家间传统的双边合作也无法满足和平衡多边国际关系的利益诉求。纵观全球，除了国家和国家层面的合作外，区域层面、跨区域层面的合作逐渐增多，并成为国际合作的主要趋势。区域主义发轫于欧洲，随着欧洲一体化进程的顺利推进，区域合作随着新制度主义的外溢作用，已经从原有的经济领域，向政治、文化和教育领域延伸。欧盟的区域政策给全世界带来了示范性效果，对于一直追求"一体化思想"的拉丁美洲来说，欧洲的成功模式自然成为拉丁美洲效仿的楷模。

　　自 20 世纪 90 年代初，拉丁美洲国家就试图通过子区域和区域的资源

整合来提高该区域的高等教育影响力，先后成立了超过 10 个以上的高等教育区域组织，这些区域组织有些是覆盖整个拉丁美洲的区域性组织，有些是次区域组织，有些是整合多个区域高等教育资源的跨区域组织，还有一些属于大学联盟组织，以及一些具体高等教育项目如评估认证组织等。拉丁美洲高等教育研究学者诺尔伯特·费尔南德斯·拉马拉（Norberto Fernández Lamarra）认为，促进拉丁美洲高等教育区域发展的主要原因有二：第一，高等教育作为促进国家发展和提高国家竞争力的主要动力，而高等教育质量与国际交流被视为促进高等教育发展的关键因素；第二，拉丁美洲各国高等教育机构具有悠久的自治传统，因此制度建设、课程设置等方面表现出较强的异质性，质量衡量标准的不统一很可能造成高等教育发展的困境。[①] 因此，寻求合作、建立共识、制定可行性方案成为拉丁美洲各国高等教育发展之路。

通过一体化平台的搭建，拉丁美洲区域尤其是次区域各国的高等教育机构之间形成了初步的资源整合与共享，加强了次区域内部的学生、科研人员、教师的流动。其中比较成功的案例如南方共同市场（MERCOSUR），20 世纪 90 年代中期该区域组织将高等教育列入区域合作的重要议题，随后建立了大学学历认证制度（Mecanismo Experimental de Acreditación de Carreras de Grado Universitario，Mexa），并建立了"区域大学学历认证体系项目"（Sistema de Acreditación Regional de Carreras Universitarias，ARCU-SUR）。该项目建立了南方共同市场阿根廷、巴西、巴拉圭、乌拉圭、玻利维亚和智利等成员国大学之间的学历认证制度，为区域内各国间的学生和人员流动扫清了障碍。

另一个比较成功的案例是中美洲大学联盟（Confederación de Universidades Centroamericanas，CSUCA），该联盟下属的中美洲高等教育认证委员会（Consejo Centroamericano de Acreditación de la Educación Superior，CCA）建

---

① Norberto Fernández Lamarra，"Hacia la Convergencia de los Sistemas de Educación Superior enAmérica Latina"，*Revista Iberoamericana de Educación*，Vol. 35，pp.39-71.

立了中美洲高等教育评估和认证制度（Sistema Centroamericano de Evaluación y Acreditación de la Educación Superior，SICEVAES）。该认证委员会的建立促进了中美洲高等教育质量的提升，搭建了学分、学历和学位互认的平台，促进了区域内部学生、科研人员的流动，提升了高等教育机构的知名度。

除了子区域组织外，还有一些比较重要的跨区域组织。如伊比利亚美洲高等教育质量认证网络（Red Iberoamericana para la Acreditación de la Calidad de la Educación Superior，RIACES）是一个跨区域的非政府组织，由来自拉丁美洲和欧洲（主要是西班牙、葡萄牙）国家级别和区域级别的认证机构组成，由各国政府共同负责高等教育质量保障政策的制定，负责区域内高等教育质量的监督工作。

还有一个不得不提及的是由联合国教科文组织推动的国际组织——拉丁美洲及加勒比国际高等教育研究所（Instituto Internacional para la Educación Superior en América Latina y el Caribe，IESALC）。该研究所是联合国教科文组织唯一一个参与拉丁美洲高等教育治理和改善工作的机构，作为一股外力因素，致力为拉丁美洲搭建一体化的平台，推动该区域高等教育的发展。拉丁美洲高教所主要从促进学术交流、改善教育质量、提高跨文化理解等方面入手，推动拉丁美洲区域高等教育一体化的发展。首先，该研究所为拉丁美洲搭建信息交流平台，以实现学术共享。其次，该研究所利用自身在国际层面的资源优势，为该区域建立质量保障体系，积极推动和组织国家、区域及国际组织间的合作，促进人员流动。同时它还建立了多文化和跨文化项目组，促进区域内部各国的相互理解。①

---

① 胡昳昀、刘宝存：《拉美高等教育一体化建设：目标、路径及困境——联合国教科文组织参与区域治理的视角》，《比较教育研究》2018年第4期。

表 1-1　拉丁美洲高等教育国际化的主要区域组织

| 水平 | 国际性质 | 跨区域性质 | 区域性质 | 次区域性质 |
|---|---|---|---|---|
| 跨政府 | ·联合国教科文组织<br>·世界银行<br>·联合国开发计划署<br>·经合组织<br>·国际移民组织 | ·拉丁美洲及加勒比和欧盟学术峰会 | ·美洲国家组织<br>·拉丁美洲和加勒比区域高等教育国际协会<br>·美洲开发银行 | |
| 政府部门或机构 | | ·伊比利亚美洲国家教科文组织<br>·安德烈斯贝略协议 | | |
| 非政府组织 | ·国际大学协会<br>·国际大学校长协会<br>·天主教大学联合会 | ·欧亚联盟/拉丁美洲大学委员会<br>·伊比利亚美洲高等教育质量认证网络<br>·北美高等教育协会<br>·哥伦布协会<br>·美洲间高等教育组织 | ·拉丁美洲大学合作网络<br>·拉丁美洲和加勒比区域大学一体化协会<br>·拉丁美洲大学联盟<br>·拉丁美洲大学委员会 | ·中美洲大学联盟<br>·南方共同市场大学组织<br>·安第斯集团大学组织<br>·蒙得维的亚大学集团协会 |

资料来源：[哥] 伊莎贝尔·克里斯蒂娜·哈拉米略、[加] 简·奈特：《主要行动者和项目：地区内部联系的增强》，载 [荷] 汉斯·德维特等著《拉丁美洲的高等教育：国际化的维度》，李锋亮等译，教育科学出版社 2011 年版，第 310—311 页。（根据上述资料整理而成）

## 第三节　拉丁美洲高等教育国际化的发展困境

拉丁美洲高等教育国际化开始于 20 世纪 90 年代，比发达国家晚了 10—20 年。在其发展过程中，拉丁美洲自身政治局势动荡不安，大多数的拉丁美洲国家缺乏稳定的政治支持。拉丁美洲大部分国家缺乏国家纲领性文件的指引，针对高等教育国际化层面的专项政策较少，并且大多数国家未制定与规划相配套的具体发展方针，仍停留在"口号式"的政策阶段，缺乏操作性指引。在经济方面，拉丁美洲地区受到新自由主义的影响，私有化程度不断加深，经济过分依赖欧美大国。在政治和经济层面未能为高等教育发展提供良好的发展环境，致使拉丁美洲高等教育国际化进程中面临着机构吸引力不足、水平不高、人才流失等发展困境。

### 一、拉丁美洲高等教育机构国际吸引力不足

与发达国家及地区相比，拉丁美洲的高等教育国际化仍以"教育输入"为特征，吸纳外国的教育理念缺乏教育输出的竞争力与"教育自觉"，这在留学生教育方面表现为：学生跨国流动过程中，拉丁美洲接收的留学生数量远不及拉丁美洲学生赴海外留学的数量。2017 年，拉丁美洲部分国家高等教育阶段留学生占在校生总人数的比例分别为巴西 0.2%、智利 0.4%、墨西哥 0.6%、哥斯达黎加 1.3%、阿根廷 2.5%[①]，而 2016 年经合组织成员国的留学生占高等教育在校生总人数的均值为 6%。[②] 据联合国教科文组织数据显示，2019 年拉丁美洲赴海外留学生人数为 387753 人，赴拉丁美洲的国际学生人数为 239838 人，二者之间相差超过 15 万人，并且在拉丁美洲学习的海外学生人数占该区域高等教育总入学人数的百分比仅为 0.16%。[③] 学生流动作为国际化的重要业态，在很大程度上反映了一国的高等教育国际化水平。从拉丁美洲各国吸引国际学生的整体态度和举措来看，拉丁美洲高等教育国际化发展还处于被动地位，出现该现象主要归因于拉丁美洲高等教育的知名度不高、国际影响力不足。2022 年 QS 大学排名中，拉丁美洲排名最高的大学位次为 69 名，100—200 名之间的仅有 5 所学校上榜。[④]

---

① 黄永忠、蒋平：《高等教育国际化背景下拉丁美洲留学生教育现状评析》，《教育与教学研究》2021 年第 4 期。

② OECD：Education at a Glance 2018，2020 年 12 月 13 日，见 https://read.oecd-ilibrary.org/education/education-at-a-glance-2018_eag-2018-en#page1。

③ UNESCO UIS：Number and Rates of International Mobile Students（Inbound and Outbound），2022 年 2 月 10 日，见 http://data.uis.unesco.org/。

④ QS Top Universities：QS World University Rankings 2022，2022 年 1 月 3 日，见 https://www.topuniversities.com/university-rankings/world-university-rankings/2022。

## 二、拉丁美洲高等教育机构国际化水平不高

首先，语言限制了拉丁美洲高等教育机构国际化的发展。英语作为国际上使用最为普遍的语言，在拉丁美洲各国的普及程度却不高。拉丁美洲各国大部分的中学生或大学生都很少学习过外语，因为第二语言并没有成为必修课程或者没有作为学位授予的条件及要求。在拉丁美洲，除了巴西将葡萄牙语作为其官方语言外，更多的国家将西班牙语作为官方语言使用。2019年英孚英语熟练指标（EFEPI）显示：拉丁美洲国家平均英语熟练度指标为50.34，19个国家中虽然有12个国家的英语熟练度指标较之过去两年有所提高，但是绝大多数国家依然处于英语熟练度低水平和极低水平国家行列，其中诸如玻利维亚、洪都拉斯、秘鲁、巴西、萨尔瓦多等9个国家英语熟练度都低于拉丁美洲地区平均水平，特别是人口最多的巴西和墨西哥两个国家英语熟练度指标还略有下降。[①] 由于长期以来拉丁美洲国家对英语的不重视，很多中学和大学教师的英语水平普遍偏低，很难在大学中开设英语课程，这直接影响了其他国家及地区的学生前往拉丁美洲国家留学的意愿。

其次，拉丁美洲高等教育机构国际化管理能力不足。目前，大多数学校都颁布了国际化发展战略，成立了国际事务办公室，但是大多数高等教育机构未将其列入机构发展的优先位置。拉丁美洲很多国际事务办公室不具有独立行政权，多数办公室人员多为借调，流动性大，专业水平低，无法独立制定高等教育机构国际化战略发展方针与政策。此外，拉丁美洲高等教育机构普遍存在的现象是，国际交流与合作事务由多个办公室共同运行，但是各办公室间缺乏统一协调，学校层面缺乏对不同办公室间的组织协调意识，这就导致权责不清，效率低下，制约了学校国际化水平。[②]

---

[①]　英孚留学网：《更全面的全球成人英语熟练度调查》，2021年6月20日，见 https://liuxue.ef.com.cn/epi/。

[②]　Jocelyne Gacel Ávila, "La Dimensión Internacional de las Universidades Mexicanas", *Revista Educación Superior y Sociedad*，Vol. 11，pp.121-142.

### 三、拉丁美洲高等教育国际化导致人才流失严重

拉丁美洲各个国家在近代独立以后，政治上的独立并没有真正带动经济上的发展。较之于世界其他国家及地区相比，拉丁美洲国家经济相对落后，无论是国家基础设施建设、医疗卫生条件和社会福利待遇保障，还是教育资源配置等方面都跟不上经济全球化趋势，越来越多的本地优质生源流向欧美发达国家，甚至还有部分流向经济发展迅速的亚洲国家。尽管这些年来，选择留学拉丁美洲国家的留学生人数逐年有所增长，但毕业后最终选择留在拉丁美洲的外籍留学生数量却很少，大部分留学生只做短暂停留。在拉丁美洲国家学习交流的外国留学生中，绝大多数都是抱着学成归国的态度在拉丁美洲学习语言和文化，并没有多少留学生愿意留在拉丁美洲工作和生活。那些前往欧美发达国家或经济发展迅速的亚洲国家留学的拉丁美洲学生，有相当一部分留学生不愿意回国发展。上述情势可以从拉丁美洲国家的人才竞争力中得到印证。根据 2021 年全球人才竞争力指数（GTCI）报告显示，拉丁美洲人才竞争力整体水平次于欧美地区、亚洲东部及大洋洲地区，与非洲人才竞争力整体水平相当。该报告排名前三的分别是瑞士、新加坡和美国，得分分别为 82.09、79.38 和 78.81，位居拉丁美洲前列的国家分别是智利（第 33 位）、哥斯达黎加（第 39 位）和乌拉圭（第 51 位），得分分别为 60、55.75 和 50.02。[①] 如何防止优秀生源和人才流失，吸引更多的优秀人才服务本地本国经济和教育事业的发展，仍是拉丁美洲国家面临的一大难题。

进入 21 世纪，高等教育国际化无疑是拉丁美洲高等教育发展的重点方向。值得注意的是，国际化是一把"双刃剑"，在给拉丁美洲区域高等教育发展带来新机遇的同时，也带来了挑战。一方面，拉丁美洲各国需要开始重视高等教育质量的提升，建立与国际标准接轨的质量认证和评估标准，以促

---

[①]　Bruno Lanvin 等：The Global Talent Competitiveness Index 2021，2021 年 1 月 3 日，见 https://www.insead.edu/sites/default/files/assets/dept/fr/gtci/GTCI-2021-Report.pdf。

进国内学生、科研工作者的流动以及与高等教育、科学、技术等先进国家的交流合作，提升高等教育质量与科研竞争力；另一方面，人才的流动带给拉丁美洲的是高端技术人才的流失，这对本身高等教育和科学技术发展就很薄弱的拉丁美洲来说，无疑进一步削弱了国家的知识基础和人才储备的力量。

# 第二章　巴西高等教育国际化政策

巴西联邦共和国（República Federativa do Brasil）位于南美洲东南部，北邻法属圭亚那、苏里南、圭亚那、委内瑞拉和哥伦比亚，西邻秘鲁、玻利维亚，南接巴拉圭、阿根廷和乌拉圭，东濒大西洋。人口 2.1 亿（2020 年），是拉丁美洲第一人口大国，官方语言为葡萄牙语。[①] 巴西是联合国、世界贸易组织、美洲国家组织、拉美和加勒比国家共同体、南方共同市场等国际和地区组织以及金砖国家、二十国集团、七十七国集团等多边机制成员国，不结盟运动观察员。作为一个新兴经济体国家，世界第九大经济体（2019年），拉美第一经济体（2020 年），巴西对于推动经济发展、促进社会内生性发展的教育，尤其是高等教育尤为关注。事实上，巴西的大学发展起步较晚，1920 年巴西才建立了第一所大学，但巴西高等教育的质量在拉美处于领先水平。随着进入经济全球化时代，巴西将高等教育国际化视为驱动国家经济、科技创新发展的重要国家战略。同时，汉斯·德维特（Hans de Wit）也指出，现今高等教育国际化正处于发展的转折点，其概念需要审视更多的发展中国家对世界高等教育秩序带来的影响，需要进行全方位和深层次的更新。[②] 因此，关注和了解新兴国家如巴西的高等教育国际化政策，对于把握

---

① 中华人民共和国外交部：《巴西国家概况》，2021 年 7 月，见 https://www.fmprc.gov.cn/web/gjhdq_676201/gj_676203/nmz_680924/1206_680974/1206x0_680976/。

② Hans De Wit，"Globalisation and Internationalisation of Higher Education"，*RUSC*，Vol. 8，pp.241-247.

世界高等教育格局而言是非常有必要的。

## 第一节 巴西高等教育国际化的历史进程

### 一、巴西高等教育国际化的发展

教育的发展深受国家的政治、经济、历史、文化等因素的影响，因此，研究巴西高等教育国际化的发展必须将其放置于巴西国家历史背景以及高等教育的发展历程中。根据巴西学者对巴西高等教育国际化的分析，巴西高等教育国际化进程可以大致分为四个时期，萌芽时期（殖民时期—20世纪20年代）、发展初期（20世纪30—70年代）、稳步上升时期（20世纪80—90年代）、高速发展时期（21世纪至今）。①

（一）萌芽时期（殖民时期—20世纪20年代）

巴西在拉丁美洲的特殊性需要追溯到殖民时期。西班牙统治下的西语美洲地区划分成了许多国家，而葡萄牙控制下的葡语美洲地区只形成了一个国家，即巴西。葡萄牙王室在巴西统治殖民时，并没有像西班牙王室那样在西语美洲国家建立大学，葡萄牙王室担心培养一个有文化的殖民地精英阶层会动摇他们在殖民地的统治地位。葡萄牙曾试图将巴西并入本国，而不是建立独立的巴西政府。因此，葡萄牙王室资助殖民地的精英直接到葡萄牙科英布拉大学（University of Coimbra）接受培养，很长一段时间葡语美洲国家的高等教育体系发展极其缓慢。根据依附论（Dependent Theory）的分析来看，西语美洲国家是高等教育系统的"较早发展者"，英语美洲国家是"后来发展者"，而葡语美洲国家则是"更晚发展者"。16世纪西语美洲国家已经创建了三所大学：1538年在圣多明各，1551年分别在利马和墨西哥。英语拉美国家在17世纪开始创建大学，而巴西作为葡语美洲国家则到20世纪

① Manolita Correia Lima & Fábio Betioli Contel，*Períodos e Motivações da Internacionalização da Educação Superior Brasileira*，Grenoble：5 ème colloque de l'IFBAE，2009，pp.17-32.

才出现真正的大学。① 19 世纪初，葡萄牙王室为躲避拿破仑军队侵略而迁至巴西，巴西暂时成为葡萄牙殖民帝国中心。在此情形下，由于统治阶层的需要，巴西于 1816 年开办了第一所专业学院——皇家科学艺术学院，它奠定了巴西高等教育专业化特色的发展基础，并一直延续到 20 世纪初。巴西的第一批专业学院具有法国高等教育模式的特征，尤其是拿破仑提出的培养国家精英的中央集权式教育体制。整个 19 世纪，巴西主要引进了法国的课程理念，使用法国课程体系，许多教材也是从法国直接引进。②

进入 20 世纪，巴西高等教育的发展开始受到北美地区，尤其是美国的影响，开始重视通识教育的发展。1920 年 7 月 7 日里约热内卢联邦大学（Universidade Federal do Rio de Janeiro）正式成立，这所大学是在原有的三所专业学院的基础上合并而成，该大学是巴西第一所现代化大学。此后，巴西又于 1926 年和 1927 年先后成立了维科萨联邦大学（Universidade Federal de Viçosa）和米纳斯吉拉斯大学（Universidade de Minas Gerais）。这三所大学建立之初，为了尽快提升教学质量，多是从欧洲聘请教师和研究人员，以推动大学教学和科研的发展，这为巴西大学的国际化发展奠定了基础。

（二）发展初期（20 世纪 30—70 年代）

在巴西高等教育国际化的发展初期，主要是由联邦政府主导，旨在提高公立大学教学质量和提升教师素质。1930 年，巴西革命推翻了旧共和国政府并开始了经济改革，随着经济的发展，巴西急需与之相匹配的高等教育体系以满足人才培养的需要。1930—1964 年之间，巴西建立了 22 所联邦大学，均位于州府城市。同一时期，巴西还创建了 9 所具有宗教色彩的大学，其中包括 8 所天主教大学和 1 所长老会大学。③

---

① ［美］丹尼尔·列维：《拉丁美洲国家与高等教育——私立对于公立主导地位的挑战》，周保利等译，北京师范大学出版社 2016 年版，第 261 页。

② Wanessa de Assis Silva &Cezar Luiz de Mari, "Internacionalização e ensino superior: história e tendências atuais", *Revista de Políticas Públicas e Segurança Social*, Vol. 1, pp.36-53.

③ ［巴］索尼娅·佩雷拉·劳斯等：《巴西高等教育的国际化》，载［荷］汉斯·德维特等《拉丁美洲的高等教育：国际化的维度》，李锋亮等译，教育科学出版社 2011 年版，第 103 页。

1931 年，巴西颁布《巴西大学条例》(*Estatuto das Universidades Brasileiras*)，该条例中首次对巴西高等教育机构与海外院校开展国际合作提出了要求，明确指出巴西的大学需采取共同行动，造福民族文化，并努力扩大与国外大学的合作与交流。[①] 1934 年圣保罗大学成立，圣保罗大学的校章里指出，"新的大学将是公开的，自由的，不受宗教影响的，它应该是一个综合性大学，而不仅仅是一所专科学校。大学的核心院系哲学系、科学系和文学系均由外国教授担任系主任并主持工作。"[②] 圣保罗大学等巴西高校纷纷实施客座教授计划，聘请来自欧美的教授和研究人员，此举对巴西人文社科领域的兴起产生了深远的影响，也使得巴西的大学与欧洲学术界间的联系更加紧密。

20 世纪四五十年代受北美经济发展的影响，以阿根廷经济学家劳尔·普雷维什（Raúl Prebisch）为代表的拉丁美洲经济委员会提出了关于拉丁美洲和其它发展中国家经济发展的主张，即发展主义。普雷维什认为世界经济体系的"中心"由发达国家组成，发展中国家依附于这些中心，属于它们的外围。这种依附关系导致"外围"国家经济的单一化和畸形发展，因此，发展中国家必须进行国际经济关系的改革，调整经济结构，使其工业化水平达到发达国家的水平，进而摆脱依附发展的局面。发展主义的兴起推动了巴西现代化改革。首先，以美国为首的发达国家通过援助等方式促进巴西等拉丁美洲国家的发展，以改善其在拉丁美洲地区的形象、扩大其在该区域的影响。1949 年，时任美国总统杜鲁门启动了针对贫困地区的合作和技术援助计划"第四点计划"（Point Four Program），巴西和美国政府于 1950 年和 1953 年分别签署《技术合作基本协议》(*Acordo Básico*

---

[①] Câmara dos Deputados：Legislação Informatizada-DECRETO Nº 19.851，DE 11 DE ABRIL DE 1931-Publicação Original，1931 年 4 月 11 日，见 https://www2.camara.leg.br/legin/fed/decret/1930-1939/decreto-19851-11-abril-1931-505837-publicacaooriginal-1-pe.html。

[②] Simon Schwartzman, *Um espaço para a ciência*：*a formação da comunidade científica no Brasil*，Brasília：Ministério da Ciência e Tecnologia-Centro de Estudos Estratégicos，2001，p.220.

*de Cooperação Técnica*）和《特殊技术服务协议》（*Acordo sobre Serviços Técnicos Especiais*）。1961 年，肯尼迪政府正式签署了《争取进步联盟条约》（*Tratado da Aliança para o Progresso*），该条约旨在为美国与拉丁美洲国家之间的经济和社会援助项目提供资金，美国国际开发署（United States Agency for International Development）也是在该契机下得以成立。① 教育作为经济发展的重要基础，一直是美国对拉丁美洲援助的重要领域。其次，从巴西自身发展来看，巴西的现代化既要促进国家经济发展、提高人民的福祉，还要提升巴西在国际上的影响力。用格图利奥·瓦加斯（Getulio Dorneles Vargas）总统的话说，"对巴西来说，新的生活是富裕和力量"②。高等教育作为国家人才培养的重地，在促进国家发展和提升国际地位两方面均发挥着不可小觑的作用，是巴西现代化改革的重要部分。

20 世纪五六十年代，军政独裁统治者瓦加斯下台，巴西恢复了民主制度，高等教育现代化进程也因此得以快速发展。1951 年，巴西成立两个国家级别的高等教育机构——高等教育人才促进协调局（Coordenação de Aperfeicoamento de Pessoal de Nível Superior）与国家科技发展委员会（Conselho Nacional de Desenvolvimento Científico e Tecnológico），将人才作为国家现代化发展的重要战略，从国家层面加速巴西国际人才的培养，提升巴西的国际竞争力。巴西第一部《国民教育规章与基础法》（*Lei de Diretrizes e Bases da Educação Nacional*）经过 13 年的讨论与修订，于 1961 年才得以通过。该法律确定了巴西教育分权制度，即联邦教育体系和州教育体系并存，各自管理自己的教育体系，建立双元教育体系。虽然权力下放，但是联邦政府仍保留着如课程设置、教师选拔、资金分配等方面的管理权。在高等教育中，联邦政府更是处于主导地位，大学校长任免、大学经费都由联邦决定。但是当该法案通过时，巴西社会已经发生了许多变化，法案中的很多条款已经不合时宜。1964 年巴西再次政变，军政府上台，总统卡斯特

---

① 张红路：《肯尼迪的"争取进步联盟"》，《拉丁美洲研究》1987 年第 2 期。
② 转引自贺双荣《巴西现代化进程与国际战略选择》，《拉丁美洲研究》2011 年第 5 期。

洛·布兰科（Castello Branco）领导的巴西政府更加致力于大学体系的现代化发展，并且聘请经验丰富的美国专家前来指导。受美国的影响，巴西开始强调教育回报率以及人力资源培养，巴西开始关注专业技术人员的培养，以满足本国国民经济发展。同期，巴西也先后与联邦德国（1963）、丹麦（1966）、法国（1967）、葡萄牙（1967）、瑞士（1969）、日本（1971）和荷兰（1971）签署了科学技术和人才交流的双边合作协议。① 巴西于 1968 年 11 月 28 日颁布《大学改革法》（*Lei da Reforma Universitária*）替换了 1961 年教育法中有关高等教育的规定，改革内容包括优先发展高等教育并开始发展研究生教育。1968 年进行的教育改革引进了北美高等教育模式的许多内容，包括硕士学位、博士学位和学分制度等。巴西政府积极鼓励凡是有条件的大学和研究机构都开设研究生课程，政府给予一定的资助。② 1968 年的大学改革推动了巴西研究生教育的发展并掀起了巴西学生出国留学的热潮，国际化以碎片化的形式在各大学中悄然发展，尤其是在研究生教育中得到发展。

（三）稳步上升时期（20 世纪 80—90 年代）

20 世纪 80—90 年代，随着国际关系格局的变化、巴西经济实力的提升，巴西在对外经济上，放弃了国家发展主义，以新自由主义为导向，加强经济的对外开放，谋求与中心国家建立相互依存的关系，并积极融入美国主导的全球化进程中。③ 巴西的高等教育机构也在寻求自主性发展之路，对高校治理模式进行创新，进而实现高等教育国际交流与合作的平等对话关系。

国家层面，1988 年颁布的宪法修正案中指出，由于高等教育模式更加多样，需要在高等教育政策上更加灵活；淡化中央政府在高等教育中的角色；继续扩大高等教育体系规模；提高教育质量，完善大学质量评估制度

---

① ［巴］索尼娅·佩雷拉·劳斯等：《巴西高等教育的国际化》，载［荷］汉斯·德维特等著《拉丁美洲的高等教育：国际化的维度》，李锋亮等译，教育科学出版社 2011 年版，第 111 页。

② 黄志成：《世界教育大系——巴西教育》，吉林教育出版社 2000 年版，第 197 页。

③ 贺双荣：《巴西现代化进程与国际战略选择》，《拉丁美洲研究》2011 年第 5 期。

等。①1996 年的第 9394 号法案《国民教育规章与基础法》提出"需要培养大学生对当今世界特别是国家和地区问题的分析能力，为国家发展培养国际化人才，为巴西与世界各国建立互惠关系提供人才支持"；该法律还明确了海外学位的认证流程。② 同时，巴西政府明晰了各部门的权责，委任教育部（Ministério da Educação）下属的高等教育人才促进协调局，科学、技术和创新部（Ministério da Ciência，Tecnologia e Inovações）下属的国家科技发展委员会和科学研究与发展项目署（Financiadora de Estudos e Projetos），外交部（Ministério das Relações Exteriores）下属的巴西合作局（Agência Brasileira de Cooperação）和教育主题司（Divisão de Temas Educacionais）负责巴西高等教育交流与合作事务。

1998 年，巴西建立"国家研究生系统"（Sistema Nacional de Pós-Graduação），由高等教育人才促进协调局管理，该系统主要负责对全国研究生课程质量进行评估，旨在提升国家高端人才的培养质量，推动巴西在研究生教育领域与国际接轨。具而言之，高等教育人才促进协调局通过"国家研究生系统"搭建起一个基于外部评价并聚焦于劳动生产率的评估模型，该评估将巴西大学从 1 到 7 进行量化排序，如果高校达到第 6 和第 7 级则被认定为具有"国际水平"的高校。2002 年，147 所高校获评第 6 或第 7 等级，大多集中在圣保罗和里约热内卢地区。③ 为了能够在评价体系中获得更高的等级评定，巴西高等教育机构纷纷成立国际事务部门，对人员交往与科研合作等国际交流与合作活动进行规划与服务。除此之外，协调局根据"国家研究生系统"评估结果开设奖学金项目，为研究生提供更多国际交流机会，提高其国际竞争力。

---

① ［荷］汉斯·德维特等：《拉丁美洲的高等教育：国际化的维度》，李锋亮等译，教育科学出版社 2011 年版，第 103 页。

② Câmara dos Deputados：*Lei de Diretrizes e Bases da Educação Nacional*，1996 年 12 月 20 日，见 http://www.planalto.gov.br/ccivil_03/Leis/L9394.htm。

③ ［巴］索尼娅·佩雷拉·劳斯等：《巴西高等教育的国际化》，载［荷］汉斯·德维特等《拉丁美洲的高等教育：国际化的维度》，李锋亮等译，教育科学出版社 2011 年版，第 117 页。

（四）高速发展时期（21 世纪至今）

21 世纪以来，巴西作为新兴经济体国家、"金砖国家"成员表现抢眼。2006 年，巴西经济总量首次突破 1 万亿美元，世界排名第八位；2010 年达到 2.09 万亿，跃居全球第七位；2011 年巴西经济规模超过英国，成为全球第六大经济体。[①] 随着巴西经济实力的不断提升，为巴西高等教育国际化发展提供了强有力的资金支持。

2008 年，卢拉·达席尔瓦（Lula da Silva）总统领导下的巴西联邦政府宣布了一项雄心勃勃的国际化政策，即"改组和扩张联邦大学计划"（Reestruturação e Expansão das Universidades Federais），建立四所超国家性质的联邦公立大学，致力于通过知识合作促进社会包容和区域一体化发展，这四所机构分别为拉丁美洲一体化联邦大学（Universidade Federal da Integração Latino-americana）、亚马逊一体化联邦大学（Universidade Federal da Integração da Amazônia Continental）、葡语非洲—巴西国际一体化大学（Universidade da Integração Internacional da Lusofonia Afro-Brasileira）和南方边境大学（Universidade Federal da Fronteira Sul）。拉丁美洲联邦一体化大学成立于 2010 年，位于巴西巴拉那州伊瓜苏市，巴西、阿根廷和巴拉圭三国交界处。该校旨在促进拉美国家间的学术合作与交流，该校采取配额招生制度，即 50% 巴西学生、50% 拉丁美洲其他国家学生，并且聘用多位来自拉美其他国家的教授。2022 年在校生人数为 5357 人，其中 67.65% 为巴西学生，32.35% 为拉丁美洲其他国家学生。[②] 拉丁美洲联邦一体化大学为促进拉丁美洲区域特别是南方共同市场地区的教育和学术发展做出了贡献。亚马逊一体化联邦大学成立于 2010 年，位于帕拉的圣塔伦，并在伊泰图巴、阿雷格里山和奥里西米纳设有分支机构。该校旨在创建一个泛亚马逊地区计划，招收来自巴西以外亚马逊地区的学生前往该校就读研究生或开展合作研究项目，如玻利维亚、哥伦比亚、厄瓜多尔、法属圭亚那、秘鲁、苏里南和

---

① 周志伟：《巴西参与金砖合作的战略考量及效果分析》，《拉丁美洲研究》2017 年第 4 期。

② UNILA：UNILA em Números，2022 年 3 月 29 日，见 https://portal.unila.edu.br/acessoainformacao/unila-numeros。

委内瑞拉等国。葡语非洲—巴西国际一体化大学成立于 2010 年，位于巴西塞阿拉州雷登桑，旨在促进葡语国家之间的学术合作，对来自其他葡语国家的学生有 50% 的录取配额，该校已成为巴西高等教育南南合作的经典案例。南方边境大学旨在应对和解决巴西南部边境地区的经济和社会问题，为靠近南方共同市场成员国的边境城市的学生提供高等教育入学机会，该校虽然没有招收外国学生，但是作为"贸易、发展与区域一体化国际共识大学网络"（Red Inter Universitaria de Internacionalización del Conocimiento orientado al Comercio，el Desarrollo y la Integración Regional）[①] 中的一员，南方边境大学始终积极参与与拉美地区相关的合作活动。这四所新成立的大学成为巴西承接国际学术和科学交流与合作的新支柱，促进巴西高等教育更加积极地融入世界高等教育体系。

2011 年巴西政府颁布了"科学无国界计划"（Ciências sem Fronteiras），这是世界上规模最大的国家性奖学金计划之一。该计划旨在增强科学、技术、工程和数学（STEM）领域的本科生、研究生及研究人员的学术水平，吸引国际科技领域人才，进而提升巴西科学技术的创新力和竞争力。2012 年，巴西政府实施了"科学无国界计划"的姊妹项目"语言无国界计划"（Idiomas Sem Fronteiras）。"语言无国界计划"是促进巴西高等教育国际化的语言政策，提升高等教育机构学生外语水平，使其能够顺利地参与国际流动性项目，同时为巴西的外语教师尤其是英语教师提供培训。2014 年，巴西颁布了国家首个十年教育规划《国家教育规划》（*Plano Nacional de Educação*），该计划确立了 2014—2024 年巴西教育体系的方针、发展目标和策略，并且在高等教育部分中明确提出了与国际化相关的目标和策略，旨在通过高等教育国际化进程推动巴西教育体系现代化水平的迅速提升。[②]

---

① 这是一个致力于国际化的高等教育机构间网络，成员机构主要来自阿根廷、巴西、墨西哥、巴拉圭、西班牙、乌拉圭和委内瑞拉。

② Ministro da Educação：*Plano Nacional de Educação*，2022 年 6 月 25 日，见 https：//pne. mec.gov.br/。

除了巴西政府推动的这一系列高等教育国际化进程外，巴西高等教育国际化的发展也离不开 200 余所公立大学以及 2200 所私立和社区大学的协同努力，其中许多机构都在制定并落实国际化战略以成为国际教育体系的一部分。以巴西最为著名的公立大学圣保罗大学（Universidade de São Paulo）为例，国际化始终是该校的指导方针之一，并且不断通过学生和教师的流动、参与建立国际大学网络和联盟等方式，与不同国家高校建立伙伴关系以实现该校国际化发展。为此，圣保罗大学专门设立国家和国际学术合作机构（Agência USP de Cooperação Acadêmica Nacional e Internacional，Aucani），负责在大学层面正式建立国际伙伴关系，并且在各个教学单位设立国际办公室负责专项事务，目标是在圣保罗大学、国际大学机构、公共机构和社会之间建立战略关系，以加强该校与国内外高校在科研、教学、文化等领域的合作与交流。[1]

## 二、巴西高等教育国际化动因

巴西高等教育国际化的发展始于公立大学以及农业部和军队培训研究机构的建立，并且主要集中在航空航天等科学技术领域。随着经济全球化的发展，发展中国家教育对外开放格局出现新变化，逐渐成为国际高等教育发展的重要力量。对此，巴西政府陆续在教育部、科技创新部、外交部等设立一系列机构负责高等教育的国际交流与合作事务。根据简·奈特（Jane Knight）的观点，政治、经济、社会文化和学术因素被认为是推动教育国际化的四个关键因素。[2] 因此，以这四个因素为分析框架，分析巴西高等教育对外战略和策略颁布的时代背景。

（一）政治因素

高等教育国际化被巴西看作是全球化背景下实现国家现代化以及教育

---

[1] Universidade de São Paulo：Cooperação internacional，2014 年 2 月 11 日，见 https：//www5. usp.br/institucional/cooperacao-internacional/。

[2] Jane Knight，"Internationalization Remodeled：Definition，Approaches，and Rationales"，*Journal of Studies in International Education*，Vol.8（2004），pp.5-31.

现代化的重要手段。巴西的现代化进程既要促进国家经济发展、提高人民的福祉，还要提升巴西在国际上的影响力。高等教育作为国家人才培养的重地，在促进国家发展和提升国际地位两方面均发挥着不可小觑的作用，是巴西现代化改革的重要部分。与此同时，巴西在外交战略中采取"参与型自主"理念，力求更主动地参与国际事务，努力争取对国际决策产生影响，并借此更有效地实现国家利益。① 该理念也外溢到了教育领域，教育对外开放发展有助于巴西参与拉美区域以及全球教育发展进程，推广巴西文化与语言，进一步巩固拉美区域教育领头兵的地位，增强巴西在国际尤其是拉美区域舞台上的"软实力"。巴西通过推进高等教育国际化，全面提升高等教育的国际竞争力或影响力。

（二）经济因素

国际教育收入已经成为发达国家 GDP 增收的主要项目，巴西作为发展中大国，重视高等教育交流与合作的原因之一同样包括追求经济利益。巴西的高等教育国际化一直秉承着经济主义的逻辑，遵循《服务贸易总协定》的四项主要内容：第一款提供跨国服务，包括远距离教育（网络教育）、课程或学位的互认以及其他形式。第二款境外消费，消费者到高等教育的提供国去接受教育包括学生到国外学习这种传统形式。第三款提供商业服务，服务的提供者在国外提供服务设施包括建立分校以及与当地机构联合办学等。第四款自然人服务，包括教授、研究者以及其他人员临时到别国提供教育服务。因此，一批具有营利性质的高等教育机构如阿波罗集团等到巴西建立分校，巴西是拉丁美洲拥有英美分校最多的国家。对巴西自身发展来说，国际化水平的提升有助于本国国际人才的培养，增加对海外人才的吸引力，此举有助于提升巴西经济创新力与技能水平，帮助其向知识型和技术型经济模式转型，在世界财富向新兴经济体转移过程中获利。

（三）社会文化与历史因素

教育的发展深受国家的社会文化和历史等因素的影响，因此，研究巴

---

① 周志伟：《巴西参与金砖合作的战略考量及效果分析》，《拉丁美洲研究》2017 年第 4 期。

西教育对外开放的发展必须将其放置于巴西国家历史背景以及高等教育的发展历程中。巴西在拉丁美洲的特殊性需要追溯到殖民时期。西班牙统治下的西语美洲地区划分成了许多国家，而葡萄牙控制下的葡语美洲地区只形成了一个国家，即巴西。西语美洲国家是高等教育系统的"较早发展者"，英语美洲国家则是"后来发展者"，而葡语美洲国家巴西则是"更晚发展者"。为了实现后来者居上的愿景，尽快提升教学质量，1931 年，巴西颁布《巴西大学条例》（*Estatuto das Universidades Brasileiras*），该条例中首次对巴西高等教育机构与海外院校开展国际合作提出了要求，明确指出巴西的大学需采取共同行动，造福民族文化，并努力扩大与国外大学的合作与交流。① 巴西最初建立的大学如圣保罗大学大多实施客座教授计划，从欧洲聘请教师和研究人员，以推动教学和科研的发展，这为巴西大学后期的国际化发展奠定了基础。

（四）学术因素

在学术动因方面，巴西发展高等教育国际化是为本国学生提供更多的入学机会、更高质量的教育服务。目前，巴西留学的主要群体仍然是中产阶层，这些孩子大多在私立中小学接受教育，这些私立学校与国外高等教育机构保持紧密的合作关系，高中毕业后前往海外高等教育机构就读。久而久之，人才流失成为巴西发展的掣肘。随着巴西国力的不断提升，巴西也逐渐意识到高等教育国际化自主发展的重要性，政府层面出台一系列鼓励学生流动以及吸引学生回国政策，为在本国高等教育机构就读的学生，尤其是研究生提供出国留学的奖学金。与此同时，巴西各高等教育机构积极参与国际化进程，借此助力大学排名的提升，对大学的国际知名度以及竞争力产生直接影响。国际化水平已经成为衡量大学质量的重要指标，它在 QS 世界大学排名、《泰晤士报》世界大学排名和 US News 世界大学排名中的权重分别

---

① Câmara dos Deputados：Legislação Informatizada-DECRETO Nº 19.851，DE 11 DE ABRIL DE 1931-Publicação Original，1931 年 4 月 11 日，见 https://www2.camara.leg.br/legin/fed/decret/1930-1939/decreto-19851-11-abril-1931-505837-publicacaooriginal-1-pe.html。

为10%①、7.5%② 和10%③。巴西大学在世界排名中不占优势，2022年 QS 世界大学排名中，巴西排名最高的圣保罗大学排名仅为第 121 名。④ 因此，国际化策略成为巴西各高等教育机构提升国际排名、提高世界知名度的重要手段。

## 第二节　巴西高等教育国际化政策的制定

巴西拥有拉丁美洲最大规模的高等教育体系，具有多样化的人才培养模式，这些为巴西高等教育国际化奠定了良好的基础。从现行政策来看，巴西政府陆续颁布了法律和政策，例如《国家教育规划》（*Plano Nacional de Educação*）《国家研究生规划》（*Plano Nacional de Pós-Graduação*）等，为国家的高等教育国际化发展提供法律和政策支持。从参与管理与服务的机构来看，巴西联邦政府教育部，科学、技术和创新部，外交部，高等教育组织协会，各高等教育机构等，也在不断优化整合工作模式，协同推动巴西高等教育国际化的发展。

### 一、巴西高等教育国际化的现行政策

尽管巴西高等教育发展历史较短，国际化历程起步较晚，但是随着当前经济全球化的深化，鉴于国际化与经济发展和公共外交关系愈加密切，巴西高等教育国际化也越来越受到政府的关注。巴西政府在制定国家教育发展

---

① QS Top Universities：QS world university rankings methodology，2019 年 6 月 19 日， 见 https：//www.topuniversities.com/qs-world-university-rankings/methodology。

② THE World University Rankings：THE World University Rankings 2020：methodology，2019 年 9 月 2 日， 见 https：//www.timeshighereducation.com/world-university-rankings/world-university-rankings-2020-methodology。

③ U.S. News World Report：How U.S. News calculated the best global universities rankings，2019 年 10 月 25 日，见 https：//www.usnews.com/education/best-global-universities/articles/methodology。

④ QS Top Universities：THE-QS World University Rankings，2020 年 1 月 10 日，见 https：//www.topuniversities.com/。

规划或修订教育法律法规时，也逐渐将高等教育国际化作为高等教育发展的重要组成部分纳入政策和法规中。

（一）《国家教育规划》（*Plano Nacional de Educação*）

巴西政府于 2014 年首次颁布教育十年规划《国家教育规划》。《国家教育规划》提出了 4 个专题 20 个目标，包括：基础教育专题，涵盖目标 1—11，包括特殊教育、青年和成人教育、专业技术教育；高等教育专题，涵盖目标 12—14，包括本科生和研究生教育；教师专题，涵盖目标 15—18；教育管理和投资专题，涵盖目标 19 和 20。

高等教育专题的三个目标分别为：目标 12：将 18—24 岁人口的高等教育毛入学率提高到 50%，净入学率提高到 33%，保障高等教育服务，将公立高校的新生入学人数增加 40%。目标 13：提高高等教育质量，将整个高等教育系统中拥有硕士和博士学位的教师比例提升至 75%，其中，拥有博士学位的教师至少占 35%。目标 14：逐步增加研究生的招生人数，使每年毕业的硕士生达到 6 万人，博士生达到 2.5 万人。其中，国际化在上述三个目标中曾多次被提及，例如目标 12，需要"巩固和扩大各类人员流动计划，鼓励本科生、研究生教师、科研人员等参与国内与国际交流活动"。目标 13 指出，"促进公立高等教育机构之间的联系，建立合作平台，以提高教学、科研和服务水平，提升大学综合实力，提升国际知名度"。目标 14 指出，"增加促进科研人员、研究生国际交流的项目，鼓励高校间的合作平台的建立；鼓励高等教育机构、科研院所和服务性机构之间的交流与合作；提高国家科技水平，从质量和数量上提高国家知识产权的数量和质量，鼓励高等教育机构与企业、其他科技机构的科研合作"①。该规划为巴西高等教育国际化的发展道路指明了方向，奠定了巴西高等教育的发展基础。

（二）《国家研究生规划》（*Plano Nacional de Pós-Graduação*）

自 1975 年巴西颁布《国家研究生规划》以来，陆续出台了五个国家

---

① Ministério da Educação：Plano Nacional de Educação（PNE），2014 年 6 月 25 日，见 http：// www.planalto.gov.br/ccivil_03/_Ato2011-2014/2014/Lei/L13005.htm。

研究生规划，其中四个规划都不同程度地涉及了高等教育国际化的相关内容。《国家研究生规划（1975—1979 年）》指出"需要举行区域、部门、国家和国际各级会议和研讨会，共同探讨研究生培养问题，着力促进人才培养的交流计划，并提供技术、行政和教学服务支持"。[①]《国家研究生规划（1986—1989 年）》提到"为了满足人才培养的需要，使国家科技发展目标得以实现，使国家具有国际竞争力，国家培养研究生的力度必须高于目前或后续劳动力市场的需求"，同时"继续加强与世界各国的技术合作非常重要，确保教师和研究人员能够与国外机构同行进行交流，以便制定共同的教学和研究项目，支持具有国际标准的巴西科学期刊的出版"[②]。《国家研究生规划（2005—2010 年）》在行动指南中将国际合作和海外人力资源培训政策单列为一条，指出"国际合作和海外人才培养应以促进本国研究生教育和国家发展为基本前提，扩大巴西国际伙伴关系，加强人员国际交流计划，建立南南教育伙伴关系、建立研究合作网络"[③]。从巴西出台的前三部研究生规划可以看出，国际合作一直是巴西高端人才培养的重要路径，国际化的内容也逐渐从建立双边合作关系，到增强人员交流、建立合作网络步步深化。

《国家研究生规划（2011—2020 年）》将"国际化与国际合作"单独列为一个专题加以重点强调，并提出了加强研究生国际交流与合作的目标。该计划将论文数量作为提升巴西国际科研水平的主要指标，并指出过去 30 年间，巴西在物理学、数学、生态学和地球科学等若干领域表现较为突出，巴西出版物的相对影响力接近世界平均水平，并且出版物的增长水平远远高于世界平均水平。该文件指出巴西科学家在主要的国际科学组织中，如八国集

---

① CAPES, *Plano Nacional de Pós-Graduação-PNPG 1975/1979*, Brasília：Ministério da Educação，1974，p. 35.

② CAPES, *Plano Nacional de Pós-Graduação-PNPG 1986/1989*, Brasília：Ministério da Educação，1985，pp. 17-19.

③ CAPES, *Plano Nacional de Pós-Graduação-PNPG 2005/2010*, Brasília：Ministério da Educação，2004，pp. 62-64.

团科学院（The G8+5 Academies）、国际科学和技术促进社会论坛（Science and Technology in Society（STS）forum）、 世 界 科 学 论 坛（World Science Forum）、发展中国家科学院（Third World Academy of Sciences）、国际科学理事会（International Council for Science）等都担任或担任过要职，这也标志着巴西在科技能力方面获得了越来越高的国际声望和认可度。在国际合作方面，该文件指出，巴西可以三种角色与世界其他国家开展国际合作，一是在巴西尚未具备较强研究能力的领域以用户的身份开展合作；二是在巴西已经具备了一定的科研基础并且可以与其他国家开展平等对话的领域，以合作者的身份开展合作；三是在巴西具备较强实力的科研领域，以帮助者的身份为其他国家科学建设提供服务。比如，在与非洲、拉丁美洲和加勒比其他国家的国际合作中，巴西扮演着帮助者的身份。通过 10 年的努力，巴西希望可以派遣更多的学生出国攻读博士学位；吸引更多的外国来访学生和研究人员；增加与外国机构合作的出版物数量。[①]

## 二、推动巴西高等教育国际化的现行机构

巴西政府在高等教育国际化进程中扮演者管理者与服务者的角色，教 育 部（Ministério da Educação）、 科 技 创 新 部（Ministério da Ciência, Tecnologia e Inovações）和外交部（Ministério das Relações Exteriores）等政府机构的协同合作为巴西高等教育国际交流与合作提供了保障。除此之外，巴西大学校长理事会（Conselho de Reitores das Universidades Brasileiras）、巴西国际教育协会（Associação Brasileira de Educação Internacional，FAUBAI）等国内、区域和国际高等教育组织协会，以及巴西高等教育机构自身，都在以各种方式积极推动着巴西高等教育国际化的发展。

（一）政府机构

教育部、科技创新部和外交部是推动巴西教育、科学、技术国际化发

---

① CAPES，*Plano Nacional de Pós-Graduação-PNPG 2010/2020*，Brasília：Ministério da Educação，2010，pp. 223-303.

展的主要部门，主要包括教育部下属的高等教育人才促进协调局、科技创新部下属的国家科技发展委员会和科学研究与发展项目署（Financiadora de Estudos e Projetos）、外交部下属的巴西合作署（Agência Brasileira de Cooperação）和教育主题司（Divisão de Temas Educacionais）等。

1. 教育部

教育部设立了高等教育秘书处（Secretaria de Educação Superior）、高等教育人才促进协调局、国家教育规划与研究所（Instituto Nacional de Estudos e Pesquisas Educacionais Anísio Teixeira）等机构共同管理高等教育事务，三个机构也在不同侧面参与着巴西高等教育国际化事务的管理和落实。高等教育秘书处负责高等教育机构的监督、评估和财政事务，也包括对公立联邦高等教育机构的管理和拨款工作，高等教育秘书处下属的高等教育国际事务总协调处（Coordenação-Geral de Assuntos Internacionais da Educação Superior）则负责巴西国际教育活动的开展如协调战略伙伴关系、管理国际奖学金项目等，鼓励和支持高等教育机构制定国际合作计划，增加人员和知识的交流，提高巴西高等教育的国际知名度。高等教育人才促进协调局主要负责研究生教育与培养工作，其下属的国际关系局（Diretoria de Relações Internacionais）主要负责研究生领域的国际高级人才交流、国际科学合作等相关事宜。国家教育规划与研究所负责协助教育部门收集和分析教育数据，为巴西高等教育国际化的发展提供参考标准。

2. 科技创新部

科技创新部创立于1985年，主要负责国家科学、技术和创新领域的协调、政策制定与实施等工作。其前身是1951年成立的国家科技发展委员会，自创立伊始就是支持科学、技术与创新的最为重要的公共机构，随着巴西科学创新事业的不断发展，后机构重组并入科技创新部，成为科技创新部的直属机构。国家科技发展委员会始终致力于推动巴西科学和技术研究的国际化进程，负责制定科技层面的国际合作和交流政策，为研究生及博士后提供赴海外开展研究活动的奖学金。

与此同时，科技创新部的科学研究与发展项目署在加强国家创新体系国际化建设、推动巴西科研创新走向国际等方面发挥着重要作用。该机构主要负责推动巴西公私立大学和研究机构在科学研究和知识生产领域的国际交流与合作。

3. 外交部

巴西外交部在高等教育国际化中发挥的作用主要包括两个方面，一是作为受助国与发达国家开展技术合作，制定并落实各类双边和多边合作协议；二是与发展中国家开展科学和技术合作，制定并落实各类双边和多边合作协议。其中，巴西外交部下属的国际合作署负责双边和多边的国际技术合作项目。

与此同时，巴西积极参与国际事务，以期大力提升其国际地位。教育作为软实力的重要组成部分，提升教育尤其是高等教育的国际影响力与竞争力，自然成为巴西进入"大国俱乐部"的重要手段之一。对此，巴西在外交部设立教育事务司，专门负责与教育国际合作的相关事宜，具体包括：处理与巴西教育合作有关的事项；与教育部一同负责"本科生交流计划"（Programa de Estudantes-Convênio de Graduação，PEC-G），并与教育部和科技创新部一同负责"研究生交流计划"（Programa de Estudantes-Convênio de Pós-Graduação，PEC-PG）；参与教育国际合作协议及备忘录的签署工作，并对其执行情况进行监督；负责海外留学的推广工作。

（二）组织协会

随着教育规模的不断扩大，高等教育机构的组织协会不断涌现，其中包括巴西大学校长委员会（Conselho de Reitores das Universidades Brasileiras）、巴西国际教育协会（Associação Brasileira de Educação Internacional，FAUBAI）、联邦高等教育领导协会（Associação Nacional dos Dirigentes das Instituições Federais de Ensino Superior）、巴西州立市立校长协会（Associação Brasileira dos Reitores das Universidades Estaduais e Municipais）、巴西社区大学校长协会（Associação Brasileira das Universidades Comunitárias）以及国家私立大学协会（Associação Nacional das Universidades Particulares）等。这些组织和协会纷纷出台促进高等教育国际化发展的政策，其中表现最为突出的是巴西大

学校长委员会和巴西国际教育协会。

巴西大学校长理事会于 1966 年创建，旨在促进巴西大学之间的交流与合作，目前巴西所有的高等教育机构均为该理事会的成员校。该理事会是代表巴西全体高校校长的唯一机构。巴西大学校长理事会于 1988 年成立了巴西大学国际事务顾问论坛（Fórum de Assessorias das Universidades Brasileiras para Assuntos Internacionais），通过平台的搭建为成员校提供国际交流与合作的机会，提高教师和研究人员的科研和国际化水平，提高课程质量等。巴西大学校长理事会与国家大学协会（National Associations of Universities）网络共同创立了伊比利亚—美洲大学委员会（Ibreo-American University Council），与葡萄牙大学校长委员会（Council of Rectors of Portuguese Universities）、德国大学校长协会（Congress of Rectors of Germany）、魁北克大学领导与校长协会（Congress of Rectors and University Authorities in Quebec）以及佛罗里达大学系统（University System of Florida）等签订了协议，促进教育交流、科学研究、教师培训等国际合作项目，在推动巴西高等教育国际活动方面表现活跃。同时，巴西大学校长理事会也鼓励其成员学校积极参与到国际大学组织中，其中美洲间大学组织尤其重要，它的大部分成员学校都来自巴西。

巴西国际教育协会成立于 1988 年，该协会目前有 240 多个成员学校，成员为巴西高等教育机构负责国际事务的工作人员。该协会为从事高等教育国际事务管理的人员进行培训，以期提高各高校国际交流与合作的效率，与国际组织一起对外宣传巴西高校的多样性和潜力，在扩大高等教育国际化进程中发挥了重要作用。

在巴西国际教育协会的倡议下，在教育部和巴西旅游协会（Brazilian Tourist Board，Embratur）的支持下，巴西高等教育机构承办了国际教育者协会（Association of International Educators，NAFSA）和欧洲国际教育协会（European Association for International Education，EAIE）主办的年会的巴西展台。这是国际教育领域最大的两个全球性活动，分别有约 1 万人和 6000

人参加。① 同时，巴西国际教育协会与巴西驻外使馆进行合作，坚持推动大学合作研讨会（University Cooperation Seminars）和巴西学习与研究博览会（Study and Research in Brazil Fairs），自 2016 年以来，已在巴黎、马德里、柏林、利马、基多和波哥大等地多次举办，目的是推动巴西成为国际学生和研究人员的首选留学目的地国之一。

在巴西国际教育协会的推动下，巴西在国际高等教育中的重要性已经大大增强，成为国际教育领域的重要全球参与者，并在全球最大的国际教育协会网络（Network of International Education Associations，NIEA）中发挥了重要作用，2016 年至 2018 年，巴西国际教育协会负责了该网络的总协调工作。

除此之外，通过巴西国际教育协会的主持，巴西在 2014 年南非全球对话论坛（Global Dialogue）和 2017 年墨西哥全球对话论坛中发挥了积极作用。2017 年的墨西哥全球对话论坛汇集了来自世界各地的协会，包括北美和南美、澳大利亚、非洲和欧洲，论坛旨在推动《纳尔逊·曼德拉湾全球高等教育国际化对话宣言》（*Nelson Mandela Bay Global Dialogue Declaration*）中提倡的国际化更加包容、更加合作、更加公平、更加道德的目标的达成。

（三）高等教育机构

根据 2020 年的数据统计，巴西共有 2457 所高等教育机构，其中公立304 所，私立 2153 所。公立学校由联邦、州和市政府提供资金管理运营，私立学校由教会、社区、慈善机构及个人等出资兴办。巴西的高等教育机构可以归类为：大学（Universidade），在国家和地区层面组织的多学科教育机构，其任务包括教学、科研、服务等活动；大学中心（Centro Universitário），多学科教育机构，没有明确的科研任务；综合学院（Faculdade），单学科教育机构，没有明确的科研任务；联邦技术教育中心（Institutos Federais de Educação，Ciência e Tecnologia e Centros Federais de Educação Tecnológica，IF e Cefet），培养中等和高等职业人才。在上述所有类别中，综合学院在巴

---

① Juliet Thondhlana（eds.），*The Bloomsbury Handbook of the Internationalization of Higher Education in the Global South*，Brasília：Bloomsbury Publishing，2020，p. 191.

西高等教育机构中占比最大，为77%。（具体数据如下表2-1所示）

表2-1 2020年巴西高等教育机构数量统计（所）

| 机构类别 | 大学 | 大学中心 | 综合学院 | 联邦技术教育中心 |
|---|---|---|---|---|
| 公立 | 112 | 12 | 140 | 40 |
| 私立 | 91 | 310 | 1752 | / |
| 总计 | 2457 | | | |

资料来源：Instituto Nacional de Estudos e Pesquisas Educacionais Anísio Teixeira：*Censo da Educação Superior 2020*：*Notas Estatísticas*，Brasília：Ministério da Educação，2020，p.6.

巴西的公立高等教育机构在国际化发展中具有绝对的主导地位，这与其高质量教学和科研水平紧密相关。巴西是发展中国家中研究生教育体系最为发达的国家之一。近几十年来，巴西一直致力于研究生教育的发展，重点领域包括生命科学（如农业、生物、健康科学等），科学技术（如天体物理、计算机科学、地球科学等），工程和跨学科。巴西公立大学承担了大部分的科研任务，且80%以上的研究生就读于公立高校，巴西公立大学的教学资源远高于私立机构。[1]

根据2022年QS世界大学排名，巴西排名前五的大学分别是圣保罗大学、坎皮纳斯州立大学（Universidade Estadual de Campinas）、里约热内卢联邦大学（Universidade Federal do Rio de Janeiro）、圣保罗联邦大学（Universidade Federal de São Paulo）、保利斯塔州立大学（Universidade Estadual Paulista），均为公立大学。[2] 2012年，巴西《圣保罗报》（*Folha de S.Paulo*）启动了"圣保罗报大学排名"（Ranking Universitário Folha，RUF），巴西本土化的高校排名主要关注两个方面：一是大学排名，根据研究（42%）、教学（32%）、市场（18%）、创新（4%）和国际化（4%）5个指标对巴西高校进行排名；二是学科排名，根据教学和市场两个方面，对全

---

[1] OECD，*Education at a Glance*：*OECD Indicators Brasil*，Paris：OECD，2019，p.9.

[2] QS：QS Latin America University Rankings 2022，2022年2月14日，见 https://www.topuniversities.com/university-rankings/world-university-rankings/2022。

国入学人数最多的 40 个本科学科进行评估。在大学排名中，国际化指标考虑了两个部分，论文国际发表引用率均值，以及与外国研究人员合作在科学网数据库中发表论文的比例。根据该排名，巴西排名前五的大学分别是圣保罗大学、坎皮纳斯州立大学、里约热内卢联邦大学、米纳斯吉拉斯州联邦大学（Universidade Federal de Minas Gerais）、南里奥格兰德联邦大学（Universidade Federal do Rio Grande do Sul）。①

　　虽然巴西的高等教育体系由联邦进行统一管理，但由于巴西素有大学自治的传统，因此巴西大学在高等教育国际化方面享有充分的自主权。首先，巴西各高校开始将国际化议程纳入其机构发展战略中，并以此为行动指南，通过国际流动、科研国际合作等举措促进机构的国际化进程，以应对提高教育质量和专业管理水平带来的挑战。其次，长期以来，巴西教师和研究人员独立的与国外合作伙伴开展交流与合作，自 20 世纪 80 年代，巴西高等教育机构纷纷成立国际交流与合作部门，组建专业团队运营国际交流和合作事务。这些部门主要作为学校的二级单位存在，在各个高校的政策指导下开展国际活动。

　　　　巴西大学自治传统较为悠久，在联邦没有制定高等教育国际化的行动指南之前，巴西的大学已经开始了国际合作，主要是想提升在国际上的影响力和地位。现在联邦出台了很多促进高等教育国际化发展的文件，对高等教育机构国际化发展具有一定的推动作用，但是各高校的国际化发展几乎全凭自主意愿。②

　　国际大学协会最近进行的第五次全球调查表明，国际化已经成为巴西高等院校的一个机构优先事项。在参与调查的 52 所巴西高校中，94% 的巴西高等教育机构在高校战略发展计划中提到了国际化，这一比例高于全球平

---

① Folha de S.Paulo：Ranking de universidades 2019，2019 年 10 月 7 日，见 https：//ruf.folha.uol.com.br/2019/ranking-de-universidades/principal/。

② 访谈巴西某大学国际合作办公室负责人所得。

均值 91%，远高于拉丁美洲和加勒比海地区的比例 84%。其中，巴西高职院校制定国际化政策的比例为 84%，高于全球水平 72% 和拉美及加勒比地区 64%。巴西高等教育机构制定国际化战略用时较短，近 43% 高等教育机构在不到一年的时间里完成了国际化战略的制定。84% 的巴西高等教育机构认为课程国际化和在地国际化很重要（47% 认为重要，37% 认为非常重要），这与拉美和全球层面的结果相似。巴西高等教育机构认为机构预算和外部公共资金支持是巴西高等教育机构国际化发展的两个主要经费来源。①

## 第三节　巴西高等教育国际化政策的实施

巴西在执行高等教育国际化政策的过程中，着力开展了学生流动计划、区域合作计划，并且充分发挥了各高校的自主性，开辟出了一条具有巴西特色的高等教育国际化道路。

### 一、学生流动项目

20 世纪 60 年代，卡斯特洛·布兰科（Humberto de Alencar Castelo Branco）总统领导的巴西政府更加致力于大学体系的现代化改革，聘请经验丰富的美国顾问前来指导，由此出台了巴西历史最悠久的国际合作项目"本科生交流计划"。该计划 1965 年开始实施，为来自发展中国家的学生在巴西就读本科课程提供奖学金资助。1981 年，巴西政府又实施了"研究生交流计划"，为来自发展中国家的学生在巴西攻读硕士和博士课程提供奖学金资助。以"本科生交流计划"为例，截至 2020 年 12 月，共有 109 所巴西高等教育机构参与该计划，提供了 291 门本科课程，共有来自 62 个国家的学生获得了"本科生交流计划"的资助，他们主要来自非洲（26 个）、拉丁美洲和加勒比地区（25 个）、亚洲（8 个）和欧洲（3 个），非洲葡语国家的 6 个

---

① International Association of Universities：IAU 5th Global Survey—Internationalization of Higher Education：An Evolving Landscape, Locally and Globally, 2019 年 9 月 13 日，见 https：//www.iau-aiu.net/Internationalization? lang=en。

成员占了"本科生交流计划"的 85% 的名额。① 2014 年至 2021 年，巴西高等教育机构提供了超过 25000 个留学生名额。②

2011—2017 年，巴西政府设立了"科学无国界计划"，重点资助科学、技术、工程和数学（STEM）领域，旨在通过本科生、研究生和研究人员的国际流动，提升巴西科技创新力和竞争力。同时，该计划为有意在巴西定居或参与巴西科研合作的外国研究人员提供资金和移民服务等方面支持，并为企业研究人员提供赴海外接受培训的机会。该计划的重点资助对象是在巴西高等教育机构就读的本科生，资助金额占整个项目的 79%。③ 项目执行期间，受益于巴西良好的经济发展，政府对"科学无国界"项目的投资超过 40 亿美元。其中约 22 亿美元用于支付给学生的奖学金，例如奖学金费用、安家费用、教材费用、往返机票、健康保险等；约 18 亿美元是支付给接收巴西学生的外国高等教育机构，例如学费、板凳费等。

"科学无国界计划"帮助巴西高等教育机构开辟了合作伙伴关系，提升了国际知名度，越来越多的海外院校开始了解巴西高等教育机构，并激发了与其开展合作的兴趣。根据"科学无国界计划"的追踪调研显示，该计划在欧洲高等教育机构中产生了一定的影响，35% 的欧洲高等教育机构通过该计划与巴西高等教育机构建立了更深入的合作关系，85% 的欧洲高等教育机构表示希望与巴西建立更多的合作关系。④ "科学无国界计划"帮助巴西与传统高等教育强国合作，如法国、英国的合作关系更为紧密，人员流动数量、合作领域、合作院校数量均有所提升，合作发表的文章数量和影响因子

---

① PEC：Programa de Estudantes-Convênio. Ministério de Relações Exteriores，2021 年 3 月 13 日，见 http：//www.dce.mre.gov.br/PEC/PECG.php & http：//www.dce.mre.gov.br/ PEC/ PECPG.php。

② Ministro da Educação：Programa Estudantes-Convênio de Graduação（PEC-G），2021 年 12 月 29 日，见 https：//www.gov.br/mec/pt-br/acesso-a-informacao/institucional/secretarias/secre taria-de-educacao-superior/programa_estudantes-convenio_graduacao。

③ Juliet Thondhlana（eds.），*The Bloomsbury Handbook of the Internationalization of Higher Education in the Global South*，Brasília：Bloomsbury Publishing，2020，p. 190.

④ ALISIOS：Documentos de trabalho do projeto ALISIOS，2017 年，见 http：// www.alisios-project.eu。

也有所增加。① 美国是获得"科学无国界计划"资助最多的留学目的地国家，近 30% 的巴西学生赴美国留学，巴西学生获得了美国高校的许多认可和奖励。② 在加拿大，多伦多大学是世界上获得"科学无国界"奖学金资助最多的院校，共有 1218 名巴西学生赴多伦多大学留学，该项目在加强加拿大与巴西合作方面起到了突出作用。而该计划在大洋洲的作用更为明显。澳大利亚接待了来自 50 所不同机构的 7000 多名学生，澳大利亚成为"科学无国界计划"第五大巴西学生留学目的地国。在"科学无国界计划"启动之前，澳大利亚和新西兰一样，与巴西的合作还只停留在框架协议的签订层面。随着该计划的推进，澳大利亚与巴西之间的了解不断加深，合作也更加务实，高等教育机构间签订的合作协议数量也不断增加。③ 同样，"科学无国界计划"也促进了巴西高等教育机构与中国、俄罗斯、印度和南非等国高等教育机构的合作，促进了金砖国家间的相互了解，在一定程度上促成了 2017 年金砖国家网络大学（BRICS Network University）的成立，为金砖国家高等教育机构搭建了教育、科学和创新方面的合作平台。

## 二、合作办学项目

2010 年，巴西在与非洲伙伴国家的共同协议中，批准建立一所联邦公立大学，葡语非洲—巴西国际一体化大学（Universidade da Integração Internacional da Lusofonia Afro-Brasileira），总部设立在巴西塞阿拉州和巴伊亚州，目前共有四个校区，包括塞阿拉州的自由校区（Campus da Liberdade）、极光校区（Campus das Auroras）、帕尔马雷斯学术单位（Unidade Acadêmica dos Palmares）和巴伊亚州的马雷斯校区（Campus dos

---

① Universities UK：Ciência sem Fronteiras Reino Unido：Impact of the Brazilian Scientific Mobility Programme 2012—2015，2015 年 8 月 15 日，见 http：//www.universitiesuk。

② Concepta Mcmanus：Carlos Nobre. Internacionalização e inclusão social no Ciência sem Fronteiras，*Valor Econômico*，2016 年 6 月 21 日。

③ Juliet Thondhlana（eds.），*The Bloomsbury Handbook of the Internationalization of Higher Education in the Global South*，Brasília：Bloomsbury Publishing，2020，pp. 187-188.

Malês），此外还有位于塞阿拉州巴拉诺瓦的皮罗阿斯实验农场（Fazenda Experimental Piroás）。根据巴西教育部法令规定，巴西—葡语非洲国际一体化大学的目标是为巴西与非洲提供高质量高等教育，发展不同知识领域的科学研究，通过人力资源培养以促进巴西与葡萄牙语国家共同体（Community of Portuguese-speaking Countries）的其他成员国（特别是非洲国家）之间的融合，促进区域发展以及各国间的科学文化和教育交流。葡语非洲—巴西国际一体化大学部分的招生配额分配给来自非巴西葡语国家的学生，且该大学计划成为一个多校区的综合机构，在葡萄牙语国家共同体的所有非洲成员国都建立校区。[①]2021 年葡语非洲—巴西国际一体化大学的在校生数量为4295 人，来自 7 个国家，3034 人来自巴西（70.64%），672 人来自几内亚比绍（5.65%），442 人来自安哥拉（10.29%），78 人来自莫桑比克（1.82%），40 人来自圣多美及普林西比（0.93%），27 人来自佛得角（0.63%），2 人来自东帝汶（0.05%）。[②]

　　2013 年 5 月 21 日，巴西举办的"教育作为巴西—非洲关系的战略桥梁"（Education as a Strategic Bridge for the Brazil-Africa Relationship）会议上，巴西与非洲葡语国家共同起草非洲—巴西的高等教育合作计划，这也是巴西和葡语非洲之间在教育领域的首次系统性合作方案。该合作计划中提到，在巴西教育部的资助下，来自巴西 20 所高校的教育工作者和研究人员参与到 45 个合作项目中，为安哥拉、佛得角、赤道几内亚、莫桑比克和圣普 5 个非洲国家提供高等教育相关服务。上述项目重点涉及教师培训、课程开发、教育管理、数字化教育、专业教育等领域，同时将注重提高高等教育机构的能力、评估高等教育机构的绩效。例如，巴西圣保罗大学为安哥拉提供硕士学位教育，巴西南里奥格兰德联邦高等研究中心在佛得角大学参与开设第一门农学课程。巴西高等教育机构还为来自非洲的留学生提供奖学金。巴西前总

---

① University World News：Brazil launches African higher education collaboration，2013 年 6 月 15 日，见 https://www.universityworldnews.com/post.php? story=2013061510043840。

② UNILAB：Unilab em Números，2022 年 2 月 20 日，见 https://unilab.edu.br/unilab-em-numeros/? _ga=2.89504155.1692704944.1646936546-979589477.1646936546。

统卢拉表示，"非洲葡语国家中的年轻人将有机会成为有益于国家经济发展的工程师，从这个意义上来讲，巴非高等教育国际合作将有利于非洲葡语国家的发展。"美国哈佛大学科学技术和全球化项目主管、非盟科学技术和创新高级别小组主席卡雷斯托斯·朱马（Calestous Juma）表示，"对于很多非洲的问题，都有一个巴西式的解决方案。同样的，由于生态相似性和文化联系，非洲的解决方案在巴西也有很强的适用性，大学合作是分享这些经验和相互学习的有效方式。"①

### 三、科学技术合作项目

2019 年，巴西政府启动了"机构国际化计划"（Programa Institucional de Internacionalização-CAPES-PrInt)，该计划意在使巴西高等教育机构在国际化进程中更加积极主动，推动高等教育机构国际化战略的建设，提高国家科研生产的竞争力和知名度。该计划指出，参与到该计划每一个高等教育机构或科研机构，都应充分考虑自身国际化水平和需求，确定自己的优先知识领域，以及通过与国外机构的合作进一步提升这些领域的水平。有意申请该计划的学校需要向政府提交规划书，中标的学校才可获得该计划的资助。"机构国际化计划"持续 4 年时间，年度预算为 8000 万美元。该计划提出了巴西高等教育国际化可持续发展的新模式，充分重视各高等教育机构的自主性发展，鼓励各高等教育机构制定自身的国际化发展战略。②截至 2020 年，巴西政府共收到了 100 多份申请，并从中选出了 36 所高校（31 所公立院校，5 所私立院校）参与到为期 4 年的资助计划中，包括热图里奥·巴尔加斯智库（Fundação Getúlio Vargas）、奥斯瓦尔多·克鲁兹智库（Fundação Oswaldo Cruz）、国家空间研究所（Instituto Nacional de Pesquisas Espaciais）、航空技术研究所（Instituto Tecnológico de Aeronáutica）、里约热

---

① University World News：Brazil launches African higher education collaboration，2013 年 6 月 15 日，见 https://www.universityworldnews.com/post.php? story=2013061510043840。

② Juliet Thondhlana（eds.），*The Bloomsbury Handbook of the Internationalization of Higher Education in the Global South*，Brasília：Bloomsbury Publishing，2020，p. 190.

内卢天主教大学（Pontifícia Universidade Católica do Rio De Janeiro）、南里奥格兰德天主教大学（Pontifícia Universidade Católica do Rio Grande do Sul）、塞阿拉联邦大学（Universidade Federal do Ceará）、圣埃斯皮里图联邦大学（Universidade Federal do Espírito Santo）、拉夫拉斯联邦大学（Universidade Federal de Lavras）、米纳斯吉拉斯州联邦大学（Universidade Federal de Minas Gerais）、伯南布哥联邦大学（Universidade Federal de Pernambuco）、佩洛塔斯联邦大学（Universidade Federal de Pelotas）、巴拉那联邦大学（Universidade Federal do Paraná）、南里奥格兰德联邦大学（Universidade Federal do Rio Grande do Sul）、北里奥格兰德联邦大学（Universidade Federal do Rio Grande do Norte）、伯南布哥联邦农村大学（Universidade Federal Rural de Pernambuco）、圣卡塔琳娜联邦大学（Universidade Federal de Santa Catarina）、圣玛丽亚联邦大学（Universidade Federal de Santa Maria）、乌贝兰迪亚联邦大学（Universidade Federal de Uberlândia）、维索萨联邦大学（Universidade Federal de Viçosa）、巴西利亚大学（Universidade de Brasília）、保利斯塔·胡里奥·德·梅斯基塔·菲略州立大学（Universidade Estadual Paulista Júlio de Mesquita Filho）、里约西诺斯河谷大学（Universidade do Vale do Rio dos Sinos）、麦肯齐长老会大学（Universidade Presbiteriana Mackenzie）和圣保罗大学。巴西政府委任高等教育人才促进协调局负责该项目的跟进工作，工作内容主要包括：鼓励建立国际研究网络，提高研究生国际学术发表质量；扩大行动以支持所涵盖机构的研究生学习国际化；促进教授和学生的流动，重点是博士生、博士后和教授的国际交流，建设国际化研究生课程；促进所涵盖机构在国际环境中的转型；将其他高等教育人才促进协调局推广的活动整合到高校的国际化工作中。①

①　Ministério da Educação：Programa Institucional de Internacionalização-CAPES-PrInt，2020年9月19日，见 https://www.gov.br/capes/pt-br/acesso-a-informacao/acoes-e-programas/bolsas/bolsas-e-auxilios-internacionais/informacoes-internacionais/programa-institucional-de-internacionalizacao-capes-print。

## 四、区域合作平台项目

巴西的传统教育合作伙伴是法国、德国和美国，随着新兴经济体国家在国际地位的日益凸显，巴西政府的外交政策也鼓励更多的南南合作，即与拉美、印度、中国和非洲的合作。巴西在高等教育国际化进程中，不仅将传统欧美教育发达国家作为主要合作伙伴，同时注重打造拉美区域高等教育枢纽，重视与非洲等广大发展中国家的国际教育合作。

### （一）南方共同市场合作项目

南方共同市场（Mercado Común del Sur）作为南美地区最大的经济一体化组织，也是世界上第一个完全由发展中国家组成的共同市场，在推动拉丁美洲经济、政治一体化进程中发挥了巨大的作用。同样，南方共同市场在协调拉丁美洲教育系统和促进拉丁美洲各国间教育交流合作方面也取得了很大的进步，成为推动拉丁美洲教育文化一体化过程中不可或缺的机构组织。南方共同市场区域高等教育政策结合了传统的大学合作议程的特点，随着国际化程度的推进，南方共同市场对高等教育区域化和国际化进行了重新设计，其基础是仿效欧洲模式，试图解决南方共同市场成员国之间教育不对等问题。

南方共同市场提出的高等教育区域政策包括：第一，建立南方共同市场成员国和联络国大学学位区域认证制度主要针对农学、医学、工程、兽医、建筑、护理和牙科专业的国际质量认证和学位制度的认证。第二，设立课程区域学术交流计划，推动学位区域认证制度下的七大学科领域的人员流动。交流经历包括在其它国家的大学学习一个学期。第三，建立提升南方共同市场研究生课程质量的综合体系。该体系主要包括三个项目，即联合研究项目，加强研究生课程的伙伴关系项目，以及人力资源培训项目。第四，建立南方共同市场大学教师交流合作计划。该计划针对不同学科的大学教师，通过科研合作与交流，提升教师教学能力和提升机构国际合作水平。第五，建立南方共同市场高等教育研究中心。为南方共同市场高等教育发展与一体化发展提供研究服务和政策支持，提出有助于制定南方共同市场高等教育公共政策和指导决议过程的倡议和行动；推出数字杂志，举办相关研讨会，并大力资助研究网络的发展。第六，建立南方共同市场综合流动系统，对南方共同市场的学术流动进行监测，改善南方共同市场现有的学术流动措施，进一步推进高等教育一体化进程，巩固南方共同市场参与国之间的现有联系；促进区域公民身份认同和意识的形成；促进巩固南方共同市场高等教育的学术空间。

（二）与非洲地区的合作项目

为进一步扩大巴西在拉美区域外的教育国际影响力，鉴于历史传统与语言文化的优势，与非洲的高等教育合作是巴西提升其国际地位的另一战略要地。[①]巴西与非洲的关系史可以上溯至巴西殖民地时期的奴隶贸易，这种通过宗主国葡萄牙推动的奴隶贸易使巴西和撒哈拉以南非洲很早便建立起了种族和文化的纽带。随着巴西的独立以及奴隶贸易的终止，非洲逐渐淡出了巴西的外交视线。20世纪70年代中期，随着巴西多元化外交政策的实施，巴西与非洲关系步入相对平稳的发展阶段。自2003年卢拉执政以来，巴西改变了对非洲的"忽视"态度，加强与非洲的外交关系成为巴西开展南南合作的重要组成部分，巴西与非洲的关系进入了快速发展阶段。2015年，巴西前外长毛罗·维埃拉（Mauro Vieira）表示，巴西在非洲的合作出于对国家战略层面的考量，反映了巴西社会各界的立场，非洲过去、现在和未来都是巴西外交政策的绝对优先事项。[②]

区域间和多边合作机制推动巴西与非洲建立更加紧密的高等教育合作关系。"南美—非洲峰会"（Africa-South America Summit）、"南美—阿拉伯国家首脑会议"（Summit of South American-Arab Countries）、"印度—巴

---

① Alexandre Guilherme & Marilia Morosini（eds.），"The process of internationalisation of higher education in Brazil: the impact of colonisation on south-south relations"，*Globalisation, Societies and Education*，Vol. 16，pp.409-421.

② Alexandre Guilherme & Marilia Morosini（eds.），"The process of internationalisation of higher education in Brazil: the impact of colonisation on south-south relations"，*Globalisation, Societies and Education*，Vol. 16，pp.409-421.

西—南非论坛"（India-Brazil-South Africa Dialogue Forum）和"金砖国家"（BRICS）等平台，为巴西在非洲开展国际教育合作铺设了"以点带面"的基本格局，并在一定程度上透过政治、经济维度辐射到科技、文化和教育合作领域。而"葡萄牙语国家共同体"（Comunidade dos Países de Língua Portuguesa）则是加强巴西与非洲国家之间联系的直接纽带，自 1996 年创立以来，该组织始终将科技创新和高等教育人才培养作为推动葡语国家经济增长和社会发展的重要驱动力，成员国包括安哥拉、巴西、开普格林、几内亚比绍、赤道几内亚、莫桑比克、葡萄牙、圣多美和普林西比、东帝汶。葡萄牙语国家共同体的目标是通过高等教育和科学技术发展推动葡语国家的进步，在世界范围内扩大葡语国家的国际影响力，该组织的主要合作机制为：一是共同颁布发展战略。高等教育、科学和技术作为葡语共同体成员国经济增长和社会发展战略载体的潜力充分体现在 1999 年至 2012 年举行的多次高等教育、科学和技术部长级会议的最终宣言中，这些宣言为实施高等教育和科技多边合作提供了依据，并进一步促进了合作战略及相应行动计划的正式制定。2012 年，在罗安达举行的第六次科技和高等教育部长会议上，共同体成员国共同制定了《葡萄牙语国家共同体科学技术和高等教育领域多边合作规划 2014—2020》（Plano Estratégico de Cooperação Multilateral no Domínio da Ciência，Tecnologia e Ensino Superior 2014—2020），该计划指出要通过发展成员国高等教育教学和研究活动联系网络以及在成员国的高等教育与研究机构之间共享良好做法来促进多边合作；通过收集成员国间各学科领域的信息和数据，促进共同体科学资料库的建立和免费获取；保障成员国高等教育和研究机构的学生、教师、研究人员以及高级技术人员的学术流动计划等一系列共同体的发展目标。[①] 二是定期举办科技和高等教育部长会议。共同体成立至今共举办九届部长会议（如下表 2–2 所示）。2018 年部长会议于巴西利亚举行，会议通过了《巴西利亚宣言》（Declaração de Brasília），该宣言重申致力加强科学技术和高等教育方面的多边合作，通过对葡语共同

① CPLP: ENQUADRAMENTO, 2018 年 6 月 21 日，见 https://www.cplp.org/id-4627.aspx。

体成员国的高校、科研人员和学生进行能力建设和投资，促进自然资源的可持续利用、经济增长和社会发展。①2021 年部长会议于罗安达举行，会议通过了《葡语共同体科学、技术和高等教育领域多边合作行动计划（2022—2023 年）》（*Plano de Ação de Cooperação Multilateral no Domínio da Ciência, Tecnologia e Ensino Superior da CPLP（2022—2023）*），该计划强调成员国需要发挥更积极的作用，根据《葡语国家共同体科学、技术和高等教育领域多边合作战略计划》的规定，调动必要的财政资源以开展科技和高等教育国际合作活动。② 三是在巴西—葡语非洲国际一体化大学的推动下创建葡语国家高校网络（Rede de Instituições Públicas de Educação Superior），通过加强共同体成员国高等教育机构之间的交流，建立一个尊重伙伴关系和高校自主权的国际合作网络，支持和指导行政、科技和学术交流行动。③ 四是葡萄牙语共同体负责协调并推广共同体成员国的大学奖学金项目，特别是面向其他葡语国家学生提供的国际交流奖学金项目。④ 五是建立葡语国家科学知识数据库，一方面成立葡语国家共同体科学知识开放访问门户，另一方面通过虚拟图书馆、虚拟教学资源中心建立科学期刊网络，以巩固共同体的科学和学术社区建设。⑤

表 2-2　历届葡语共同体科技和高等教育部长会议

| 届数 | 时间 | 地点 | 宣言 |
| --- | --- | --- | --- |
| 一 | 1999 年 9 月 | 里斯本 | 《里斯本宣言》（*Declaração de Lisboa*） |

① CPLP：VIII Reunião de Ministros-junho 2018, Brasília, 2018 年 6 月 21 日，见 https://www.cplp.org/id-4616.aspx? Action=1&NewsId=5975&M=NewsV2&PID=11402。

② CPLP：IX Reunião dos Ministros da Ciência, Tecnologia e Ensino Superior da CPLP-Declaração final, 2022 年 1 月 19 日，见 https://www.cplp.org/id-4616.aspx? Action=1&NewsId=9377&M=NewsV2&PID=11402。

③ UNILAB：Projeto RIPES, 2021 年，见 http://www.ripes.unilab.edu.br/index.php/projeto-ripes/。

④ CPLP：BOLSAS, 2021 年 5 月 3 日，见 https://www.cplp.org/id-4637.aspx。

⑤ CPLP：REPOSITÓRIO CIENTÍFICO, 2021 年 5 月 3 日，见 https://www.cplp.org/id-4629.aspx。

| 届数 | 时间 | 地点 | 宣言 |
|------|------|------|------|
| 二 | 2003 年 12 月 | 里约热内卢 | 《里约热内卢宣言》（*Declaração do Rio de Janeiro*） |
| 三 | 2004 年 11 月 | 马普托 | 《马普托宣言》（*Declaração de Maputo*） |
| 四 | 2005 年 11 月 | 罗安达 | 《罗安达宣言》（*Declaração de Luanda*） |
| 五 | 2012 年 6 月 | 罗安达 | 《罗安达宣言》（*Declaração de Luanda*） |
| 六 | 2014 年 4 月 | 马普托 | 《马普托宣言》（*Declaração de Maputo*） |
| 七 | 2016 年 5 月 | 帝力 | 《帝力宣言》（*Declaração de Díli*） |
| 八 | 2018 年 6 月 | 巴西利亚 | 《巴西利亚宣言》（*Declaração de Brasília*） |
| 九 | 2022 年 1 月 | 罗安达 | 《最终宣言》（*Declaração Final*） |

资料来源：Comunidade dos Países de Língua Portuguesa：*REUNIÕES MINISTERIAIS*，2022 年 2 月 25 日，见 https://www.cplp.org/id-4593.aspx。

（三）双边合作计划

在 2011 年巴西开展全球范围内的多边合作计划之前，巴西高等教育国际化事务主要有两个政府机构负责，分别是教育部下属的高等教育人才促进协调局和科技创新部下属的国家科技发展委员会。1953 年，高等教育人才促进协调局派出首批 54 名学者出国深造。巴西的双边对外合作项目大多是由上述两个机构和一些州立资助研究机构（Fundações Estaduais de Amparo à Pesquisa）共同组织开展的。

1978 年，巴西与法国签订并实施了"法国与巴西学术和科学合作评估委员会计划"（Programa CAPES/Cofecub），通过完全的或"三明治式"的形式进行博士、博士后交流或客座教授访学，至今仍是高等教育人才促进协调局最大的合作项目。近 40 年中，该计划共开展约 900 个项目，资助近 4500 名博士、博士后和研究人员赴法国交流学习，涵盖了健康科学、生物科学、工程、人文社科等非常广泛的研究领域。[1]1994 年，巴西与德国签

---

[1]　CAPES：Coordenação do Aperfeiçoamento de Pessoal de Nível Superior（Capes）. Geocapes：Sistema de Informações Georeferenciadas：banco de dados：Distribuição de discentes de Pós-Graduação no Brasil，2021 年 3 月 13 日，见 https://geocapes.capes.gov.br/geocapes/。

订并实施了"科研人才交流计划"（Programa PROBRAL），该计划由巴西高等教育人才促进协调局和德国学术交流服务机构（Deutscher Akademischer Austauschdienst）联合开发并管理，支持和鼓励巴西和德国研究团队之间的科学交流，截至 2020 年已经开展了 500 多个联合项目，共有 8000 多名研究人员参与了该项目。巴西的双边项目多是推动研究生以上学历的人员流动，但也有少数几个项目是促进本科生的国际流动的，如与美国的合作项目"高等教育改善基金—高等教育人才促进协调局交流计划"（FIPSE/CAPES Exchange Program）以及与德国的"优尼布拉项目"（Program Unibral）。

## 第四节　巴西高等教育国际化政策的评估与走向

通过对巴西高等教育国际化政策的历史演进、政策制定与政策执行的梳理，巴西高等教育国际化发展的特征大致呈现其中。一方面，巴西国际高等教育的发展取得了一定的成效，其良好做法和经验有迹可循；另一方面，巴西高等教育国际化的发展过程中同样存在问题与挑战，未来巴西在该问题上的发展走向也值得分析与讨论。

### 一、巴西高等教育国际化政策的成效

得益于 21 世纪初巴西经济的迅速发展，巴西陆续推出了本科生人员流动项目、研究生人员流动项目、科学无国界项目、语言无国界项目等具有世界影响力的项目。得益于这些项目，巴西的人员流动不断增加、拉丁美洲和非洲区域的高等教育领导地位得到强化、科研水平不断提升。

（一）人员流动不断增加

巴西通过政府奖学金、院校合作等方式，推动本国学生走出去。加之自身教学质量的提高以及国际影响力的提升，对国际学生的吸引力也不断增加。以"科学无国界计划"为例，该计划促进了五大洲的 54 个国家在内的 92880 名学生和研究人员的流动，其中涵盖了上海交通大学排名最佳 200 所大学中的 182 所大学。通过该计划的资助，89.4% 的巴西学生集中赴 10 个

国家留学，其中 7 个是欧盟成员国。在欧美国家留学的巴西学生数量翻了两番，而其他一些，在此之前巴西几乎没有与之接触或建立交流项目的国家，开始接收大量的巴西学生。[①]"科学无国界计划"取得的成果很快使巴西在国际教育的地图上成为全球重要的角色。巴西本土学生和研究人员的国际流动性大大增强，巴西赴海外留学人数从平均每年约 5000 人增加到 2015 年——该计划高峰期——的 40000 多人。[②]同时，该计划还通过设立双学位、联合培养（Cotutelles）、学术合作等项目，丰富了巴西高等教育国际教育交流与合作的途径。虽然该计划的名称为"科学无国界"，巴西政府希望本国学生和研究人员可以自由流动，但是从人员流动的目的地国来看，该项目呈现出有限的无国界性。受到该项目资助的人员主要流向巴西传统伙伴国的院校，主要包括北美的美国（27821 人）和加拿大（7311 人），澳洲的澳大利亚（7074 人），以及欧洲的英国（10740 人）、法国（7279 人）、德国（6595人）和西班牙（5025 人），但该项目确实打开了巴西国际交流的大门，扩大了巴西学生的留学目的地范围，大量的学生去了在此之前很少涉及过的地区，如大洋洲和东亚的国家。[③]

除此之外，巴西历史最悠久的国际合作项目"本科生交流计划"，以及"研究生交流计划"，为来自发展中国家的学生在巴西就读本科和硕博课程提供奖学金资助，奖学金获得者的数据如下表 2–3、2–4 所示，也在很大程度上增加了巴西与其他国家的人员流动和学术往来。

表 2–3　2000—2019 年赴巴西交流本科奖学金获得者数量（人）

| 年份 | 拉美 | 非洲 | 亚洲 | 总计 |
| --- | --- | --- | --- | --- |
| 2000 | 135 | 187 | | 322 |

①　Juliet Thondhlana (eds.)，*The Bloomsbury Handbook of the Internationalization of Higher Education in the Global South*，Brasília：Bloomsbury Publishing，2020，p. 187.

②　Concepta Mcmanus (eds.)：Internacionalização e inclusão social no Ciência sem Fronteiras，*Valor Econômico*，2016 年 6 月 21 日。

③　CSF：Painel de controle dos bolsistas do programa Ciência sem Fronteiras. CSF，2021 年 3 月 23 日，见 http://www.cienciasemfronteiras.gov.br/web/csf/painel-de-controle。

续表

| 年份 | 拉美 | 非洲 | 亚洲 | 总计 |
|------|------|------|------|------|
| 2001 | 172 | 214 |  | 386 |
| 2002 | 140 | 451 |  | 591 |
| 2003 | 82 | 442 |  | 524 |
| 2004 | 52 | 395 |  | 447 |
| 2005 | 130 | 650 |  | 780 |
| 2006 | 127 | 589 | 1 | 717 |
| 2007 | 125 | 378 |  | 503 |
| 2008 | 118 | 784 |  | 902 |
| 2009 | 125 | 517 |  | 642 |
| 2010 | 115 | 383 |  | 498 |
| 2011 | 84 | 376 | 1 | 461 |
| 2012 | 99 | 444 |  | 543 |
| 2013 | 132 | 255 | 37 | 424 |
| 2014 | 147 | 339 | 4 | 490 |
| 2015 | 162 | 357 | 4 | 523 |
| 2016 | 171 | 287 | 7 | 465 |
| 2017 | 155 | 325 | 11 | 491 |
| 2018 | 163 | 281 | 8 | 452 |
| 2019 | 158 | 337 | 14 | 509 |
| 总数 | 2592 | 7991 | 87 | 10670 |

资料来源：Ministério das Relações Exteriores：Programa de Estudantes-Convênio de Graduação-PEC-G，2021 年 5 月 5 日，见 http://www.dce.mre.gov.br/PEC/G/historico/introducao.php。

**表2-4　2000—2019 年赴巴西交流研究生奖学金获得者数量（人）**

| 年份 | 拉美 | 非洲 | 亚洲 | 总计 |
|------|------|------|------|------|
| 2000 | 61 | 14 | 1 | 76 |
| 2001 | 60 | 14 | 1 | 75 |
| 2002 | 74 | 26 | 0 | 100 |

续表

| 年份 | 拉美 | 非洲 | 亚洲 | 总计 |
|------|------|------|------|------|
| 2003 | 39 | 17 | 0 | 56 |
| 2004 | 52 | 17 | 1 | 70 |
| 2005 | 73 | 40 | 7 | 120 |
| 2006 | 122 | 48 | 1 | 171 |
| 2007 | 127 | 32 | 11 | 170 |
| 2008 | 141 | 28 | 14 | 183 |
| 2009 | 196 | 16 | 18 | 230 |
| 2010 | 143 | 39 | 6 | 190 |
| 2011 | 168 | 39 | 8 | 215 |
| 2012 | 161 | 59 | 6 | 226 |
| 2013 | 208 | 76 | 2 | 286 |
| 2014 | 162 | 69 | 8 | 239 |
| 2015 | 123 | 71 | 7 | 201 |
| 2016 | 44 | 45 | 2 | 91 |
| 2017 | 28 | 53 | 1 | 82 |
| 2018 | 52 | 92 | 1 | 145 |
| 2019 | 26 | 75 | 2 | 103 |
| 总数 | 2060 | 870 | 97 | 3027 |

资料来源：Ministério das Relações Exteriores：Programa de Estudantes-Convênio de Pós-Graduação-EC-PG，2021 年 5 月 5 日，见 http://www.dce.mre.gov.br/PEC/PG/historico.php。

（二）拉丁美洲、非洲区域的高等教育领导地位得到强化

国际战略选择在巴西高等教育国际化发展进程中起着至关重要的作用，殖民时期至今，巴西各界政府根据国家发展不同阶段面临的不同需求、自身实力和国际环境等因素，实施的战略逐渐由依附向自主转变。[①] 在此基础上，巴西高等教育国际化也由萌芽时期走向高速发展时期，同时国际化的重心也

---

① 贺双荣：《巴西现代化进程与国际战略选择》，《拉丁美洲研究》2011 年第 5 期。

逐渐从传统的欧美国家转向拉丁美洲、非洲等发展中国家。

　　巴西政府一直比较重视同欧洲、美国的合作关系。为加强同欧美的合作，巴西高校师生积极参与了欧盟开展的调优（Tuning）项目、拉丁美洲学术培训项目（América Latina-Formação Acadêmica，ALFA）和拉丁美洲高层次人才奖学金项目（Alßan Programme），以及美国开设的富布莱特奖学金（Fulbright Scholarship）、社区大学倡议（Community College Initiative）等，这些项目推动了巴西与欧美国家之间的学术交流与人员流动，促进了巴西高等教育水平和人才培养水平的大幅提升。①

为适应世界政治经济形势的变化，巴西加强了同发展中国家的学术交流。巴西意识到高等教育国际化在促进学术开放和包容的同时，也导致了全球教育市场的固化、国际高等教育体系的不平等、大学与国家教育体系之间的激烈竞争、以经济为导向的高等教育市场化趋势加深，以及作为公共物品的教育概念的逐渐消失等一系列问题。为了打破北方国家占主导地位的全球教育资本主义体系，提升发展中国家在国际高等教育市场中的话语权，巴西作为新兴国家领导者，坚持采取相对自主的国际战略，通过加强与发展中国家的高等教育国际合作进而摆脱对发达国家的依附关系，从而在发展中国家中树立独立自主的大国形象。首先，由于文化上的相似性，加上拉丁美洲国家共同体、伊比利亚首脑峰会、联合国教科文组织等组织机构的大力推动，巴西同拉丁美洲国家的学术联系得到了加强，逐渐形成以南方共同市场为主导的学术交流网络。在相对自主战略中，巴西把南方共同市场建成"像欧盟那样的地区一体化看作维持自主发展的必要条件"②。其次，巴西与同属于新兴国家的中国、印度、南非等国家建立双边及多边的高等教育合作模式，例如巴西和印度召开的双边教育交流会，就研究生教育、消除文盲和远程教育

① 访谈巴西某大学国际合作办公室负责人所得。
② 贺双荣：《巴西现代化进程与国际战略选择》，《拉丁美洲研究》2011年第5期。

等问题开展交流合作，印度科学和产业研究委员会和巴西国家科技发展委员会之间签署合作协议，就研究人员交流、合作研究和开发达成共识；巴西和中国于 2003 年建立了"中国巴西地球资源卫星项目"（China-Brazil Earth Resources Satellites Program），成为巴西最重要的双边高科技合作项目之一；巴西在金砖国家多边合作机制下促进本国与其他成员国间的大学交流与合作。最后，巴西将高等教育国际化的核心关注区域落脚在非洲特别是非洲葡语国家上。巴西曾任外长塞尔索·阿莫林（Celso Amorim）指出"巴西不是小国，它不能也不应该只有一个小国的对外政策"，因此，"与非洲国家建立密切关系是当前巴西外交政策的首要任务，并在此基础上寻求世界承认巴西在世界事务中的作用"，是巴西国际战略的必然思路。[1] 这种外交政策理念实际上是对巴西 20 世纪推行的"南北外交"的反思。由于南美洲与非洲在地理纬度上的相似性，使得巴西对非技术援助具有良好的先天条件和广阔的发展空间。在政策上遵循着需求拉动、知识转移、能力建设等原则，核心要素是通过巴西的外部推动作用提升非洲地区的自我能力建设，从而使巴西更加便利地"融入"非洲，进而有利于巴西在与其他新兴国家竞争非洲市场时处于相对优势的地位。

（三）科研水平不断提升

随着巴西高等教育国际化水平的不断提高，巴西在研究出版方面也取得了突破性的成绩。2013—2018 年，巴西被列为世界上第十四大科学出版物生产国，在发展中国家里仅次于中国和印度，并将其对全球科学领域的影响力提高了 15%。[2]2017—2019 年，在科学网（Web of Science）索引的巴西 142840 篇文章中，公立高校占了 91.54%，这些大学在国际舞台上非常活跃。[3]

---

[1]　周志伟：《新世纪以来的巴西对非政策：目标、手段及效果》，《西亚非洲》2014 年第 1 期。

[2]　SJR：Scimago Journal and Country Rank，2018 年，见 https：//www.scimagojr.com/ countryrank.php？year=2018。

[3]　Juliet Thondhlana（eds.），*The Bloomsbury Handbook of the Internationalization of Higher Education in the Global South*，Paris：Bloomsbury Publishing，2020，p.184.

　　除此之外，诸多国家在将国际化的视野和行动纳入高等教育机构的各项职能过程中，形成了本国的高等教育国际化特色，打造了具有国情特点的国际化品牌项目，在高等教育国际市场中占据了有利地位，巴西也不例外。近年来，巴西已成为国际舞台上的佼佼者，新兴经济体和区域强国的地位使该国高等教育系统的发展成为世界各国关注的焦点问题，巴西政府亦不负众望地开发了"科学无国界"与"语言无国界"的品牌国际化项目，在高等教育国际市场中一炮走红。

　　国际化品牌项目的诞生起源于巴西自身发展需求，巴西科技创新部发布的《科学、技术和创新促进国家发展行动计划（2007—2010 年）》（*Plano de Ação 2007—2010 Ciência，Tecnologia e Inovação para o Desenvolvimento Nacional*）指出，高技能人力资源的匮乏掣肘巴西经济的发展，这个问题在科学、技术、工程和数学（STEM）学科中尤为严重。[①] 增设奖学金数量鼓励学生赴海外读书就是在这样的背景下提出的，巴西教育部门与科技创新部门将国际人才流动作为提高高等教育学术质量的重要手段，"科学无国界"计划由此诞生。作为一项全国性奖学金计划，"科学无国界"项目主要由巴西联邦政府资助，旨在通过本科生、研究生和研究人员的国际流动来加强巴西的科技实力、创新能力和国际竞争力，资助领域主要集中于 STEM 学科，例如工程、物理、数学、化学、生物和地球科学、临床与健康科学、计算机与信息技术、航空航天技术、能源技术、纳米与材料技术、海洋科学等。超过一半的奖学金将授予本科生，剩余部分将分配给硕士、博士、博士后以及巴西或外国的访问学者，通过留学或交换的形式将巴西人才输送至国外培养或者吸引海外特殊人才前往巴西开展科研合作项目。该项目的主要交流目的地国包括德国、澳大利亚、奥地利、比利时、加拿大、中国、韩国、丹麦、美国、西班牙、芬兰、法国、荷兰、匈牙利、印度、爱尔兰、意大利、日本、挪威、新西兰、葡萄牙、英国、捷克、俄罗斯、瑞典、乌克兰等 26 个

---

① MCTIC，*Plano de Ação 2007—2010 Ciência，Tecnologia e Inovação para o Desenvolvimento Nacional*，Brasília：Ministério da Ciência e Tecnologia，2007，pp. 11-15.

国家。截至 2017 年，美国接收的巴西学生人数最多，超过 2 万人。2011 年至 2017 年执行期间，"科学无国界"项目共向赴海外留学生发放了近 10.4 万个奖学金名额，投资总金额达 132 亿雷亚尔，约合 40 亿美元①。② 这个项目在国际上获得了很大的知名度，不少国家和大学通过该项目注意到了巴西的高等教育机构，开启了与巴西高等教育合作的序幕。例如，14 所加拿大大学校长于 2013 年到访巴西，以促进加拿大与巴西在高等教育人才和科研交流方面的高等教育合作。③

除此之外，巴西政府试图通过"科学无国界"计划以外的新策略推动人才国际流动，于 2014—2019 年开设了"语言无国界"计划，提供奖学金以帮助培训和提高巴西学生及教师的外语水平，外语包括英语、法语、西班牙语、意大利语、日语、中文和德语，同时向外国人开设葡萄牙语教学课程。该计划的颁布意味着巴西国际化政策同样重视英语等其他语言的本土发展，截至 2019 年，超过 81.8 万名学生和大学教师通过该项目开展了学习第二语言的计划。④

**二、巴西高等教育国际化政策存在的问题**

（一）国际化政策落实的成效不足

尽管巴西政府和高校积极开展高等教育国际化活动，但巴西的高等教育机构仍然是经合组织成员国和伙伴国家中国际化程度最低的一个。巴西高等教育机构注册的国际留学生为在校注册学生总人数的 0.2%，而经合组

---

① 2017 年 6 月 30 日，美元兑雷亚尔汇率为 1 USD = 3.3 BRL。
② Sociedade Brasileira para o Progresso da Ciência：O fim do Ciência sem Fronteiras depois de R$ 13 bilhões investidos em bolsas no exterior，2017 年 6 月 30 日，见 http：//portal.sbpcnet. org.br/noticias/o-fim-do-ciencia-sem-fronteiras-depois-de-r-13-bilhoes-investidos-em-bolsas-no-exterior/。
③ Creso Sá &Julie Grieco，"International Collaboration in Brazilian Higher Education"，*Frontiers of Education in China*，Vol. 10，pp.7-22.
④ Exame：Programa de intercâmbio do MEC que beneficiou 818 mil alunos será fechado，2019 年 7 月 19 日，见 https://exame.com/brasil/idiomas-sem-fronteiras-sera-encerrado-pelo-mec/。

织这一比例为 6%。此外，巴西高等教育机构在校注册学生赴海外留学为在校注册总人数的 0.6%，不足经合组织这一比例（1.6%）的一半。①2017 年，高等教育人才促进协调局对提供研究生课程的巴西高等教育机构进行了调查，了解研究生国际素养的培养现状。调查数据表明，巴西高等教育机构赴海外学习与交流的学生与教师数量远大于赴巴西学习交流的国际人才数量，巴西高校国际化策略仍集中在吸引客座教授方面。当被要求根据国际化程度低、国际化程度中等、国际化程度高这三个选项来定位学校的国际化发展时，70.3% 的学校认为自身国际化发展处于低或中等水平，只有 8 所高等教育机构认为自己的国际化发展程度高。在国际化程度较低或中等程度的受访机构中，52.5% 的机构表示在机构发展规划中没有明确的国际化计划。②

从数据上看，我们的学生出国留学的不是很多，这其实与我们的传统有关，我们的学生都不愿意离开家乡更别说到别的国家生活学习。但是，现在越来越多的巴西人，尤其是中产阶层以上的家庭，由于父母拥有海外留学经历，他们有意识地鼓励孩子到国外读书。

但是，我们也是在努力推动我们学校高等教育国际化的，譬如实现在地国际化，为海外学生到巴西留学提供奖学金，聘请客座教授为学生讲课，开设国际课程等。

巴西科研水平在发展中国家或者在拉美还算不错，但是与英美甚至中国相比，我们还是存在很大差距的，所以在国际上吸引力不足。我们把有限的经费投入到聘请国际知名教授上，在为海外留学生提供奖学金方面就显得不足。③

① OECD：Education at a Glance：OECD Indicators，2019 年 9 月，见 http：// download.inep. gov.br/acoes_internacionais/eag/documentos/2019/Country_Note_ EAG_2019_Brasil.pdf。

② CAPES：Coordenação do Aperfeiçoamento de Pessoal de Nível Superior（Capes）.A internacionalização na Universidade Brasileira：resultados do questionário aplicado pela Capes，2017 年， 见 https：//www.capes.gov.br/images/stories/download/ diversos/A-internacionaliza cao-nas-IES-brasileiras.pdf。

③ 访谈巴西某大学国际合作办公室负责人所得。

## (二) 财政资源支持不足且分配不合理

通过对巴西高等教育国际化发展的调研可以看出，不论是国家层面还是高等教育机构层面，资金是高等教育国际化发展的重要影响因素。简·奈特和汉斯·德维特等学者表示，这种情况在拉丁美洲高校中普遍存在，拉丁美洲高等教育机构在政策上十分支持国际化，但在实践中却缺乏或没有足够的财政资源支持。巴西的国际化策略反映了其高等教育体系多样化的背景，但是国际化政策并没有充分考虑到高等教育机构的不同使命和国际化水平，反而从不同程度上削减了对大学和研究机构的资金支持，致使很多巴西高校面临巨大的预算限制，尤其是接受国家资助的联邦大学和州立大学。[①] 除此之外，巴西对于特色国际化品牌项目"科学无国界计划"的资金支持力度同样不足，政府表示实施"科学无国界计划"的成本极高，为政府部门留下了巨大的债务，并且项目资金分配并不合理，该计划耗资 40 亿美元，其中 19 亿美元用于支付学生奖学金，另外约 18 亿美元用于支付 2012 年至 2016 年间接待巴西学生的外国大学所需费用，剩余部分则用于学生的语言课程费用、保险费用、住宿费用等。而从成效来看，该计划仅促进了受资助的学生个人的发展，但对于巴西地区和国家高等教育质量的提升并没有起到巨大的推动作用，政府更希望将该计划的资源应用于更多扶持公立高校和本土高等教育发展的项目当中。[②]

## (三) 对国际教育资本的质量监管政策缺失

国际教育在巴西的快速发展主要源于两个方面的驱动：一是政策驱动，正如前文所述，巴西国家政府、教育部、科技创新部、外交部等陆续出台多项支持政策，对国际教育的推广持鼓励态度；二是巴西学生越来越重视第二外语学习和参加国际交流项目为其增加的就业竞争优势，教育消费升级，出

---

① [荷] 汉斯·德维特等：《拉丁美洲的高等教育：国际化的维度》，李锋亮等译，教育科学出版社 2011 年版，第 15 页。

② BOM DIA BRASIL：Ciência Sem Fronteiras chega ao fim por falta de dinheiro，2017 年 4 月 4 日，见 http：//g1.globo.com/bom-dia-brasil/noticia/2017/04/ciencia-sem-fronteiras-chega-ao-fim-por-falta-de-dinheiro.html。

国留学人员日益增多，带动了国际教育在巴西的蓬勃发展。随着巴西高等教育国际化程度的不断加深，国际教育在巴西也迎来了黄金发展期。然而，对于国际教育资本的质量监管的缺失甚至空位，成为巴西高等教育国际化历程中的一块绊脚石。一方面，巴西作为私立高等教育占比极高的发展中国家，在开展高等教育国际化过程中，国家不能作为国际合作项目的唯一和独家提供者，并且私立高校自主性过大，政府缺乏对私立高校的管控和约制，导致高等教育国际化陷入由经济集团主导的极端市场竞争环境中，衍生出了无序的、不尊重质量标准的国际化产品，严重损害了公立高校和学生在国际化进程中的正常利益，同时在世界范围内对巴西的国际形象产生了不良影响；另一方面，高等教育国际化中的留学生服务是教育市场中的主要经济来源，盲目的趋利行为使得高等教育质量难以保障，越来越多的纯商业营利性质的国际教育组织和机构出现在教育市场，"文凭工厂"泛滥，而巴西作为"出口"远大于"进口"的人才外流国，更加难以掌控外来国际教育资本，使得巴西本土教育遭受巨大的冲击，打乱了国际高等教育市场的正常秩序，巴西本国学生利益也因此受损。

### 三、巴西高等教育国际化政策的走向

#### （一）优化高等教育国际化策略

继续加强高等教育机构的人员流动。在巴西国际教育协会和高等教育人才促进协调局的支持下，国际教育研究所（Institute of International Education）于 2017 年在巴西开展了一项试点项目《IIE 高等教育和学生流动性调查》，旨在提升国家有关学生流动的数据收集和分析能力，为进一步优化高等教育国际化政策提供数据支持。该调查旨在对国际学生流动状况进行摸底和评估，并与其他国家进行对比，以此判断巴西高等教育机构的国际化水平，为制定巴西高等教育国际化议程提供指导建议，并为讨论和决定国际化相关的公共政策设定目标和框架。

继续提高巴西学生和教师的外语水平。巴西制定和开设了对外葡萄牙语教学课程以及针对巴西学生第二外语（主要为英语）的课程与活动，促

进巴西"课程国际化"和"在地国际化"的落实与发展。巴西首次颁布的《在巴西高等教育机构中使用英语作为教学语言的指南（2018—2019 年）》（*Guide to English as a Medium of Instruction in Brazilian Higher Education Institutions 2018—2019*）中，围绕对外葡萄牙语教学课程以及针对巴西学生第二外语习得的课程与活动提供了 1200 多条指南信息。与此同时，巴西高等教育机构将发挥葡萄牙语作为世界第八大外语的优势，积极努力向世界推广葡萄牙语及文化。该举措旨在提升巴西的国际吸引力，吸引更多的国际学生和研究人员赴巴西留学、交流访问。

（二）财政自主权下放

2019 年，巴西政府启动了"投资组合管理计划"（FUTURE-SE），该计划由教育部制定，旨在扩大联邦大学和科研机构的资金来源，增加公立大学筹集私人资源的可能性。该计划对于高校而言是自愿性质的，教育部提议联邦大学应该拥有更大的自主权与私营部门或社会组织签订合作合同。在这种模式下，教育机构可以将属于欧盟的财产让与或授予私营部门使用权，并在创建投资基金方面拥有更大的自主权。此外，高校还可以将校园和建筑物的名称出售给赞助商。教育部认为该计划将使联邦大学和机构通过与社会多方组织的筹款来增加自己的收入，使其具备更大的财务自主权，在资金使用方面具有更大的灵活性，减少对政府财政预算的依赖。该计划涵盖三个支柱部分：科学研究、技术开发和创新；创业；国际化。在国际化方面，其主要目的是在国外推广巴西的高等教育机构，提高巴西在国际排名中的地位。其目标是与国外大学建立稳固的合作关系，鼓励师生持续交流流动，重点领域为应用研究；促进巴西著名公立和私立院校对外国学位进行认证；促进高校在网络平台上学分转移和互认机制的建立。通过与私营机构的合作，促进高等教育机构外语课程的开设，提高国际期刊文章发表的数量与质量；鼓励与国外机构合作，邀请著名的诺贝尔奖获得者作为客座教授；为在学术研究和体育方面表现突出的学生提供在外国机构获得助学金的机会。目前，该计划在学界和巴西议会中广受争议，主要是因为该计划没有对实际融资过程中的财产风险进行把控，可能会给各机构的财政带来风险。

（三）重构国际化战略优先次序

自 2015 年以来，巴西高等教育国际化的核心项目"科学无国界计划"因筹资和资金分配不合理的问题受到质疑，同年该计划的资金被暂停，2014 级学生成为最后一批"科学无国界计划"奖学金获得者，该项目仅继续为已经在国外的学生提供资金支持，2017 年该计划正式结束。尽管"科学无国界计划"实施时间不长，但对增加巴西的国际竞争力以及为巴西学生创造国际交流环境都产生了重要影响。随着巴西的品牌项目"科学无国界计划"的落幕，巴西政府、教育部门和学者对巴西高等教育国际化该何去何从展开了深入的思考。

为改善以往国际化战略重点关注学生流动而忽视高校进展的局面，高等教育人才促进协调局对"科学无国界计划"后巴西国际化的状况进行了分析，并制定了"机构国际化计划"。该计划修订了教育部门对国际化领域的财政资源分配制度，以前通过"科学无国界计划"直接向学生提供奖学金，现在将资金分配给大学机构，特别是那些具有公认学术成果的大学，旨在从实质上提升巴西高等教育机构的国际化水平，打造巴西的"世界一流"大学。①

尽管在过去的一段时间里，受疫情等不稳定性因素的影响，世界政治经济领域发生了剧烈的变化，但巴西高等教育国际化政策的发展表明，巴西将继续朝着深入国际化的高等教育发展历程迈进。拉丁美洲著名的教育国际化专家加塞尔·阿维拉（Gacel Ávela）指出，"有效的国际化战略要求将倡议以可持续的方式纳入该国高等教育的整体格局。"② 预计巴西教育部门和高等教育机构将更加积极地关注对国家有较大影响的国际化提案，确保国际化进程更具包容性、长期战略性和可持续发展性，促进在更大范围、更多领域内的国际交流与合作，将国际、跨文化和全球层面全面纳入巴西高等教育。

① Daniela Perrotta & Andrés Santos Sharpe, "Política exterior y procesos de internacionalización del sistema científico y universitario: Argentina y Brasil (2003—2019)", *Sociologias*, Vol.22, pp.88-119.
② Jocelyne Gacel Ávila, "Comprehensive internationalization in Latin America", *Higher Education Policy*, Vol. 25, pp. 493-510.

# 第三章　墨西哥高等教育国际化政策

　　墨西哥合众国（los Estados Unidos Mexicanos）位于北美洲南部，北邻美国，南邻危地马拉与伯利兹；人口 1.23 亿（2017 年），是拉丁美洲第二人口大国和西班牙语世界第一人口大国。[①] 墨西哥是联合国、世界贸易组织、二十国集团、亚太经合组织、经济合作与发展组织、拉美和加勒比国家共同体等组织的成员国。作为拉丁美洲的文明古国，是灿烂的玛雅文化和阿兹特克文化的发源地，同时也是美洲地区最早发展教育事业的国家之一，其高等教育发展历史可以追溯到 15 世纪西班牙殖民统治时期。

　　墨西哥高等教育国际化的发展始于二战后。二战后，美国为了进一步巩固墨西哥在外交上的支持和政治上的合作，以及防止苏联共产主义意识形态在墨西哥的渗透[②]，美国以教育合作为抓手，开始了与墨西哥互派留学生的教育交流活动。美国一方面派本国学生赴墨西哥留学，以便更深入地了解墨西哥的政治、经济、文化和社会体系；另一方面，为墨西哥精英提供赴美留学奖学金，促进双方的人文交流，实现对墨西哥意识形态的输出。[③] 自此，

---

① 中华人民共和国驻墨西哥合众国大使馆：《墨西哥国家概况》，2019 年 1 月，见 http：// mx.china-embassy.org/chn/mxg/t1396355.htm。

② Jocelyne Gacel Ávila，"La Dimensión Internacional de las Universidades Mexicanas"，*Revista Educación Superior y Sociedad*，Vol. 11，pp.121-142.

③ Gobierno de México，*Plan Nacional de Desarrollo 2001—2006*，México：Gobierno de México，2001，p. 69.

墨西哥拉开了高等教育国际化的序幕，但是教育交流和合作的主动权仍在美方。20 世纪 80 年代，墨西哥几所比较有影响力的高等教育机构成立了国际事务办公室，这些办公室是墨西哥第一批从事教育国际交流合作事务管理的专业性机构，这标志着墨西哥教育国际交流与合作活动开始向更加系统化和科学化方向发展。1994 年《北美自由贸易协定》（*North American Free Trade Agreement*）为墨西哥的教育国际合作提供了外部动力，自由贸易的签订加速了墨西哥经济全球化和一体化的步伐，墨西哥开始将国际化纳入国家和高等教育机构发展的优先事项。2001 年，墨西哥政府出台了《国家发展战略（2001—2006 年）》（*Plan Nacional de Desarrollo*），该文件中指出墨西哥政府、社会和个人需要联合起来共同解决教育滞后的问题，以教育国际化为发展路径，尽快建立先进的教育体系，使墨西哥教育全面融入国际舞台。[1] 对此政策的回应，同年墨西哥教育部颁布了《国家教育规划（2001—2006 年）》（*Programa Nacional de Educación*），首次将国际合作纳入国家教育中长期规划，并提出以提高高等教育质量为核心的国际合作战略。[2] 此后 20 年，墨西哥政府与高等教育机构持续致力推动高等教育国际化发展，并希望突破世界研究和知识传播的"外围"向"中心"靠拢。

本章将从历史的维度出发，对墨西哥高等教育国际化政策的历史演进进行梳理，了解不同历史时期墨西哥国际化政策特征；其次对墨西哥高等教育国际化的现行政策和制度进行分析，了解现阶段墨西哥高等教育国际化发展的理念与需求；第三选取墨西哥高等教育中最具代表性的国际化实践项目进行分析；最后，总结并探讨墨西哥高等教育国际化政策的既得经验与存在的问题。

---

[1]　Secretaría de Educación Pública，*Programa Nacional de Educación 2001—2006*，México：Secretaría de Educación Pública，2001，p. 11.

[2]　人民网：《中华人民共和国和墨西哥合众国关于推进全面战略伙伴关系的行动纲要》，2014 年 11 月 13 日，见 http://politics.people.com.cn/n/2014/1113/c1001-26018856.html。

## 第一节 墨西哥高等教育国际化的历史进程

教育作为国家的"规范产品",一直被视为社会价值观的传递载体,教育的发展深受国家历史、文化、社会、政治等因素的影响。因此,研究墨西哥高等教育国际化的发展必须先了解墨西哥国家的历史以及其高等教育的发展历程。

### 一、墨西哥高等教育国际化的发展

西班牙对墨西哥这片大陆实行了近四个世纪的统治,墨西哥高等教育的发展自然受到了西班牙乃至欧洲的影响,从对西班牙高等教育的完全复制、到模仿再到合作,在借鉴与合作中不断完善发展而成,最终形成了既具有西班牙高等教育特征又具有自身独特框架体系的高等教育制度。1519年,西班牙开始了对墨西哥的殖民统治。1551年,西班牙摄政王菲利佩二世签发了在墨西哥创办大学的敕令,殖民当局按照西班牙萨拉曼卡大学(Universidad de Salamanca)和阿尔卡拉大学(Universidad de Alcalá)的模式陆续建立了几所学院,为皇室和教会培养服务型人才,其中比较著名的一所大学为1553年创立的墨西哥皇家天主教大学。不论是依照萨拉曼卡模式还是阿尔卡拉模式建立的大学,它们均保留西班牙的传统,招收的学生均来自具有特权的贵族家庭,教授课程以宗教、法律、文法和艺术为主。在校传授知识的教授则拥有教学方面的绝对权威和自主权,有时一个院系的课程设置也由最具权威的几个甚至是一个教授决定。授课方式死板,深澳费解,咬文嚼字,具有强烈的贵族烙印,其基础是灌输人与人之间不平等思想的亚里士多德学说,确定了殖民者在新大陆的优势地位。①

1821年9月28日西班牙承认墨西哥独立,1824年10月4日墨西哥颁布宪法,正式成立了墨西哥合众国。独立初期的墨西哥,政治上,各派力量

---

① 曾昭耀等:《战后拉丁美洲教育研究》,江西教育出版社1994年版,第4页。

为争夺统治权而引发军事政变和叛乱；经济上，田园荒芜、矿场倒闭、大量工人失业。1846 年，美国又发动了"美墨战争"。这一时期，由于缺少良好的政治氛围、经济条件以及国际环境，墨西哥的高等教育事业难以得到发展，基本上处于停滞状态，其中包括皇家天主教大学在内的诸多大学被迫关闭。

进入 20 世纪，墨西哥政府逐渐认识到高等教育对国家复兴与发展的重要意义，决定大力发展高等教育。1907 年，墨西哥时任公共教育部长发表演说："我们需要创立学术机构和科学团体，特别是需要建立一所国立大学，并由这所大学来统一、协调和领导所有墨西哥高等教育机构的发展，给这些机构一种共同的灵魂，使之与民族的思想和愿望相一致。"[1]1910 年 9 月 22 日，被迫关闭的皇家天主教大学更名为墨西哥国立大学（Universidad Nacional de México）并重新开放。1917 年墨西哥革命结束后，历届政府都高度重视发展高等教育，政府投入经费建立校舍，一度墨西哥的教育支出超过军费支出。[2] 这一时期学生数量大幅增加，但是考虑到人口的快速增长，这样的成果似乎并不能令人满意，能够进入高等教育机构就读的学生仍属于精英阶层人群。

1918 年"科尔瓦多大学改革运动"（Movimiento de Córdova）爆发，阿根廷科尔多瓦大学的学生试图通过学生运动争取在大学中的选举和被选举权，改变陈旧的教条主义建立适合拉丁美洲大学自身发展的自由民主大学，一改"古老精英制度"的治学理念。[3] 毫不夸张地说，"科尔多瓦大学改革运动"的思想是留给整个拉丁美洲，包括墨西哥高等教育的重要遗产，其思想主要内容如下：

首先，实现大学自治。大学自治是本次学生运动最为核心的改革内容。

---

① 曾昭耀：《墨西哥高等师范教育的发展和改革》，《高等师范教育研究》1993 年第 1 期。

② J. Mabry Donald，"Twentieth Century Mexican Education"，*History of Education Quarterly*，Vol. 25，p. 223.

③ Pablo Buchbinder，*Historia de las Universidades Argentinas*，Argentina：Sudamericana 2005，p. 95.

大学摆脱国家控制，免受政治的影响，对校长和教师的聘用具有自主权，制定适合自身发展的大学章程，根据教育发展需求自行安排课程内容，实现学术自由。大学自治是现代大学发展的基本准则①，因此这次改革在很大程度上也标志着拉丁美洲大学的现代化之路的开端。其次，实现共同管理。大学管理人员、教师、学生、毕业生共同参与大学管理工作，强调"学生对学校拥有管理的权力"，为了保护这一权力各学校制定了保障教师、学生、毕业生共同治校的规章制度。第三，完善教学制度。保障教师教学内容、思想以及学术自由。建立教师聘任制度，打破教师裙带关系的藩篱，选拔有能力的教师，提高教师队伍的整体文化素养。重新设计教学内容，提升教学方法的现代化水平。第四，履行大学社会职能。加强高等教育在学前教育、基础教育、中等教育、技术教育等领域的研究和培训工作。在重视科学研究的同时，加强大学与社会的联系，密切关注社会问题。推动民众思想水平的提升，促进拉丁美洲的统一。②

本次改革改变了墨西哥大学法律和组织架构，学校的管理由中央集团制向自治和 / 或共同治理制度转型，学校在很大程度上拥有了自治权力。墨西哥赫赫有名的墨西哥国立自治大学（Universidad Nacional Autónoma de México）就是在其间更名而来。著名历史学家赫尔曼·阿西涅加斯（Germán Arciniegas）提到，在 1918 年之后墨西哥的大学摆脱了欧洲大学模式的路径依赖，逐步探索本土发展模式，开始了大学民主化进程。③1921 年，时任校长何塞·瓦斯科塞洛斯（José Vasconcelos）提出了大学推广墨西哥文化与教育的使命，成为墨西哥文化教育传播与交流的纽带，在此情况下墨西哥国立自治大学成立了暑期学校，其目标是"……普及关于西班牙语和墨西

---

① Álvaro Acevedo Tarazona：A Cien Años de la Reforma de Córdoba，1918—2018，2021 年 1 月 22 日，见 https：//dialnet.unirioja.es/servlet/articulo？codigo=3797042。

② 胡昳昀等：《拉美和欧盟区域间高等教育合作机制研究》，山西教育出版社 2021 年版，第 20—21 页。

③ Carlos Tünnermann Bernheim，*La Universidad Latinoamericana ante los Retos del Siglo XXI*，México：UDUAL，2003，p. 72.

哥文化的知识，并在学术上支持海外墨西哥文化与教育的研究人员。"① 这个暑期学校也就是现在墨西哥国立自治大学专门负责国际学生事务的"外国人教学中心"（Centro de Enseñanza para Extranjeros，CEPE）。

20 世纪 30—50 年代，由于世界经济危机，西方各国纷纷采取保护主义措施，实行歧视性贸易政策。在这种形势下，墨西哥不得不放弃外向型发展模式，转向内向型发展，扩大内部市场需求，寻求经济发展。墨西哥进口替代工业化发展阶段一直持续到 1982 年。在这一时期内，总体来说墨西哥经济发展势头良好，成为发展中国家中发展速度较快的国家。经济的好转为墨西哥高等教育的发展提供了良好的政治经济环境。1953 年，墨西哥国立自治大学兴建了大学城，扩大了招生规模。从 1960 年起，墨西哥联邦政府对教育的投入逐年增加，1960 年教育经费占联邦政府经费总预算的 18.6%，是1950 年的一倍。② 这一时期的墨西哥成为人口增长最快的国家之一，1950—1970 年年平均增长率为 3.2%，受教育人数的需求在快速增加，这对高等教育的数量和规模提出了新要求。与此同时，墨西哥经济的向好发展促进了经济的持续发展，国家对中高等人才和科技人才的需求不断扩大，这也对墨西哥高等教育服务于社会、经济发展也提出了新的要求。面对国家政治、经济和民众等多方面的发展需求，总统路易斯·埃切维利亚（Luis Echeverría）任职期间（1970—1976 年）颁布了《联邦教育法》（1973）、《高等教育协调法》（1978）等法律法规，把教育改革重点放在了高等教育领域。这一时期，政府增加了对高等教育的投入，1970 年至 1976 年政府大幅度增加教育投入，6 年的教育经费预算平均占联邦政府预算总额的 30%，是墨西哥时至今日的最高纪录；③ 这一时期，墨西哥新建了大批技术院校，为国家培养技术专业性人才；同时成立了国家科学与技术委员会（Consejo Nacional de Ciencia y Tecnología，CONACYT），直接负责墨西哥全国科技政策的制定、研究、实

① Universidad Nacional Autónoma de México：Políticas de Internacionalización，2017 年 4 月，见 https：//www.unaminternacional.unam.mx/es/politicas。
② 王留栓：《墨西哥高等教育改革进程及成效》，《拉丁美洲研究》1997 年第 5 期。
③ 王留栓：《墨西哥高等教育改革进程及成效》，《拉丁美洲研究》1997 年第 5 期。.

施和评估，并负责指导、促进和协调墨西哥国内外研究活动，通过对国内外科研力量的整合，为国家的经济发展提供智力支持。

20 世纪 70 年代末开始，墨西哥历届政府继续推进高等教育改革，先后制定了一系列高等教育发展规划，如《国家高等教育计划》（*Plan Nacional de Educación Superior*）（1979）、《国家高等教育纲要》（*Plan de Educación Superior*）（1984）和《国家现代化纲要（1989—1994 年）》（*Modernización del INEGI y el Plan Nacional de Desarrollo 1989—1994*）。这一时期高等教育规模发展迅速，高等教育机构数量从 1960 年的 35 所增加到 1975 年的 136 所。① 据联合国教科文组织的统计资料表明，墨西哥 1985 年全国高等教育机构在校生达 120.77 万人，为世界上 17 个高校在校生超过百万的国家之一，高等教育毛入学率 15.95%，已经进入大众化阶段。②

虽然进口替代工业发展模式对促进国家工业发展发挥了重要的作用，但是随着这种经济模式的发展，墨西哥出现了内向型经济需求不足，经济发展缺乏后劲，产业结构失调等问题。再加之，墨西哥国内市场长期受到过度保护，国民经济抵御外部冲击能力较差，内部储蓄和投资不足，不断依赖外债发展，80 年代丧失偿还能力，陷入债务和经济危机。在这次经济危机中，墨西哥教育体系受到公共部门开支紧缩的影响，教育经费紧缩。③ 此外，失业率上升，岗位竞争加剧，更多墨西哥民众希望通过高等教育来提高自身竞争力。但是，政府财政已经无法满足大学扩招的需求，一些小型的公立高等教育机构成立，但是因为教育经费不足，这些公立教育机构的教学质量难以保障。在这种情况下，受到新自由主义的影响，墨西哥开始放开办学条件，减少政府对教育的干涉，鼓励大学市场化改革，私立高等教育机构如雨后春笋大批成立。在这一时期，墨西哥高等教育呈现出以下特点：

首先，在校注册学生数量增加。1970 年在高等教育机构注册学生数量 22.4 万人，到 1994 年注册学生数量增加到了 128.3 万人。20 世纪 50 年代大

① 王留栓：《墨西哥高等教育改革进程及成效》，《拉丁美洲研究》1997 年第 5 期。

② 文进：《墨西哥高等教育现代化与墨西哥政治》，《拉丁美洲研究》1991 年第 6 期。

③ 王留栓：《墨西哥高等教育改革进程及成效》，《拉丁美洲研究》1997 年第 5 期。

学最受欢迎的专业是法学和医学，但是到了 20 世纪 90 年代，选学理工科、农科的学生占全国大学生总数的 30% 以上。其次，院校数量增加，私立与公立学校并行发展。1960 年在册高等教育机构数量 35 所，其中私立大学 8 所，占 23%；到了 1994 年高等教育机构数量增加至 826 所，其中私立院校 408 所，占比 49.4%。[①] 为了满足学生的入学需求，高等教育院校不仅在数量上大幅增加，而且种类上也较为多元，除了大学，还出现了高等职业技术学校、理工学校以及非大学性质的高等教育机构等。大学进一步分为国家级、区域级大学，分为综合性和专业性大学等。在这一时期，大学的国际合作联系依然较少。

虽然这一时期，学生入学数量上明显增加，高等教育也呈现出多元化的发展趋势，但是离真正的高等教育民主尚存有相当大的距离，甚至出现了倒退的趋势。一方面，由于受财政的影响，公立高等教育机构招收学生数量受限，公立高等教育机构的发展越来越精英化，需要通过一系列严格的知识测评考试方可入学；另一方面，教育财政缩减以及教育市场化导致了高等教育质量问题日益凸显。高等教育机构的质量由市场需求决定，学校为不同需求和经济状况的学生提供不同质量和价位的教育课程。素来享有盛誉的学校，通过提高学费将更多的收入聘请名师，以提高学校的教学质量和名誉。普通学校由于缺少财政支持，不断降低教师工资待遇，挫败了教师的积极性，教学质量无法得到保证。因此，虽然学校数量的增加在一定程度上满足了不断高涨的入学需求，但是由于教学质量的差异、学费不断上涨等问题，加剧了社会的不平等。

1994 年，随着《北美自由贸易协定》的正式生效，促使墨西哥政府加强对高等教育机构学生外语能力和国际交流能力的培养，墨西哥留学生数量大幅度增加。该协定的签署一方面提高了墨西哥高等教育国际化、现代化的水平，但是另一方面也出现了留学人员学成不归，人才严重流失的问题。国际化对墨西哥来说就是一把"双刃剑"，在促进国家人才培养的同时，西方

---

① 文进：《墨西哥高等教育现代化与墨西哥政治》，《拉丁美洲研究》1991 年第 6 期。

国家成为墨西哥的人才"收割机"。

2001 年墨西哥政府颁布了《国家教育规划（2001—2006 年）》（*Programa Nacional de Educación 2001—2006*），在该项规划中提出了以提高高等教育系统质量为目的的国际合作战略。高等教育国际化发展首次被写入国家教育规划，说明墨西哥政府开始意识到国际合作对高等教育可持续发展的重要意义。《国家教育规划（2001—2006 年）》指出，提高教育质量的途径是加大国际合作，在文化教育领域形成战略联盟，加强交换项目以及促进和教师的流动，增加国际联合研究和教学项目，建立学术网络平台。同时，随着墨西哥加入北美自由贸易协定和经合组织，墨西哥政府反复强调提升墨西哥公民国际竞争力的重要性。

## 二、墨西哥高等教育国际化动因

### （一）国家层面动因

第一，经济因素。国际教育收入已经成为发达国家 GDP 增收的主要项目，墨西哥的留学教育对国家经济发展贡献不足。根据经合组织数据显示，2000 年墨西哥留学收入仅占世界国际教育市场份额①的 0.1%，远远落后于美国（25.3%）、英国（11.9%）等发达国家。② 由于墨西哥优质高等教育资源相对匮乏，大量墨西哥学生选择到海外留学，与出国留学人员相比，墨西哥留学逆差显著。2001 年在海外留学的墨西哥学生数量为 16811 人，同期在墨国际学生数量为 1943 人。③ 墨西哥高等教育在世界教育服务市场中份额不足、人员流动不均衡的情况，不仅导致墨西哥产生了巨额的教育贸易逆差，还使其陷入人才流失的危机。为了扭转这一局势，墨西哥政府颁布了《国家教育规划（2001—2006 年）》，该文件中指出，国际教育服务正在塑造知识市场的格局，教育国际化对国家未来经济发展具有深远的影响，而墨西

① 国际教育市场份额是指在每个目的地国家（地区）招收的流动学生的数量占 OECD 和合作伙伴国家（地区）所有流动学生的数量的份额。

② OECD：Education at a Glance 2006，2006 年 9 月 12 日，见 https：//doi.org/10.1787/eag-2006-en。

③ UNESCO：UIS Education Statistics，2020 年 1 月 10 日，见 http：//data.uis.unesco.org/。

哥必须准备参与这一进程。[①] 为此，墨西哥政府开始推动高等教育国际化发展，争取更多国际人才的流入，墨西哥高等教育国际化开始从被动发展向主动发展转型。

第二，政治因素。高等教育国际化被墨西哥看作是全球化背景下实现国家现代化以及教育现代化的重要手段。[②] 具体来说，首先就是通过高等教育国际化促进高等教育质量的提升，教学和科研达到国际水平，增强墨西哥高等教育在拉美区域以及国际的影响力和竞争力。其次，国际化水平的提升有助于本国国际人才的培养，增加对海外人才的吸引力，此举有助于提升墨西哥经济创新力与技能水平，帮助其向知识型和技术型经济模式转型，尽快走出"中等收入陷阱"，在世界财富向新兴经济体转移过程中获利。第三，教育国际化发展有助于墨西哥参与全球以及拉美区域教育发展进程，推广墨西哥文化与语言，进一步巩固在拉美区域教育领头兵的地位，增强墨西哥在国际尤其是拉美区域舞台上的政治"软实力"。

（二）高校层面动因

墨西哥各高等教育机构积极参与国际化进程，这其中的原因主要有两点。第一，国际化发展有助于大学排名的提升，对大学的国际知名度以及竞争力产生直接影响。国际化水平已经成为衡量大学质量的重要指标，它在QS 世界大学排名、《泰晤士报》世界大学排名和 US News 世界大学排名中的权重分别为 10%[③]、7.5%[④] 和 10%[⑤]。墨西哥大学在世界排名中不占优势，

① Secretaría de Educación Pública, *Programa Nacional de Educación 2001—2006*, México：Secretaría de Educación Pública, 2001, p. 36.

② Asociación Nacional de Instituciones de Educación Superior, *Declaraciones y Aportaciones de la ANUIES para la Modernización de la Educación Superior*, México：Asociación Nacional de Instituciones de Educación Superior, 1989, p. 2.

③ QS Top Universities：QS world university rankings methodology, 2022 年 9 月 8 日, 见 https：//www.topuniversities.com/qs-world-university-rankings/methodology。

④ THE World University Rankings：THE World University Rankings 2020：methodology, 2019 年 9 月 2 日, 见 https：//www.timeshighereducation.com/world-university-rankings/world-university-rankings-2020-methodology。

⑤ U.S. News World Report：How U.S. News calculated the best global universities rankings, 2021 年 10 月 25 日, 见 https：//www.usnews.com/education/best-global-universities/articles/methodology。

2004 年 QS 世界大学排名中，墨西哥排名最高的国立自治大学排名仅为第
195 名。[①] 因此，国际化策略成为墨西哥各高等教育机构提升国际排名、提
高世界知名度的重要手段。

　　第二，国际化发展可以为墨西哥高等教育机构获得更多政府财政资助。
为了推动各高等教育机构尤其是公立高等教育机构质量的提升，墨西哥政
府制定了联邦额外补贴分配模型（Modelo de Asignación Adicional al Subsidio
Federal Ordinario）奖励机制，政府根据各公立高等教育机构的教学和科研
质量表现给予不同比例的政府补贴。在这个分配模型中，衡量教学和科研质
量的一个重要维度就是国际化水平，其中包括教师和学生的流动、科研项目
合作、知识交流、国际交流管理能力、文化认同能力等。[②] 因此，各公立高
等教育机构竭力提高自身的国际化水平，以争取到更多的财政资助。

## 第二节　墨西哥高等教育国际化政策的制定

　　21 世纪经济全球化影响下，墨西哥对人才需求日趋紧迫。同时，墨西
哥参与国际事务的广度和深度不断增加，政府的执政理念也更加国际化，教
育思想更加开放。经济全球化形塑教育国际化的发展，反之，教育国际化
同样促进国家经济社会更加快速地参与到世界竞争，因而备受墨西哥政府
的重视。墨西哥政府陆续颁布法律和政策，例如《教育总法》（Ley General
de Educación）《国际发展合作法》（Ley de Cooperación Internacional para el
Desarrollo）《科学技术法》（Ley de Ciencia y Tecnología）《国家发展规划》
（Plan Nacional de Desarrollo）《教育部门规划》（Plan Sectorial de Educación）
等，为国家的高等教育国际化发展提供法律和政策支持。墨西哥公共教育

---

①　QS Top Universities：THE-QS World University Rankings 2004，2020 年 4 月 1 日，见 https：//
www.topuniversities.com/。

②　Distrito Federal de México，*Fondo para el Modelo de Asignación Adicional al Subsidio
Federal Ordinario*，*Universidades Públicas Estatales*，México：Distrito Federal de México，
2010，p. 2.

部、墨西哥国际开发合作署（外交部）、国家科学技术委员会、各高等教育机构、国家协会和国际组织等行为主体，也在不断优化整合协同推动墨西哥高等教育国际化的发展。

**一、墨西哥高等教育国际化的现行政策**

虽然，墨西哥高等教育国际化起步较晚，而且具有依附性发展的色彩，但是进入 21 世纪，墨西哥政府开始重视高等教育国际化的自主性发展，并颁布了综合性以及专向性政策或法律，逐渐高等教育国际化成为墨西哥政府以及各高等教育机构的重要发展战略之一。

（一）墨西哥高等教育国际化的综合性政策

综合性政策是墨西哥政府颁布的总体性教育政策，明确了国家教育发展的总体方向，是墨西哥教育发展最重要也是最根本的内容。

1.《教育总法》（*Ley General de Educación*）

《教育总法》中规定了教育部门在国际合作方面的两项职权：第 12 条规定，公共教育部参与制定教育、科学与技术、体育教育和运动等方面国际合作方案，协同文化部加强同其他国家艺术和文化事务方面的合作，配合国际合作方案的制定；第 20 条规定教育部门在其职权范围内可与本国或外国高等教育机构签署合作协议，促进交流，扩大合作培训领域，加强教育创新。[①]

2.《国家发展规划（2019—2024 年）》（*Plan Nacional de Desarrollo*）

《国家发展规划（2013—2018 年）》确定了五个发展目标和三个横向战略，其中两个目标"高质量的墨西哥教育"以及"具有社会责任的墨西哥人"与教育国际化发展相关。计划中提到"面对知识全球化带来的挑战，有必要通过提高教学计划的连贯性以及学生和学者的流动性来促进教育的国际化发展。"[②] 墨西哥需要高质量的教育服务促进公民个人发展，培养高素质人

① Gobierno de México：Ley General de Educación，2019年9月3日，见 http://www.diputados.gob.mx/LeyesBiblio/pdf/LGE_300919.pdf。

② Gobierno de México：Plan Nacional de Desarrollo 2013—2018，2013 年 2 月 28 日，见 https://www.gob.mx/epn/articulos/plan-nacional-de-desarrollo-2013-2018-12607。

才，在竞争日益激烈的全球知识经济市场占有一席之地。同时，墨西哥政府也意识到科学研究和技术创新对提升竞争力，有效地参与全球经济竞争的重要性。

《国家发展规划（2019—2024年）》中虽然未将高等教育国际化单列，但字里行间中仍然强调对于国际教育的重视，指出要"通过创造就业机会，实现该国所有年轻人接受高等教育的权利，投资基础设施和卫生服务以及通过区域、部门计划和联合发展来保障就业、教育、健康和福祉……联邦政府将促进科学技术研究，通过奖学金和其他激励措施来支持学生和学者，以提高其知识水平，将在大学、政府、科学家和公司的参与下协调国家创新计划，以造福社会和国家发展。"①

3.《教育部门规划（2019—2024年）》（*Programa Nacional de Educación*）

墨西哥公共教育部针对《国家发展规划（2013—2018年）》中提出的"高质量的墨西哥教育"国家目标做出了回应。《教育部门规划（2013—2018年）》条例2.3"继续发展高等教育质量保障项目，完善高等教育质量保障机构运行机制"中明确指出需要进一步提升高等教育的国际化水平，支持高等教育国际化的新型学术合作模式，以及鼓励更多有能力的本科毕业生进入墨西哥和世界知名学府深造研究生课程。②

《教育部门规划（2019—2024年）》优先战略2.7"通过促进科学、人文和技术研究，保障墨西哥人民享受科技创新发展成果的权利"中明确指出需要在国际领域促进科技合作和文化交流活动。优先战略3.2"重新调整对教学、管理和监督人员的培训，以优化其职责并不断改进教学过程"中明确指出要鼓励教师的国际合作与交流，以此加强教学实践和维系国际教师情谊。优先战略5.4"推动奥林匹克和非奥林匹克的高性能体育项目，促进体育人

---

① Gobierno de México：Plan Nacional de Desarrollo 2019—2024，2019年4月30日，见 http://www.dof.gob.mx/nota_detalle.php？codigo=5565599&fecha=12/07/2019。

② Secretaria de Educación Pública de México：Plan Nacional de Desarrollo 2013—2018，2013年12月，见 https://www.gob.mx/cms/uploads/attachment/file/11908/PROGRAMA_SECTORIAL_DE_EDUCACION_2013_2018_WEB.compressed.pdf。

才培养的巩固和延续"中指出根据国际体育体系认可的标准选拔体育人才，以提高巴西在国际赛事中取得的成绩。①

（二）墨西哥高等教育国际化的专项性政策

在综合性教育政策基础上，墨西哥政府针对墨西哥国际化以及教育国际化发展制定的相关的法规或政策，对墨西哥高等教育国际化具有更加明确的指导。

1.《国际发展合作法》（*Ley de Cooperación Internacional para el Desarrollo*）

该法于 2011 年获批并生效，是墨西哥与其他国家开展国际发展合作的重要法律依据，同时为国际合作的协调、运作、备案和推广等提供了管理和监督的制度框架。该法律建立了四个基本保障措施，首先是成立了墨西哥国际开发合作署（Agencia Mexicana de Cooperación Internacional para el Desarrollo），负责墨西哥"走出去"和"引进来"双向国际合作事务的协调、推动、执行、评估工作；第二制定了墨西哥在教育、科学、技术、文化等领域优先国际合作项目；第三建立了国际发展合作信息系统（Sistema de Información de Cooperación Internacional para el Desarrollo），为国际合作提供数据保障，将国际合作进行数字化管理并实行问责制度；第四成立了国际发展合作国家基金会（Fondo Nacional de Cooperación Internacional para el Desarrollo），该基金会由信托基金进行管理，由外交部、国际开发合作署以及内政部共同组成信托基金的技术管理委员会，为国际合作提供资金保障。

2.《科学技术法》（*Ley de Ciencia y Tecnología*）

该项法律用于规范联邦政府科学研究、技术开发和创新等相关行为，为公共行政部门、机构、州政府等部门间的科研创新合作提供了法律保障，促进了高等教育机构间以及与社会部门间的学术联系，保障了协同创新机制的建立，加强了高等教育机构与科学研究、技术开发和创新机构间在教

---

① Secretaria de Educación Pública de México：Plan Nacional de Desarrollo 2019—2024, 2020 年 7 月 8 日，见 https：//www.planeacion.sep.gob.mx/Doc/planeacion/mediano_plazo/pse_2020_2024.pdf。

育、生产和服务方面的合作。墨西哥政府 2002 年颁布该法，2009 年对其进行修订。2008 年，在此法基础上出台了为期 25 年的长期规划《科学、技术和创新特别计划》（*Programa Especial de Ciencia，Tecnología e Innovación，PECITI*），该计划每三年更新一次，为墨西哥科学技术的长期发展制定了路线图。该计划主要内容涉及科学研究、技术开发和创新、培训和组建高水平研究和专业人员团队、科学技术的传播、与生产和服务部门的联系、加强国际合作等。

3. 提升教学质量的保障政策

为了更好地参与全球化竞争，推动墨西哥高等教育国际化的发展，吸引更多的学生到墨西哥学习，墨西哥建立了高等教育的评估体系，旨在提高高等教育质量。其中包括"国家研究人员体系"（Sistema Nacional de Investigadores）和"国家研究生质量计划"（Programa Nacional de Posgrados de Calidad）。1984 年国家科学与技术委员会颁布了国家研究人员体系，提供相应配套经费对工作在公立学术机构的研究人员进行工作任务评估以及绩效奖励。随着时代的变迁，墨西哥对在学术机构从事科研工作的人员标准也发生了变化。20 世纪 90 年代，拥有丰富科研经验或博士学位的科研工作均可在公立学术机构工作，21 世纪初博士学位作为进入研究机构的基本条件，近期墨西哥政府开始转变"文凭"至上的理念，又开始重视教学工作与科研能力。2015 年之前该体系只向居住在墨西哥并在公立科研机构工作的研究人员开放，2016 年起该体系变得更加灵活，在原有人员基础上开始对海外科研机构工作的墨西哥人开放。① 新的制度打破了地域的限制，说明墨西哥科研人才的培养向国际化维度迈进，同时也说明墨西哥政府对科研等高端人才的重视。科研工作人员的晋升考核指标主要根据个人科研成果的数量、国际影响力，以及人才尤其是高端人才的培养。

---

① Consejo Nacional de Ciencia y Tecnología：Programa Nacional de Posgrados de Calidad，2019 年 11 月 18 日，见 http：//conacyt.gob.mx/index.php/becas-y-posgrados/programa-nacional-de-posgrados-de-calidad。

表 3-1　墨西哥国家科研人员考核和晋升基本标准

|  | 候选人 | 一级研究员 | 二级研究员 | 三级研究员 |
|---|---|---|---|---|
| 博士学位 | ✓ | ✓ | ✓ | ✓ |
| 科研能力 | 科研能力证明 | 已经主持过科研项目 | 个人或团队长期从事某个领域研究 | 研究内容对知识再生产与传承具有重要作用 |
| 教学能力 | ✓ | 指导论文、教授课程或其他教学活动 | 指导研究生论文、开设高水平人才培养课程 | 培养高水平人才 |
| 社会服务 |  | 参与社会服务互动 |  |  |
| 其他 | 本科毕业不得超过 15 年 |  |  |  |
|  |  |  |  | 国内科研领域的领军人物 |
|  |  |  |  | 享有国内国际盛誉 |

资料来源：Juan José Ramírez Bonilla，"La Internacionalización en las Instituciones de Educación Superior Mexicanas. Experiencias de Vinculación con Asia del Pacífico"，*Universidades*，Vol.74（2017），pp.79-82.

　　墨西哥对每所研究机构评估，其中一项重要指标就是研究机构拥有在国家研究体系注册的研究人员数量，但需要指出的是，该项体系主要对研究人员个人科研能力的评估，并不能全面反应科研机构综合水平和整体质量。因此，墨西哥国家科学和技术委员会还引入了其他的评估和奖励机制，如"国家研究生质量计划"（Programa Nacional de Posgrados de Calidad）。国家研究生质量计划是由墨西哥国家科学与技术委员会和国家公共教育部于1991 年联合发起的项目。该项目旨在提高墨西哥高等教育机构以及研究机构科研质量，提高对高水平人才的培养力度，进而提升墨西哥科研和创新领域的研究水平，满足并促进国家社会生产和发展需求，促进国家公平稳定的可持续发展；同时提升墨西哥博士研究生阶段教育的国际知名度。该计划实施量化与质性的混合型评估模式，课程的评估主要从国际竞争力（国际合作项目、师生流动、联合培养项目等）、影响力（高端人才培养的影响，学术成果数量，社会服务等）、发展效果以及创新型等四方面进行评估，评估方法主要为自我评估、外部指标评估、数据评估、对项目负责人进行访谈、对以往评估资料进行审查等。被选入该计划的研究生课程说明是被国家认可的优质教育课程，同时是具有国际竞争力的课程。国家科学与技术委员会为入选该计划的课程提供资金资助，如为入选该计划课程就读的博士生提供生活奖学金、海外访学奖学金、博士后奖学金等。

4. 提高教师队伍质量政策

对于墨西哥高等教育机构教师队伍学历水平偏低、聘用制度松散等问题，墨西哥教育部于1996年提出了"提高高等教育机构学生培养质量"的建议，强调墨西哥急需促进师资队伍质量提升，同年墨西哥政府出台了"教师素质提升计划"（Programa de Mejoramiento del Profesorado）。该计划从提高教师个人素养以及教师集体素养两方面展开。对于个人，首先，墨西哥教育部提出了"全职教师计划"，旨在改变高等教育机构教师聘用制度，提高全职教师在高等教育机构中的比例；其次，墨西哥政府为全职教师提供在职读博机会，以期提高高等教育教师队伍学历水平。对于教师集体，首先将科研群体归编到高等教育教师体系，其次是对科研人员制定标准，根据公共教育部2006年的规定，科研工作人员要积极参与校内外的活动，与外界保持积极联系，积极参与学术活动，支持高等教育机构的发展规划，为知识做出原创性贡献。[1]1996年初，教师素质提升计划在39所州立公立大学进行试点，2008年加入该项目的学校增加到了242所，截至2016年共有730所高等教育机构加入了该计划，学校的种类也更加多元，州立公立大学、联邦公立大学、师范院校、理工院校等。[2] 在获得奖学金继续攻读博士学位的教师中，三分之二的教师选择在国内攻读学位，三分之一的教师在海外攻读学位。在

---

[1]  Subsecretaria de Educación Superior：Programa de Mejoramiento del Profesorado de las Instituciones de Educación Superior, 2019 年 11 月 17 日，见 http：//publicaciones.anuies. mx/pdfs/revista/Revista101_S3A4ES.pdf。

[2]  Juan José Ramírez Bonilla, "La Internacionalización en las Instituciones de Educación Superior Mexicanas. Experiencias de Vinculación con Asia del Pacífico", *Universidades*, Vol. 74 (2017), pp.79-82.

海外攻读学位的教师中有 80% 的教师选择到西班牙或者古巴同为西班牙语系的国家继续深造。

5. 学分学位互认制度

墨西哥的高等教育机构拥有学位直接授予权，在与海外院校合作时，并没有国家层面统一的学分学位互换标准，合作双方视合作情况而定。为了促进墨西哥高等教育机构与海外院校的合作，2017 年墨西哥政府对《国家286 号协议》（*El Acuerdo 286 de la SEP*）进行修订，明确了国家学历学位认证标准与流程，简化认证手续。[①]

## 二、推动墨西哥高等教育国际化的现行机构

自 20 世纪 90 年代以来，墨西哥从国家层面到高校层面，不断成立推动高等教育国际化发展的机构，以回应国家高等教育国际化法律和政策，推动高等教育国际化的发展。

（一）国家层面

国家层面主要负责吸引留学生工作的单位是墨西哥公共教育部（Secretaría de Educación Pública）、墨西哥国际开发合作署（Agencia Mexicana de Cooperación Internacional para el Desarrollo）、国家科学技术委员会（Consejo Nacional de Ciencia y Tecnología）等。

1. 墨西哥公共教育部

墨西哥公共教育部负责高等教育国际化的部门主要有两个，一个是高等教育司，为教育部的四个二级部门之一；另一个是公共教育部中的国际关系总局（Dirección General de Relaciones Internacionales，DGRI），负责促进和加强同其他国家的科学、教育、文化、技术和艺术合作与交流活动，负责与国际组织、各国教育部门等建立与加强合作关系，推行语言交流计划，建立奖学金制度等。依照墨西哥国际关系章程，教育国际合作是墨西哥教育发

---

[①] Secretaria de Educación Pública de México：De los cambios del Acuerdo 286-DGAIR，2017年 12 月，见 http://www.sep.gob.mx/wb/sep1/acuerdo_286。

展的主要内容之一。

2. 墨西哥国家科学与技术委员会

墨西哥国家科学与技术委员会成立于 1970 年，为国家直属的公共机构，具有独立法人，享有技术与业务自主权，为联邦政府提供科学技术和创新方面的咨询服务，促进墨西哥国家科学研究、技术开发和创新发展。2002 年墨西哥政府颁布了《科学技术法》（*Ley de Ciencia y Tecnología*），该法规明确了该委员会的主要职责：根据国家经济和社会发展需要，为墨西哥制定科学、技术和创新领域战略；与相关机构协调合作，对这些政策与战略的实施进行监督和评估；与世界各国建立科学、技术和创新研发领域的合作关系，建立国际研发网络平台；对接受国家资助的科学技术项目进行遴选、审批、监督等工作；负责制定国家科学、技术和创新领域的相关政策与标准；资助国家科技领域人才，为其提供奖学金到海外留学或与海外课题组进行合作；推动信息科学技术在社会各领域的应用等。[①]

3. 墨西哥国际合作开发署

墨西哥国际合作开发署（Agencia Mexicana de Cooperación Internacional para el Desarrollo）成立于 2011 年，是墨西哥外交部的分支机构，为国际合作提供服务支持。该开发署的主要职能是帮助墨西哥和世界各国政府、社会组织、私人机构建立合作关系，对墨西哥各领域（教育、文化、旅游、科学技术、经济、政治等）的合作活动进行协调、组织和评估，进而促进墨西哥人力资源的可持续发展，促进社会平等发展，提高公民的生活质量。

墨西哥国际合作开发署主要的工作内容为：制定国际合作发展政策。建立政府间、非政府间的合作交流关系，负责国际合作的制定、跟进和评估，促进国际合作的有效性、透明性以及高效性。同时该机构代表墨西哥参加经合组织、G20 等组织会议，把握国际合作走向，了解墨西哥国际合作中面临的困难、挑战以及机遇。国际合作开发署的主要工作领域：首先，科学技术合作。主要推进墨西哥健康、环境、教育、基础设施建设等科学技术领域的

① Cámara de Diputados del H.Congreso de la Unión：Ley de Ciencia y Tecnología，2022-5-11，见 http://www.diputados.gob.mx/LeyesBiblio/pdf/LCT.pdf.

合作，对墨西哥机构进行国际合作的指导，分享国际合作经验，将国际合作中面临的挑战转换为发展机遇。作为墨西哥国际层面的国际合作对接方，根据国家优先发展需求，帮助墨西哥机构寻找国际合作伙伴、为合作谈判提供技术支持。其次，中美洲和加勒比区域合作。帮助中美洲和加勒比区域的一体化发展，通过与该区域的合作，提升墨西哥在该区域的影响力。根据中美洲和加勒比区域的发展需求，开发署制定了两个项目，"中美洲一体化和发展项目"（Proyecto de Integración y Desarrollo de Mesoamérica）和"中美洲和加勒比国家信托基础设施基金"（Fideicomiso Fondo de Infraestructura para Países de Mesoamérica y el Caribe）。这两个项目涉及了墨西哥与中美洲及加勒比区域间的政治合作和基础设施建设合作，促进中美洲和加勒比区域的政治稳定以及经济技术发展。第三，学术合作。对于发展中国家而言，教育合作仍十分有限。因此，墨西哥通过发放奖学金吸引国际学生、教师、科研人员、专家到墨西哥留学，培养未来的世界领袖。第四，人道主义救援。在其他国家发生地震或其他灾害时，发展署组织人道主义救援行动，如捐款、派遣专家协助救援工作等。第五，文化和旅游推广。通过与外交部合作，推广墨西哥文化，加强对墨西哥的宣传，推动墨西哥旅游业的发展，增进和加强国际上对墨西哥社会文化的了解。第六，促进经济发展。提升墨西哥产品和服务业的国际化水平，力图打造成具有国际竞争力和吸引力的产品，吸引更多的国际投资。同时，鼓励墨西哥企业走出去，进行海外投资，参与全球经济的发展。

（二）高等教育机构

高等教育机构在吸引留学生方面是中坚力量。墨西哥高等教育机构种类多样，可根据支持类型分为公立和私立，也可根据它们与联邦政府的关系分为联邦和州立。墨西哥的高等教育机构主要集中于墨西哥（554所）、墨西哥城（500所）、韦拉克鲁斯（383所）和普埃布拉州（348所）。具体而言，墨西哥的高等教育机构类型多样，学生可以根据不同的兴趣和职业目标进行不同的学业选择。公立高等教育机构主要包括三类，联邦公立大学（Universidades Públicas Federales）、州立公立大学（Universidades Públicas

Estatales）和团结支持的公立州立大学（Universidades Públicas Estatales con Apoyo Solidario），主要承担教学、科学创新和文化传播等职能，联邦公立大学包括像墨西哥国立自治大学（Universidad Nacional Autónoma de México，UNAM）、国立理工学院（Instituto Politécnico Nacional，IPN）等墨西哥最顶尖的知名高校，州立公立大学是各州建立的地方公立大学，团结支持的公立州立大学则是指联邦政府和州政府合资建立的大学。私立机构包括技术学院（Institutos Tecnológicos）、科技大学（Universidades Tecnológicas）、理工大学（Universidades Politécnicas）、跨文化大学（Universidades Interculturales）、公共研究中心（Centros Públicos de Investigación）、公立师范学院（Escuelas Normales Públicas）和其他公共机构等等。技术学院主要提供职业学位和专业学位的培训；科技大学以就业或再读为导向，为高中毕业生提供两年的短期强化培训；理工大学旨在提高专业水平的工程、本科和研究生学习；跨文化大学致力于土著居民的高等教育；公共研究中心由多个高校和机构的研究中心联合组成，旨在发展科学技术和创新；公立师范学院主要负责学前、中小学教育教师的培训。

墨西哥高等教育机构拥有较高的自治权，各高等教育机构负责国际合作事务的部门拥有自己的章程，国家未对各高等教育机构的国际事务合作进行统一规定，高等教育机构在国际活动方面运作较为自主。相对于私立高等教育机构，公立高等教育机构与外国机构签订的协议数量更多，对学生、教师和科研工作者的海外交流，项目合作支持力度也更大。[①]

表 3-2　墨西哥高等教育机构数量（2020—2021）

| 类型 | 公立 | 私立 | 总计 |
| --- | --- | --- | --- |
| 数量 | 2349 | 3445 | 5794 |

资料来源：Secretaría de Educación Pública；Sistema Educativo de los Estados Unidos Mexicanos，Principales Cifras 2020—2021，2022 年 2 月 20 日，见 http://www.planeacion.sep.gob.mx/Doc/estadistica_e_indicadores/principales_cifras/principales_cifras_2020_2021_bolsillo.pdf。

① Jocelyne Gacel Ávila a，"La Internacionalización de la Educación Superior en América Latina：El caso de México"，*Cuaderno de Investigación en la Educación*，Vol. 20，pp.1-14.

（三）高校联盟

高校联盟作为国家非政府组织的第三方力量，在整合高等教育机构国际资源、提升国际知名度提升方面起到了积极的促进作用。墨西哥比较有影响力的高校联盟有国家大学和高等教育机构协会（Asociación Nacional de Universidades e Instituciones de Educación Superior），墨西哥国际教育协会（Asociación Mexicana para la Educación Internacional 和墨西哥私立高等教育机构联合会（Federación de Instituciones Mexicanas Particulares de Educación Superior）等。这些联盟组织发展目标和任务不同，但共同点均是出台了不同的战略和计划以促进墨西哥高等教育国际化的整体发展。

国家大学和高等教育机构协会是墨西哥规模最大成立时间最早的高等教育联盟，该协会成立于 1950 年，截至 2019 年共由 197 所大学和高等教育机构组成。[①] 该机构积极参与墨西哥教育当局有关高等教育发展规划、政策和制度的制定工作，努力提升墨西哥高等教育机构的教学、研究、社会服务的水平。该协会通过合作促进协会成员与其他国家高等教育机构在知识产权转让、人才培养和高水平研究合作等领域的合作；促进学生和教师的学术交流，提升墨西哥教师和学生学术质量和国际竞争力；并支持联合研究项目实施。该协会目前与西班牙、阿根廷、巴西、法国等国家签订了合作协议，促进双边高等教育交流与合作，如国家大学和高等教育机构协会—西班牙大学校长协会（ANUIES-CRUE）学生交流计划、墨西哥—阿根廷青年交流计划（JIMA）、巴西—墨西哥交流计划（BRAMEX）、墨西哥—法国学生交流计划、全国大学和高等教育机构协会—魁北克大学校长协会（ANUIES-CREPUQ）学生交流计划。

与国家大学和高等教育机构协会同样具有影响力的是墨西哥私立高等教育机构联合会，该联合会共有 108 个墨西哥私立高等教育机构。该协会成立于 1982 年，旨在促进学术卓越发展和机构质量提升，促进成员之间以及

---

① Asociación Nacional de Universidades e Instituciones de Educación Superior：Acerca de la ANUIES，2019 年 11 月 17 日，见 http：//www.anuies.mx/anuies/acerca-de-la-anuies。

与该国其他教育机构的沟通和协作，尊重每一个组织的使命和理念，以便完整地实现其为国家服务的责任。

（四）国际组织

众多国际组织如世界银行、经合组织、联合国教科文组织等既是墨西哥高等教育国际化的推动者，也是其发展的参与者。这些国际组织的全球教育治理对墨西哥的教育决策产生了一定的影响，通过调研、项目资助等方式推动墨西哥高等教育的发展。墨西哥也通过参与这些组织的教育治理活动，建立国际教育比较视角，在借鉴和学习中不断完善自身国际化制度。

# 第三节　墨西哥高等教育国际化政策的实施

在政策执行过程中，详细的政策实施方案和政策保障制度，是政策能否顺利落地的重要依据。为贯彻落实高等教育化的发展政策，墨西哥各级政府、各高等教育机构、各教育协会和国际组织纷纷采取相应行动，陆续颁布学生流动、科学研究国际合作、海外合作推广中心等项目，推动高等教育国际化的发展。

## 一、学生流动项目

学生流动是高等教育国际化最直接的形式。为了鼓励本国学生"走出去"以及吸引海外优秀人才"走进来"，墨西哥教育部以及国家科学与技术委员会推出了一系列奖学金政策，与此同时各高校也纷纷与海外院校、教育协会、基金会、国际组织合作，拓宽奖学金渠道。

（一）推动本国学生走出去项目

2001 年墨西哥政府在《国家教育规划》中提出面对经济时代的来临，墨西哥高校需要加强与世界知名学府的合作，支持学生和教师赴海外留学。[1]2007 年墨西哥政府颁布了新世纪第二个《国家教育规划》，在该规划

---

① Secretaría de Educación Pública, *Programa Nacional de Educación 2001—2006*，México：

中指出，墨西哥高等教育机构需要进一步提升国际化水平，提升教学、研发和创新能力。① 2013 年颁布的《教育部门规划》中强调，支持高等教育国际化的新型学术合作模式，促使更多有能力的毕业生攻读墨西哥以及世界上最好的研究生课程。②2020 年颁布的《教育部门规划》中指出为促进科学、人文和技术研究，保障墨西哥人民享受科技创新发展成果的权利，需要在国际领域促进科技合作和文化交流活动。③ 不难看出，墨西哥政府一直鼓励高层次人才到海外就读国家发展所需的前沿专业。国家科学与技术委员会1970 年成立之初便尝试性开展了研究生奖学金项目（Programa de Becas para Estudios de Posgrado）。进入 21 世纪，随着墨西哥高等教育国际化发展战略的提出，该委员会加大了奖学金投放力度，扩大了人才培养规模，2000 年奖学金的发放数量为 2883 个，2019 年增至 5017 个。④ 学生赴海外攻读的专业主要包括工程、社会科学、自然和生物科学等。与此同时，墨西哥政府积极寻求与其他国家政府间的高等教育合作，以求更加多元的经费支持，目前墨西哥已与美国、英国、德国、西班牙、巴西、中国等 44 个国家签署了双边合作协议。⑤

（二）吸引海外留学生项目

高等教育国际化对墨西哥来说是把双刃剑，人才的流失削弱了原本就很薄弱的科技教育基础。为了扭转这一趋势，墨西哥政府出台了一系列吸

Secretaría de Educación Pública，2001，p. 11.

① Secretaría de Educación Pública，*Programa Sectorial de Educación 2007—2012*，México：Secretaría de Educación Pública，2007，p. 28.

② Secretaría de Educación Pública，*Programa Sectorial de Educación 2013—2018*，México：Secretaría de Educación Pública，2013，p. 13.

③ Secretaría de Educación Pública de México：Plan Nacional de Desarrollo 2020—2024，2020 年 7 月 8 日，见 https：//www.planeacion.sep.gob.mx/Doc/planeacion/mediano_plazo/pse_2020_2024.pdf。

④ CONACYT，*Informe General del Estado de la Ciencia，la Tecnología y la Innovación*，México：CONACYT，2009，p. 310，2019，p.168.

⑤ Gobierno de México：Oferta para Mexicanos，2019年，见 https：//www.gob.mx/amexcid/acciones-y-programas/oferta-para-mexicanos。

引海外留学生措施，如增设了政府奖学金，提高教育质量，并出台包括工作、医疗服务等保障政策。政府层面，2011 年墨西哥外交部通过下设的国际合作开发署推出了"优秀海外人才奖学金计划"（Becas de Excelencia del Gobierno de México para Extranjeros），弥补墨西哥高新技术领域人才短板问题。该项奖学金涵盖全世界 180 多个国家，其中包括墨西哥与其他国家签署的双边协议、多边协议以及一些特殊协议等。墨西哥国立自治大学、墨西哥学院等在内的 100 多所高等教育机构参与到该项目，为了保障课程质量，参与该项目的课程必须获得国家科学与技术委员会研究生课程质量项目的认证。① 该奖学金自设立以来至 2017 年已累计向海外发放奖学金 1.16 亿美金，奖学金的获得者主要攻读健康、教育、能源、环境、通信工程等墨西哥重点发展领域专业。②

同时，高等教育机构作为接收和吸引国际学生的主体，也陆续推出了吸引国际学生的政策。以墨西哥最著名的国立自治大学为例，该所大学始终将吸引国际学生作为其国际化策略的重中之重，该校在其发展规划中提出要将国际学者与学生吸纳进墨西哥国立自治大学的学术培养方案、研究项目与文化传播活动中。③ 国立自治大学推出了与其国际化策略相配套的三项举措：

首先，主动寻求与世界范围内具有国际声誉的机构和高校建立合作伙伴关系，推动与世界一流高校签订合作协议，扩大与加强战略联盟。2018 年，墨西哥国立自治大学与世界 54 个高等教育机构和国际组织建立了合作关系，共签署了 68 份合作协议。④2020 年，墨西哥国立自治大学与国际高校代表团举行了 24 次会议，签署了 28 项国际合作协议和 1 项国家合作协

---

① Agencia Mexicana de Cooperación Internacional para el Desarrollo：Oferta para Mexicanos，2019 年，见 http://www.planeacion.sep.gob.mx/principalescifras/。

② Gobierno de México：Cuantificación de la Cooperación Mexicana，2019 年，见 https://www.gob.mx/amexcid/acciones-y-programas/cuantificacion-de-la-cooperacion-mexicana。

③ UNAM：Políticas de Internacionalización de la UNAM，2019 年 10 月 21 日，见 https://www.unaminternacional.unam.mx/es/politicas。

④ DGECI，*Memoria UNAM 2018/DGECI*，México：UNAM，2018，p. 2.

议，与来自全球 14 个国家的 23 所高校和组织搭建了合作联盟。① 其次，设立了外国人教学中心（Centro de Enseñanza para Extranjeros），作为教学、研究和文化传播的中间媒介，为国际学生提供多样化的留学体验。例如设立寒、暑期西班牙语课程，通过 2—3 周的沉浸式课程，提高外国学生的语言技能，并对其西班牙语水平进行专业评估和认证等。② 第三，成立"朋友项目"（Programa UNAMigo），墨西哥国立自治大学的本国学生与在该校就读的国际学生"结对"，为留学生更快地融入在墨的学习与生活提供帮助。③该项目不仅为留学生更快融入当地生活、提高学术水平等提供了帮助，而且对国立自治大学的学生来说，也是一个无须走出国门即可参与的在地国际化项目。

## 二、科学研究国际合作项目

科研合作是墨西哥高等教育国际化的又一重要举措，墨西哥开展科研国际合作的主要途径是人才引进以及科研合作项目。引智计划在墨西哥启动较早，20 世纪 80 年代国家科学与技术委员会开始实施引智计划。④ 1991—1997 年期间，墨西哥在世界银行和墨西哥联邦政府的资助下，出台了《荣誉席位计划》（Cátedras Patrimoniales de Excelencia），为愿意在墨西哥研究机构或高等教育机构工作一年以上的访问学者、国外研究人员提供良好的科研环境及劳务福利层面最大的优惠和帮扶支持。⑤ 进入 2000 年，墨西哥

---

① DGECI，*Memoria UNAM 2020/DGECI*，México：UNAM，2020，p. 5.

② Centro de Investigación y Docencia Económicas，A.C，*Reporte：El estado de la internacionalización en la educación superior en México*，México：British Council，2017，pp. 115-118.

③ UNAM：Estrategias de Cooperación e Internacionalización 2015—2019，2019 年 10 月 21 日，见 https：//www.unaminternacional.unam.mx/es/politicas/estrategias。

④ S. D. "Aupetit Attraction，Integration，and Productivity of International Academics in Mexico" in *International Faculty in Higher Education*，Maria Y. & Philip G. A.（eds.），New York：Routledge，2016，pp. 183-205.

⑤ ANUIES，*Consolidación y avance de la educación superior en México：elementos de diagnóstico y propuestas*，México：ANUIES，2006，pp. 249-250.

在该引智方案的基础上，建立了多元化的海外人才引进机制。2003 年，国家科学与技术委员会实施了《针对归国、居留政策的巩固计划》（*Programa de Consolidación Institucional：Repatriaciones y Retenciones*），该计划主要吸引在墨西哥重点发展领域，如生物化学、医学与健康科学、生物技术和农业科学、工程学等，具有突出贡献的海外墨西哥研究人员以及外籍研究人员在墨西哥工作。[①] 为其提供工资、住房、医疗等配套保障措施，以解决墨西哥在上述领域人才短缺的问题。2013 年起，墨西哥将在墨西哥工作或参与墨西哥科研工作的外籍科研人员纳入"国家研究人员体系"，墨西哥国家科学与技术委员会对申请进入该系统的海内外研究人员进行审核和定期评估，对优秀学术成果进行表彰并给予经济奖励。此举，帮助外籍科研人员更好地融入墨西哥学术共同体，增加与墨西哥教师之间的交流机会，帮助其建立在墨西哥的晋升渠道，有助于外籍教师更好规划自己未来学术生涯。2014 年，1519 名外籍科研人员加入该体系，2019 年增至 2138 人，占国家研究人员体系总人数的 7%，入选该体系的外籍研究员主要来自西班牙、美国、法国、德国等欧美国家，哥伦比亚、古巴、阿根廷等拉美国家，以及印度等亚洲国家。[②] 上世纪末墨西哥外籍教师和科研人员引进工作的开展主要由政府机构完成，当时很少有高校将其作为工作重点。而在过去的 20 年中，政府逐步建立了基于质量保证和额外激励计划的高等教育指导和筹资体系，国际学者的数量成为评定高等教育机构竞争力的重要指标之一。高等教育机构纷纷推出相应的政策，吸引更多的优秀外籍教师和科研人员，以提升教学水平和师资力量，丰富科学研究成果。

　　与人才引进相比，墨西哥开展科学研究国际合作的时间较短。墨西哥政府 2002 年颁布了《科学技术法》，2011 年在该法律的基础上颁布了《国

---

① CONACYT：Convocatorias para la Consolidación Institucional：Repatriaciones y Retenciones，2019 年 3 月 25 日，见 https：//www.conacyt.gob.mx/index.php/el-conacyt/convocatorias-y-resultados-conacyt/convocatoria-de-apoyos-complementarios-grupos-de-investigacion。

② CONACYT，*Informe General del Estado de la Ciencia*，la *Tecnología y la Innovación*，México：CONACYT，2019，pp. 90-91.

际发展合作法》，2013 年出台了《科学、技术和创新特别计划（2014—2018
年）》（*Programa Especial de Ciencia，Tecnología e Innovación 2014—2018*），
这三部国家级别的文件为墨西哥开展国际科研合作提供了法律依据和行动指
南。国家机构层面，国家科学与技术委员会设立了"国际科学技术合作基
金"（Fondo de Cooperación Internacional en Ciencia y Tecnología del Conacyt），
用以资助高水平人才流动和培训、研究人员团队建立和基础设施建设等。[1]
截至 2019 年，墨西哥已与美国、法国、英国、加拿大、西班牙、德国等国
及多边组织签署了 221 个国际合作协议（见表 3–3），合作方式主要包括：国
际学术流动项目，与德国学术交流中心合作推出的墨西哥青年科学专业人才
的德国研究生奖学金项目；联合研究项目，与加拿大魁北克省建立的关于可
持续发展、制造、公共卫生与老龄化等学科主题的合作研究计划，与法国研
究总署合作的双边科学发展项目等。[2]

表 3–3　墨西哥国际合作签署协议数量前十位国家或组织

| 国家 | 美国 | 法国 | 英国 | 加拿大 | 西班牙 | 德国 | 多边组织 | 澳大利亚 | 荷兰 | 欧盟 |
|---|---|---|---|---|---|---|---|---|---|---|
| 数量 | 41 | 40 | 35 | 14 | 14 | 11 | 11 | 9 | 5 | 4 |

资料来源：整理自 CONACYT：Informe General del Estado de la Ciencia，la Tecnología y la Innovación，México：CONACYT，2019，p.188.

### 三、海外合作中心项目

墨西哥多所大学，如墨西哥国立自治大学、蒙特雷科技大学、阿纳瓦
克大学等，建立推广中心，向海外推介墨西哥文化与教育，进而吸引国际留
学生到墨西哥学习。

---

[1] CONACYT：Fondo de Cooperación Internacional en Ciencia y Tecnología del Conacyt，2019 年 1 月 20 日，见 https：//www.conacyt.gob.mx/index.php/programa-de-apoyos-para-actividades-cientificas-tecnologicas-y-de-innovacion。
[2] CONACYT，*Informe General del Estado de la Ciencia，la Tecnología y la Innovación*，México：CONACYT，2016，pp. 137-140；2017，pp.133-134.

以公立大学墨西哥国立自治大学为例，在过去的几十年间，截至 2020 年，墨西哥国立自治大学先后成立了 14 个海外中心，作为其国际化策略的海外延伸部分，与所在地区的学术机构和政府部门合作，以支持研究人员和学生的学术交流活动。分别为：墨西哥国立自治大学—圣安东尼奥（1944 年）、墨西哥国立自治大学—加拿大（1995 年）、墨西哥国立自治大学—芝加哥（2004 年）、墨西哥国立自治大学—洛杉矶（2005 年）、墨西哥国立自治大学—中国（2012 年）、墨西哥国立自治大学—西雅图（2012 年）、墨西哥国立自治大学—西班牙（2013 年）、墨西哥国立自治大学—哥斯达黎加（2014 年）、墨西哥国立自治大学—法国（2014 年）、墨西哥国立自治大学—英国（2015 年）、墨西哥国立自治大学—图森（2015 年）、墨西哥国立自治大学—德国（2018 年）、墨西哥国立自治大学—波士顿（2018 年）、墨西哥国立自治大学—南非（2018 年）。其中，墨西哥国立自治大学 2012 年在中国开设的海外合作推广中心由北京外国语大学与墨西哥国立自治大学联合创立，是墨西哥与中国政府间教育合作协议的一部分，其具体形式为墨西哥研究中心，是墨西哥乃至所有西班牙语国家在中国开设的第一个官方文化交流和研究机构，旨在向中国介绍墨西哥人文历史、艺术、社会、科学技术等领域的发展状况以及对中墨双边关系进行研究。根据协议内容，墨西哥政府将通过墨西哥研究中心为中方提供书籍资料和一定数量的资金支持，北京外国语大学西葡语系负责中心的日常工作和相关业务研究。①

根据《机构发展计划（2015—2019 年）》（*Plan de Desarrollo Institucional 2015—2019*）和《校长协定》（*Acuerdo del Rector*），墨西哥国立自治大学中国中心主要负责：促进墨西哥国立自治大学在中国的国际化进程，加强国际合作，促进学术交流和学术人员流动，传播墨西哥文化，学习中国文化，传播、评估和认证西班牙语水平等。北京外国语大学墨西哥研究中心的设立开

---

① 北京外国语大学：《北京外国语大学—墨西哥国立自治大学墨西哥研究中心成立仪式举行》，2020 年 1 月 20 日，见 https://news.bfsu.edu.cn/archives/4791。

创了墨西哥国立自治大学对外合作的新模式，即在合作院校拥有实体空间，实地开展学术活动，组织各类中墨学术讨论活动如研讨会、圆桌会议、座谈会等，以及中、墨、外国学者们共同参加的课程和讲习班，例如该机构组织了三届中墨关系国际研讨会，共计200多名中墨关系杰出学者参加。该机构还负责提供涵盖了视觉艺术、造型艺术、音乐、文学、舞蹈、戏剧和电影等与墨西哥和中国有关的文化艺术主题课程。与此同时，墨西哥研究中心促进了墨西哥国立自治大学与北京外国语大学等亚洲国家签订双向学术交流项目及学位留学项目。除此之外，北京外国语大学也在墨西哥国立自治大学内设立了中国研究中心。得益于与中国各高校的协议，为希望在亚洲国家学习的墨西哥国立自治大学学生提供的奖学金有所增加，也有更多的中国学生前往墨西哥国立自治大学留学。①

## 第四节　墨西哥高等教育国际化政策的评估与走向

前三节着重介绍了墨西哥国际化政策的历史演进、政策制定以及执行。在前三节的基础上，本节将对墨西哥的现行政策进行总结，剖析其在发展过程中存在的问题与面临的挑战，并且分析墨西哥在该问题上的发展走向。研究以上问题，有助于我国了解墨西哥高等教育国际化发展特征与需求，做到"知己知彼"，与其开展具有针对性的交流与合作。

### 一、墨西哥高等教育国际化政策的成效

经过不断发展，墨西哥赴海外留学人员以及本国国际留学生的数量不断增加、教育国际合作网络不断扩展、教育质量有所提高、高等教育国际化水平不断提升。

---

① UNAM-CHINA：UNAM-CHINA Centro de Estudios Mexicanos，2020年1月20日，见 https：//unamenchina.net/。

（一）人员流动不断增加

在奖学金和各类政策支持下，墨西哥赴海外求学人数持续增长。2000年墨西哥赴海外留学生人数为15818人，2019年增至34319人。[①] 从留学目的国来看，2016年前五大目的国为西班牙、美国、法国、加拿大、德国。拉美国家如哥伦比亚、阿根廷、智利等具有语言优势和地理位置优势而紧随其后。值得关注的是，2015年以来，墨西哥派往中国的留学生数量不断增加，中国跃居墨西哥留学生十大留学目的国之列。

表3-4    2016年墨西哥派出留学生目的国

| 序 | 目的国 | 墨西哥派往留学生人数 | 占派出留学生比例 |
| --- | --- | --- | --- |
| 1 | 西班牙 | 7546 | 25.7% |
| 2 | 美国 | 5033 | 17% |
| 3 | 法国 | 1787 | 6% |
| 4 | 加拿大 | 1668 | 5.7% |
| 5 | 德国 | 1462 | 5% |
| 6 | 哥伦比亚 | 1445 | 4.9% |
| 7 | 阿根廷 | 1407 | 4.8% |
| 8 | 智利 | 1402 | 4.8% |
| 9 | 意大利 | 665 | 2.3% |
| 10 | 中国 | 634 | 2.2% |
| 其他国家 | | 6352 | 21.6% |
| 总计 | | 29401 | 100% |

资料来源：整理自 Asociación Nacional de Universidades e Instituciones de Educación Superior：*Patlani Encuesta mexicana de movilidad internacional estudiantil 2014/2015 y 2015/2016*，México：ANUIES，2017，pp.34-64.

在政府机构与高等教育机构的协同努力下，近年来在墨西哥就读的国际学生数量稳步上升，从2001年的1943名增至2016年的20115名，增长近10倍。2016年墨西哥国际学生数量占同期高校注册学生总数的0.9%；其

---

① UNESCO：UIS Education Statistics，2022年3月5日，见 http://data.uis.unesco.org/#。

中，参加学历项目的国际学生占同年国际学生总数的 86.6%，语言学习项目 10.4%，其他短期项目为 3%。① 赴墨留学生主要来源国集中在欧美发达国家、拉丁美洲国家以及中国等亚洲国家。

表 3-5　2015—2016 学年墨西哥留学生主要来源国

| 序 | 来源国 | 留学生人数 | 占留学生总数的比例 |
|---|---|---|---|
| 1 | 美国 | 4213 | 21% |
| 2 | 哥伦比亚 | 2805 | 13.9% |
| 3 | 法国 | 1864 | 9.3% |
| 4 | 德国 | 1282 | 6.4% |
| 5 | 西班牙 | 1231 | 6.1% |
| 6 | 中国 | 591 | 2.9% |
| 7 | 秘鲁 | 563 | 2.8% |
| 8 | 日本 | 563 | 2.8% |
| 9 | 韩国 | 527 | 2.6% |
| 10 | 阿根廷 | 498 | 2.5% |
| 其他国家 | | 5978 | 29.7% |
| 总计 | | 20116 | 100% |

资料来源：Asociación Nacional de Universidades e Instituciones de Educación Superior：*Patlani Encuesta mexicana de movilidad internacional estudiantil 2014/2015 y 2015/2016*，México：ANUIES，2017，pp.34-64.

（二）教育国际合作网络不断扩展

随着墨西哥国际关系网络的重新布局，高等教育国际化战略的国别策略也有所调整，在以传统欧美教育发达国家为主要合作伙伴的同时，注重打造拉美区域高等教育枢纽，并开始重视与中国等新兴市场国家的合作。

首先，在传统"南北合作"模式的影响下，美国和欧洲国家仍然是墨西哥国际化战略的主要合作伙伴。美国凭借地缘优势和大国声望，对墨西哥高等教育产生了巨大的影响。20 世纪 50 年代起，美国基金会，如洛克菲勒

---

① UNESCO：UIS Education Statistics，2020 年 1 月 15 日，见 http：//data.uis.unesco.org/。

基金会、福特基金会等，就对墨西哥进行科研项目资助，协助墨西哥高等教育机构进行跨学科整合，分享促进科学技术发展的知识技能和经验。1994年《北美自由贸易协定》的签订为美墨教育合作提供了新的契机。根据墨西哥官方统计数据，2016年，墨西哥赴美留学生占海外留学生总数17%，同期赴墨留学的美国学生占在墨国际学生总数的21%，美国长期稳居墨西哥留学前五大目的地国和生源国。[①] 欧洲尤其是西班牙对墨西哥进行了近三个世纪的殖民，高等教育的发展也受到了欧洲因素的影响，这种历史的同根同源性使得墨西哥和欧盟成为"天然的盟友"。欧盟向拉美开设专项高水平学生流动项目（ALBAN）、学术培养交流项目（ALFA），对非欧盟国家实施的伊拉斯谟＋项目（Erasmus+）、研究人员培养地平线2020项目（Horizon 2020），伊比利亚美洲组织的教育合作项目，西班牙卡罗琳娜基金会的人员交流项目等，墨西哥学生和研究人员通过这些项目的资助得到了更多赴欧盟国家学习交流的机会。与墨西哥教育合作最为密切的欧洲国家主要有西班牙、法国、德国等，合作模式包括成立高等教育机构联合学位培养制度、建立校企联合双重培训制度、共建高级别科学研究和技术创新项目等。

与此同时，欧盟在墨西哥开展教育国际化过程中也扮演着不可或缺的角色，如欧盟根据博洛尼亚进程中的经验所开展的"拉丁美洲国家资格评估中心和认可项目"（Credential Evaluation Centres and Recognition Procedures in Latin American Countries），旨在通过提高对拉丁美洲和欧洲地区学历资格的认可，来提高拉丁美洲和欧洲高等教育体系内人员流动的质量。

其次，墨西哥作为拉美区域教育较为发达的国家，并地处南北美洲的交界处，一直致力于成为拉美的学术枢纽。20世纪80年代，墨西哥曾与拉美国家的阿根廷、智利、哥伦比亚等国保持着密切的学术交流和人才培养活动。90年代末，由于与美国和加拿大签署了自由贸易协定以及成为经合组织成员国，墨西哥将"南北教育合作"作为优先发展领域，对与拉美区

---

① Asociación Nacional de Universidades e Instituciones de Educación Superior，*Patlani Encuesta mexicana de movilidad internacional estudiantil 2014/2015 y 2015/2016*，México：ANUIES，2017，p. 93.

域其他国家教育合作的重视程度有所下降。进入 21 世纪，墨西哥意识到过度依赖美国发展的不可持续性，又将高等教育合作重点重新回归拉美，一方面与巴西、巴拉圭等高等教育较为先进的国家开展教育与科学领域的合作，互学互鉴，促进学生和高层次人员的双向流动；另一方面，加强对中美洲国家的教育援助，为中美洲国家学生和科研人员提供奖学金赴墨学习和深造，帮助该区域提高教育质量，促进社会包容性发展。墨西哥国际发展合作署和国家科学技术委员会与众多拉丁美洲国家围绕人才联合培养、知识资源整合、科学技术共享等开展多层次、宽领域的双边合作，同时通过多边合作，在合作伙伴如美国、德国、日本、西班牙、世界教科文组织的协助下，在拉丁美洲区域最大限度地开展教育国际合作，尽可能实现区域教育一体化设想。学术合作一直是墨西哥国际合作计划的支柱，2012—2018 年，有超过946 名来自中美洲的学生通过优秀海外人才奖学金计划前往墨西哥留学，其中 202 名来自危地马拉，155 名来自洪都拉斯，88 名来自萨尔瓦多。① 另一个实例来自于伊比利亚美洲合作框架下的"伊比利亚美洲知识区"（Espacio Iberoamericano del Conocimiento）倡议，该倡议主要围绕加速高等教育的转型、提升研究、科学、技术和创新以及拉美地区的国际竞争力展开，通过伊比利亚美洲区域的学者和研究人员的流动和交流，促进了高等教育的质量提升，进而推动墨西哥高等教育国际化进程。墨西哥全国大学和高等教育机构协会、墨西哥国立自治大学和国立理工大学等高校参加了该倡议。

第三，21 世纪以来，随着新兴国家的异军突起和不少发展中国家科学与教育的快速发展，墨西哥开始重视与如中国这样的新兴国家的合作。2003年墨西哥同中国建立了战略伙伴关系，随后中国和墨西哥加大了政府间奖学金的发放力度，墨西哥国立自治大学与北京外国语大学联合创立的墨西哥研究中心和中国研究中心促进中墨关系发展，墨西哥蒙特雷科技大学在上海和北京成立了办公室，并于 2015 年在上海复旦大学建立了中国和拉丁美洲研

① Gobierno de México：Cooperación de México con Centroamérica y el Caribe，2018 年 4 月 12 日，见 https://www.gob.mx/amexcid/acciones-y-programas/cooperacion-de-mexico-con-centroamerica。

究中心，中国国家汉办在墨西哥设立六所孔子学院来开展汉语教学和传播中国文化等。随着中国国际地位的不断提升，中墨关系的不断升温，两国高等教育合作将在深度和广度上不断扩展。

（三）高等教育机构国际化水平不断提升

不同类型的高等教育机构也根据其自身的条件与特点，因地制宜地开展了一系列国际化政策。

如墨西哥国立自治大学、蒙特雷科技大学这类在墨西哥乃至拉丁美洲地区享有盛誉的综合性大学，在学校制度层面积极设立"国际化"战略，即将国际理解和比较教育的观点融入大学的教学、科研、社会服务过程中，并通过塑造大学的精神理念和价值观来影响高等教育的发展，建立起全面的高等教育国际化发展战略。这两所大学国际化的主要路径为：首先，设立奖学金项目，增加学生、教师和科研人员的双向流动，一方面鼓励本校师生走出去与发达国家进行交流，另一方面吸引赴墨留学人员，通过人员的交流提升学校国际化水平。其次，推动国际化课程建设，在内容层面，在重视双语（英语和西班牙语）课程开发的同时，也注重跨文化理念在课程中的渗透；在技术层面，设立线上与线下双轨国际课程体系，尤其是新冠肺炎疫情之后，加速了网络课程的建立，解决不能赴墨西哥留学学生的求学需求；第三，与毗邻的加拿大、美国以及拉丁美洲众多国家的高等教育机构建立战略合作伙伴关系，积极搭建国际高等教育合作平台，参加国际协会、国际联盟等来提升大学影响力，在提高墨西哥国际形象的同时也吸引国外的智力资源；第四，以语言为依托促进人文交流，加强针对外国人的西班牙语语言课程开发，成立如墨西哥国立自治大学的"外国人教学中心"等的国际语言培训项目，推进西班牙语教学与传播，提升国际学生对墨西哥高等教育的亲近感，通过语言培训吸引更多的国际学生赴墨留学；第五，支持英语或其他语种在墨西哥大学课堂或联合培养项目中的运用，增加英文授课数量，以便为国际留学生提供语言方面的便利。

也有一些私立高等教育机构，利用起地理优势，加强国际高等教育机构的联盟合作。如塞提斯大学（Universidad CETYS），作为一所私立高校，国际化被认为是该机构实现全球定位的重要策略。塞提斯大学将其位于墨西哥北部的蒂华纳校区作为国际化发展的核心要地，利用其地理优势加强与美国高校的合作，并与大量美国高校建立合作联盟并签署合作协议，推动了学生与教师的流动，进而带动了整个塞提斯大学的国际化发展。

还有一些职业技术类大学，与国际高校和企业进行合作，提升学生的国际竞争力。如克雷塔罗航天大学（Universidad Aeronáutica en Querétaro，UNAQ），作为一所技术型大学，专门培养航空航天领域的专业技术性人才。该校根据其自身特点与加拿大庞巴迪飞机制造公司进行学术与产业交流，并于 2008 年在墨西哥和法国总统正式签署协议下，成立法墨校区，该校区是克雷塔罗航天大学与克雷塔罗州专业技术教育学院（Conalep Bicentenario Aeronáutico – Querétaro）之间的战略联盟，旨在提供专业技术学士及更高学历的教育和培训。该校区旨在在墨西哥和法国政府、航空当局以及航空公司的财政、技术或教学支持下，培养具有与国际民用航空组织所需能力相当的航空技术大学学生。在这种国际化战略的影响下，课程也相应地受到了此类国际化战略的影响，例如将外语教学纳入课程中，与西弗吉尼亚大学建立双学位项目，与西班牙马德里理工大学、法国图卢兹大学等高校间签署合作协议。

## 二、墨西哥高等教育国际化政策存在的问题

墨西哥高等教育国际化尚处于起步阶段，与具备完善的高等教育国际化政策的国家相比，在高等教育国际化的过程中存在许多亟待改进的问题，比如，各级机构在协调合作中缺乏统一运作机制，西班牙语国家带来的与世界通用语言英语不适配，墨西哥国家安全隐患等，墨西哥今后的高等教育国际化政策制定中需要考虑上述问题。

（一）政府机构国际化能力有待提升，治理架构有待优化

墨西哥高等教育国际化的参与主体主要是政府、高校和第三方机构，但是在实际运行中，这三类行事主体内部运行逻辑不一，之间又缺乏沟通，

严重影响了墨西哥高等教育国际化进程。① 因此，墨西哥政府机构治理架构有待优化，治理能力有待提升。

各机构间缺少统一协调运作机制。墨西哥政府通过《国家发展规划》和《国家教育规划》这两部国家纲领性文件明确了高等教育国际化的发展战略，但是遗憾的是，政府却未制定与规划相配套的统一发展政策与制度。这主要是因为，受到宪法的保护，墨西哥高等教育机构拥有"自治"的权力，政府对高等教育机构的控制权较弱，权力空间有限。此外，墨西哥高等教育系统较为复杂，包括 13 个子系统，如联邦公立大学系统、州立公立大学系统、理工大学系统、师范院校系统等，子系统间异质性较大且缺乏联系。"自治"以及复杂体系，加剧了统一协调的难度，虽然墨西哥政府试图改变这一分裂局面，成立了高等教育司（Subsecretaría de Educación Superior），主要负责高等教育事务的统筹管理和服务工作，但是影响力有限。国家科学与技术委员会主要负责全国研究生的教育和研究培养工作，但是该机构与教育部之间的合作严重不足，这不仅对墨西哥本科生和研究生的教育衔接管理工作产生影响，并且阻碍了教学和研究工作的合作发展。

（二）高校内部管理层面经验欠缺，行政资源与学术资源难以整合

目前，墨西哥只有国立自治大学、蒙特雷科技大学、墨西哥学院、瓜达拉哈拉大学等少数高等教育机构建立了国际化发展战略，并成立了具有独立管理权力的国际事务办公室。大多数高等教育机构虽然已经意识到国际化发展的重要性，但是仍未将其列入机构发展的优先位置。墨西哥高等教育国际化研究专家诺瑟兰·加塞尔·阿维拉（Jocelyne Gacel Ávila）教授对墨西哥 30 所高等教育机构国际事务办公室进行调研时发现，多数办公室人员多为借调，流动性大，专业水平低，无法独立制定高等教育机构国际化战略发展方针与政策。此外，墨西哥高等教育机构普遍存在的现象是，国际交流与合作事务由多个办公室共同运行，但是各办公室间缺乏统一协调，学校层面

---

① Jocelyne Gacel Ávila, "La Dimensión Internacional de las Universidades Mexicanas", *Revista Educación Superior y Sociedad*，Vol. 11，pp.121-142.

缺乏对不同办公室间的组织协调，这就导致权责不清，效率低下，制约了学校国际化水平。① 资金不足是导致这一问题产生的主要原因。目前，墨西哥高等教育机构的国际化仍处于发展起步阶段，国际化仍是一项投资行为，尚未具备创收的能力，因此在国家经济走势下行的情况下，大学预算也被削减，国际化发展预算受到限制，与国际化相关的人力支持和基础配套设施建设自然得不到发展。

阿维拉教授在调研时还发现，高等教育机构的行政资源和学术资源难以整合。一方面，在很多高等教育机构，国际合作仍是领导层面小群体决策事件，合作签署时未听取教师的意见，因此在协议执行时经常出现项目内容与学术资源不匹配的现象。另一方面，高等教育机构层面的国际化数据缺失，目前很难清楚掌握墨西哥高等教育机构详细的国际合作情况，多数机构只能提供已经签约的合作协议清单，但是每个项目具体执行情况不得而知。这种情况说明墨西哥高等教育机构行政管理人员与学术人员之间尚未形成制度化的交流机制，学校管理层面对学术人员的国际交流合作尚不完全知晓。②

（三）国际化支持力度不足，缺少吸引力

奖学金等优惠政策、国际化课程建设和学历学位认证等方面支持力度不足，成为墨西哥吸引国际留学生的主要障碍。

首先，在奖学金政策方面，墨西哥对于本国留学生支持力度不足、对国际留学生的吸引力较小。据墨西哥教育部门统计项目数据显示，无论是墨西哥去国外留学的学生还是赴墨留学的国际学生，其留学资金很大程度上来源于家庭，政府或学校提供的奖学金不足以支持全部的留学开销。③ 如墨西

① Jocelyne Gacel Ávila，"La Dimensión Internacional de las Universidades Mexicanas"，*Revista Educación Superior y Sociedad*，Vol. 11，pp.121-142.

② Jocelyne Gacel Ávila，"La Dimensión Internacional de las Universidades Mexicanas"，*Revista Educación Superior y Sociedad*，Vol. 11，pp.121-142.

③ Centro de Investigación y Docencia Económicas，A.C.，*Reporte：El estado de la internacionalización en la educación superior en México*，México：British Council，2017，pp. 62-64.

哥优秀海外人才奖学金计划，对于攻读硕士、硕士短期交换、短期语言学习的外国留学生每月发放 10274 比索（约合 540 美金）奖学金，对于攻读博士学位或者短期博士、博士后交换的学生每月发放 12842.5 比索（约合 670 美金）奖学金。① 在中国，国家留学基金委除了对前往墨西哥的留学人员提供往返旅费，还为本科生、硕士生以及博士生提供每月 1400 美金、1600 美金、1800 美金相应的补助②，这远高于墨西哥对国际学生的补助。

其次，国际化课程改革有待深化。国际化课程具体体现在两个方面，一是课程内容的国际化，融入国际思维和跨文化视角，培养学生的国际视野；二是要提高英语授课课程的比例。2015 年，墨西哥颁布的《公共教育部—全国大学和高等教育机构协会高等教育发展议程》（*Agenda SEP-ANUIES para el Desarrollo de la Educación Superior*）中提到鼓励各高等教育机构开设英语课程。③ 但是，在墨西哥有能力开设英语课程的高校寥寥无几，绝大部分优势学科仍采用官方语言西班牙语进行教学，英语课程覆盖率不高。导致这一问题产生的原因主要有三个：第一，教师团队国际化素养不足，国际课程的开设需要具有国际化视野的师资团队，目前在墨西哥大学体系中，具有海外留学经历的教师比例为 6%；第二，墨西哥高等教育机构管理体制过于官僚化，未能充分利用高薪聘请的国际教师或客座教授的价值，只给他们安排"边缘"课程讲授；第三，财政支持不足。④

再次，学位学历认证仍存在难度。墨西哥高等教育机构课程设置的自主性很大，对应到国外教育机构的课程则缺乏同源性或对等性，这就很大程

---

① Agencia Mexicana de Cooperación Internacional para el Desarrollo：Becas de Excelencia para Extranjeros Convocatoria 2020，2019 年 10 月 31 日，见 http：//www.planeacion.sep.gob.mx/principalescifras/。

② 财政部、教育部：《财政部教育部关于调整国家公派留学人员奖学金和艰苦地区补贴标准的通知》，2019 年 2 月 2 日，见 http：//pyb.hfut.edu.cn/_upload/article/files/a0/7d/ac8790b84f71a163992938827fa3/e9e8c4b7-0938-41e9-ad13-e7e28f8f229f.pdf。

③ SEP-ANUIES，*Agenda SEP-ANUIES para el Desarrollo de la Educación Superior*，México：SEP-ANUIES，2015，pp. 9-12.

④ Jocelyne Gacel Ávila，"La Dimensión Internacional de las Universidades Mexicanas"，*Revista Educación Superior y Sociedad*，Vol. 11，pp.121-142.

度上影响了墨西哥大学学科的国际认证。此外，墨西哥高等教育机构拥有学位授予权，在与海外院校合作时，并没有国家层面统一的学分学位互换标准，合作双方视合作情况而定。以中国为例，虽然我国已经与墨西哥签订了《中华人民共和国政府和墨西哥合众国关于学生继续学习而互相承认学历、文凭、学位的协议》，为两国厘清了学历结构问题，但是具体到学位学历互认时，教育部还需要对毕业院校进行核对与调查，这无疑给本来就不熟悉的两国教育合作增添了更大的不确定性。

（四）墨西哥国家安全隐患严重

墨西哥治安问题一直令人担忧，毒品交易、绑架、谋杀、抢劫事件的频繁发生，很多国家不断给墨西哥"旅行警告"。根据墨西哥国家地理数据统计局（Instituto Nacional de Estadística y Geografía）"2019 年受害情况和公共安全感调查"（Encuesta Nacional de Seguridad Pública Urbana），72.9% 的受访者觉得自己生活的城市不安全。① 进一步探究墨西哥犯罪率居高不下的深层原因既有可变因素又有不可变因素，处于毒品运输通道的边境、海岸地区等为不可变因素；经济发展不平衡、青少年失学、失业等则是可变因素。墨西哥已经出台了一系列有关教育、电信、能源等方面的改革，希望从根本上消除犯罪的社会隐患，进而改善墨西哥社会治安的全球形象。

### 三、墨西哥高等教育国际化政策的走向

墨西哥作为第一个加入经合组织的发展中国家、亚太经合组织成员国、拉丁美洲的第二大经济体，墨西哥一直试图将自己打造成拉美的教育枢纽，建立世界声望。然而目前墨西哥吸引留学生方面的成效并不突出，仍存在很多问题。墨西哥政府在最新的中长期教育规划中，对建立各部门的协调运作机制、加强英语课程开发、打造国际品牌等三方面做出了具体要求，以期提升墨西哥高等教育影响力，吸引更多留学生。

---

① INEGI：Encuesta Nacional de Seguridad Pública Urbana，2019 年 12 月 16 日，见 https：// www.inegi.org.mx/contenidos/saladeprensa/boletines/2020/ensu/ensu2020_01.pdf。

（一）国家制定统一的留学教育政策，建立协调运作机制

墨西哥高等教育机构拥有较强的自治传统，在此特点下，各高等教育机构虽然努力推行高等教育国际化政策，但是例如奖学金的发放、学位学历认证制度、签证服务、医疗保险等，这些对国际留学生的保障措施，是国际层面的服务工作，无法下放到各高等教育机构的服务内容。因此，在这些方面，国家政府作为政策制定的主体，应顺应高等教育国际化的趋势和潮流，以公共教育部门的名义，为其他政府机构、高等教育机构和国家组织等提供更为清晰的留学教育政策，更加明确的教育国际化行动指南。

作为高等教育国际化的配套服务措施，墨西哥政府应该成立专门机构，招募充足的人力资源，例如设立教育国际化战略部门，聘请教育国际化的专家学者等，从明确墨西哥高等教育国际化的整体战略布局出发，到具体的战略实施和完善维护，再到政策的落地落实。如今，高等教育国际化已经成为跨领域多部门共同推进的业务，这就更需要政府调动国家层面能动性，调动和整合不同部门资源，充分发挥国家的领导力和机构治理能力，为高等教育机构的国际化发展提供支持。①

（二）加强英语授课，提高高等教育机构质量

对于奖学金问题，墨西哥政府需要加大奖学金方法力度和效益，提升墨西哥高等教育机构的吸引力。

墨西哥各级政府、组织和高校应建立更加完善的奖学金制度，为墨西哥学生前往海外留学提供更加优越的支持条件。针对外国留学生设立更大范围、更宽领域、更多层次的奖学金体系，将奖学金保障制度纳入政府政策和高校制度当中，在吸引外国留学生方面争取更大的优势。②

---

① 对墨西哥高等教育国际化研究专家访谈所得。
② 对墨西哥高等教育国际化研究专家访谈所得。

对于语言问题，墨西哥高等教育机构应充分利用当前教育国际化的趋势，加速开展英语课程或项目。

　　针对本国学生开展英语授课模式，培养具有综合语言能力的人才，增加墨西哥学生外向流动性的机会，将语言障碍从影响留学的因素中剥离出去。针对外国留学生设立英语课程，增加留学生将墨西哥作为留学目的国的可能性，将墨西哥留学项目的可接收群体由流利的西班牙语掌握者转变为初级西班牙语掌握者或英语或其他语种人才。①

针对学术认证和国际认证问题，墨西哥政府及高等教育机构应努力搭建合作网络，争取聘用更多的高学历教师，完善并丰富师资力量和师资队伍，有助于确保其大学获得相关国际组织的认证，并与这些组织达成更多协议。

（三）推广国际教育品牌，树立良好的教育形象

一方面，针对墨西哥的安全隐患，墨西哥政府已经意识到该问题的严重性，已经开始通过政府、民间组织和国际社会的共同努力，为墨西哥争取一个更加和平稳定的国家局势。另一方面，为了吸引更多的优秀国际留学生来墨学习或工作，政府教育部门、高等教育机构和国际组织等通过宣传和品牌的建立，希望改善墨西哥的国际形象，进而吸引国际学生赴墨西哥留学；提高学生获得墨西哥学习、旅游、工作等签证的工作效率；建立健全反馈机制，及时与留学生进行沟通交流，以便及时对不足的地方予以改进；提供语言和文化的学习服务，帮助国际留学生更好地适应在墨西哥的生活。

---

① 对墨西哥高等教育国际化研究专家访谈所得。

# 第四章  智利高等教育国际化政策

　　智利共和国（República de Chile）位于南美洲西南部，安第斯山脉西麓。东同阿根廷为邻，北与秘鲁、玻利维亚接壤，西临太平洋，南与南极洲隔海相望，是世界上地形最狭长的国家，国土面积 756715 平方公里，人口为 1911.62 万（2020 年）。智利是拉丁美洲和加勒比国家共同体及南美进步论坛的成员国，也是南美洲第一个加入经合组织的国家。智利的高等教育取得了良好的发展，在一定程度上代表了拉丁美洲教育的先进水平，是拉丁美洲"好学生"的代表。2022 年 QS 拉丁美洲大学排名前 10 位中，智利占据两席位置。智利高等教育发展历史悠久，其高等教育的历史可以追溯至 16 世纪西班牙对智利的殖民统治时期。20 世纪 50 年代，智利一些历史悠久的大学便制定了国际交流与合作计划，与其他国家高等教育机构或研究机构签署了协议，选派学者赴美国和欧洲从事研究及学习工作。[①]20 世纪 70 年代新自由主义在智利落户，新自由主义推行的教育市场化使得高等教育机构之间产生了激烈的竞争，信息与通信技术快速发展使智利更加重视与世界的联系，高等教育机构积极开展国际化，逐步提升其国际声望。为了更好地开展国际教育交流与合作，智利各大学纷纷成立国际事务办公室。与此同时，国家研究与发展局（Agencia Nacional de Investigación y Desarrollo）帮助科

---

①　Banco Mundial，*Revisión de Políticas Nacionales de Educación*，*La Educación Superior en Chile*，Chile：Banco Mundial，2009，p.61.

学研究者寻找国际合作伙伴。进入 21 世纪，智利修订了《教育总法》(*Ley General de Educación*)，颁布了《国家发展规划》(*Programa de Gobierno*) 等，在这些国家教育发展的纲领性文件中，反复重申高等教育国际化的重要性。

## 第一节　智利高等教育国际化的历史进程

高等教育在国家发展中发挥着培养人才，促进创新型国家建设的重要作用，智利一直以来十分重视教育的发展。在梳理智利高等教育国际化政策历史进程时，同时还需要了解智利高等教育发展的历史进程。

### 一、智利高等教育国际化的发展

智利拥有近 300 年的高等教育发展史，其演进过程同其他西语拉丁美洲国家类似。智利正规高等教育的发展开始于殖民地时期，1622 年 8 月，由圣地亚哥市多明会创办了智利的第一所大学———圣托马斯·德阿基诺大学 (Santo Tomás de Aquino)，这所具有天主教性质的大学为殖民者及其后代提供教育服务。1738 年在西班牙王室的推动下，成立了圣菲利普大学 (Universidad de San Felipe)。1810 年智利独立进入共和国时期，为了巩固和推动国家和社会的发展，智利开始重视教育的作用，共和国政府邀请欧洲和拉丁美洲教育专家帮助本国发展高等教育事业。1837 年，智利教育部的前身正义、教导和文明部 (Ministerio de Justicia, Instrucción y Culto) 成立，负责教育机构的监管工作。1842 年，智利第一所公立高等教育机构圣菲利普皇家大学更名为智利大学 (Universidad de Chile)，代表了智利国家的最高学府。1888 年，智利真正意义上的第一所私立大学智利天主教大学成立 (Pontificia Universidad Católica de Chile)。为了满足社会发展的需要，政府又先后在圣地亚哥及其它省市建立了 6 所大学，分别为康塞普西翁大学 (Universidad de Concepción)（1920 年），弗德里科·圣玛利亚技术大学 (Universidad Técnica Federico Santa María)（1926 年），瓦尔帕莱索天主教大学（Universidad Católica de Valparaíso）（1928 年）、国家技术大学（Universidad Técnica del Estado）（1947 年）、智利南方大学（Universidad Austral de Chile）（1947 年），北部天主教大学（Universidad Católica del Norte）（1954 年）。截至 20 世纪 60 年代，智利共拥有 8 所大学，其中 2 所为国家公立大学，6 所私立大学（3 所天主教大学，3 所获得政府资助的私立大学）。在这个阶段大学拥有办学自主权，这个时期智利高等教育仍为精英教育，高等教育入学率 5% 左右。[①] 这一时期，智利高等教育全面实行免费政策。

进入 20 世纪 70 年代，社会主义者萨尔瓦多·阿连德（Salvador Allende）执政，开始推行"智利社会主义之路"（Camino Político Hacia el Socialismo）改革。在教育方面，政府认为大学不应再是"精英人群"的专享福利，由全社会包括穷人为精英人群买单，而是向"大众化"转型，让所有公民都可以享受到免费的高等教育服务，就此政府推出"大学为大家计划"（Universidad para Todos）。在阿连德总统执政的 3 年间（1970—1973 年），智利高等教育的入学人口从 7.69 万上升到 14.45 万，适龄人口（20—24 岁）的百分比从 9.2% 上升至 16.4%[②]，智利努力将高等教育从免费的精英教育转型成免费的大众教育。

阿连德总统推行的社会主义改革，遭到了美国的不满。在美国政府的扶持下，1973 年智利军人奥古斯都·皮诺切特（Augusto Pinochet）发动了针对阿连德总统的军事政变并获得成功，智利"社会主义时代"就此结束，皮诺切特军人政府上台，智利独裁政府时代开始。皮诺切特执政时期（1973—1990 年）由于受到新自由主义思潮的影响，对整个智利的政治、经济和社会制度进行改革。

在教育领域，一改之前教育在国家宏观政策保护下发展的态势，将教育尤其是高等教育完全推向市场，使其遵从市场竞争法则，放开私人资本进

---

① ［智］乔治·梅嫩德斯·加耶戈斯、吕培培：《智利高等教育的新发展：现状、特点及未来走向》，《比较教育研究》2014 年第 11 期。

② 王留栓：《智利高等教育的大众化和普及化》，《世界教育信息》2011 年第 12 期。

入高等教育机构的管制，并开始向学生收取学费。皮诺切特时期的教育部部长阿尔弗雷多·普列托（Alfredo Prieto）说道，军人政府教育政策的核心内容是国家的职责是维护社会公共利益，其他利益由如家庭、工会和社区组织这样的中间社会团体自行承担。国家的职责是为家长、为孩子提供选择教育的自主权，以及自由选择接受教育的模式和渠道，而家长是孩子接受教育的首要负责人。① 因此，对于国家来说只肩负创建教育机构的责任和权力，而每个家庭承担了教育的选择权力和义务。军政府统治前期，随着人口的增加，中产阶级的规模不断增大，人们接受教育需求的增加，1981 年之前智利的大学共有 25 所，其中公立大学 16 所，私立大学 9 所，这 25 所大学组成了智利大学校长委员会（Consejo de Rectores de las Universidades Chilenas)②，又被称为"传统大学"，该联盟具有智利精英大学俱乐部的美誉，一直沿用至今。1981 年智利政府颁布《大学改革总法》(*Ley General de Universidades*)，国家高等教育开始从国家高度集权化向地方自治化过度，追求学术自由和大学自治，大力创办私立大学，并把高等教育种类划分为大学（Universidad）、专业学院（Instituto Profesional）和技术培训中心（Centro de Formación Técnica），这部教育法奠定军人统治时期乃至今日的智利教育制度基础。这一时期，政府将高等教育事业视为市场消费品并引入市场竞争机制，在教育中扮演的角色从直接参与和引导，向间接性扶持的社会性服务转变。智利逐渐削弱政府对教育的管理权，对高等教育机构的管理权由中央放权到地方，各州对本州高等教育机构的建设和人事管理具有决定权，教育部对各州制定的课程内容和教师质量进行监督。其次，在教育系统

---

① Carlos Ruiz Schneider：Educación，Mercado y Privatización，2021 年 5 月 18 日，见 http://web.uchile.cl/facultades/filosofia/Editorial/documenta/reflexunive/08.htm。

② 智利大学校长委员会（Consejo de Rectores de las Universidades Chilenas，CRUCH）成立于 1954 年，现有成员 27 所大学，18 所公立大学，9 所私立大学。2015 年之前，成员为 25 所大学，均是 1981 年之前建成的智利历史最悠久的大学。2015 年之后，智利高等教育改革，又在没有公立大学的两个省，建立了两所公立大学，也成为该大学校长委员会的成员。

中引入竞争机制以及私人资本，将高等教育机构进行"市场化"管理。① 为了方便私立大学的开办，《大学总法》中还特别规定，简化申请开办新学校的手续，有意开办者只需递交一份办学计划书，90 天内给予审核结果。自此，智利切断了长期以来大学与国家的直接联系，将高等教育体系推向市场，在此背景下智利私立高等教育机构如雨后春笋般涌现，智利的高等教育逐渐向私有化发展。

随着智利政府减少对大学财政拨款，高等教育开始实施教育成本回收制度，大学开始向学生收取学杂费用，智利大学的理念从民主、免费、公立向精英、付费和私立流转。智利正式开启了全民高等教育收费时代。在《大学总法》中规定：①逐年减少政府对高等教育机构的财政支出，1982 年的财政支出为 1981 年的 90%，1983 年为 75%，1984 年为 60%，1985 年为 50%；②由于政府财政资助缩减，允许学校收取学费并适当提高学费，提高幅度在 1—2.5 倍之间视不同专业而定，其中医学专业最高为 2.5 倍；③为了适当减轻家庭经济压力智利政府首次针对高等教育推出竞争性奖学金政策。竞争性奖学金面向在学术能力考试（Prueba Aptitud Académica）② 前 2 万名的学生发放。③ 智利在全国范围内开始实行"一刀切式"学费收费政策，虽然也发放"奖学金"，但奖学金发放比例较低，形成了"学费＋低资助"的政策。

随着个人对高等教育需求的增加以及中学毕业率的提高，进而大学需求量也在日益剧增，尤其是来自中下阶层学生的数量不断增加，随后政府增加了助学金贷款项目，为因家庭贫困无法负担学费的学生提供低息学费贷款。到目前为止智利共有四种助学金贷款项目：1994 年颁布 19.287 号

---

① María Angélica Oliva, "Políticas Educativas y la Profundización de la Desigualdad en Chile", *Estudios Pedagógicos*, Vol.34（2008），pp. 207-226.

② 学术能力考试（Prueba Aptitud Académica）是智利面向高中毕业生的学术能力测评和选拔考试，1966 年到 2002 年间使用。

③ Secretaría General Consejo de Rectores Universidades Chilenas：Legislación Universitaria Chilena，Chile：Secretaría General Consejo de Rectores Universidades Chilenas，1981，pp.18-25.

法令开设的国家财政资助的大学信用共同基金（Fondo Solidario de Crédito Universitario）、2005 年颁布的 20.027 号法令开设的银行贷款国家担保的混合性质贷款（Crédito con Aval del Estado）、隶属于商务部的生产促进局（Corporación de Fomento de la Producción）贷款以及由银行发放的贷款项目。这四种贷款申请难易程度和面向人群不尽相同，大学信用共同基金主要面向就读于隶属于大学校长委员大学的学生，生产促进局的贷款面向就读于私立大学的学生，国家信用担保的混合性质贷款主要面向就读于非隶属于大学校长委员会私立大学、专业技术学校和技术培训中心的学生，最后一项银行贷款类似于消费信贷没有贷款限制和要求。2014 年智利高等教育国家财政支出中，69.9% 的支出用于学生奖学金和助学金项目，其中奖学金占 35.7%，银行贷款国家担保的混合性质贷款占 25.4%，国家财政资助的大学信用共同基金占 8.8%。① 可以看出，学费成为高等教育机构财政收入的主要来源，据 2016 年智利教育部的统计，学费收入占隶属于大学校长委员会的传统大学总收入的 42.42%，私立学校中约为 79.02%，平均为 57.32%。②

根据 2020 年的数据统计，智利高等院校注册人数为 1221017 人，其中大学注册人数占总注册人数的 59.7%，专业学院占 29.6%，技术培训中心占 10.7%。从学生就读领域来看，2020 年，在大学中，攻读学位人数最多的专业是法律、商业工程、心理学和护理学；在专业学院中，攻读人数最多的专业为护理技术员、工商管理技术员和托儿所助理技术员；在技术培训中心中，攻读人数最多的专业为护理技术员、工商管理技术员和苗圃助理技术员。③ 2014 年研究生的人数为 4.7 万人，其中十分之一的学生攻读博士学位，

① Felipe Gajardo León, "Gratuidad en la Educación Superior: Economía Política y Evidencia", *Estudios Nueva Economía*, Vol. 3, No.1（2014），pp. 56-66.

② Ministerio de Educación: Estados Financieros de las Instituciones de Ed. Superio，2013 年 3 月 6 日，见 http://www.mifuturo.cl/index.php/2013-03-06-18-20-53/noticias/354-2016estados-financieros-auditados-2016。

③ Servicio de Información de Educación Superior: Informe matrícula 2020 en Educación Superior en Chile，2020 年 7 月 18 日，见 https://www.mifuturo.cl/wp-content/uploads/2020/07/Informe-matricula_2020_SIES.pdf。

88%的博士生来自智利大学校长委员会的成员大学。① 许多教育学者、社会学者以及历史学者认为，智利拥有世界上最特殊的教育体制，这种体制的形成与皮诺切特军政府统治时期密切相关。②

　　智利的高等教育国际合作可以追溯到1950年，当时智利大学校长委员会中的数所学校与美国和欧洲的大学签署了研究生交流学习计划，是智利早期的高等教育合作项目。进入军事统治时期（1973—1990年），许多学者被驱逐出境流亡海外，大批优秀学者定居海外工作，这一阶段人才流失明显，智利与世界发达国家的科研水平差距加大。进入20世纪90年代，智利政府加快了高等教育现代化的进程，1997年教育部颁布了《高等教育的核心框架》（*Marco de Políticas para la Educación Superior*），规定了7项基本高等教育方针，其中之一就是智利高等教育国际化。③ 当时教育部投入大量资金，为国家发展急需的科学、经济等方面的人才提供出国留学资助。2017年智利教育部高等教育司颁布了"教师培训加强计划"（Programa de Fortalecimiento de la Formación Inicial de Docentes），该计划资助了17所高等教育机构的教师赴海外学习与交流，旨在提升本国教师的教学和科研能力。④ 鉴于该项目的重要性，1997年10月智利在比尼亚德尔马（Viña del Mar）召开了高等教育大会，智利大学校长委员会成员学校均参加了本次会议，政府和高等教育机构共同探讨智利高等教育国际化的走向，确定21世

① Servicio de Información de Educación Superior：Informe matrícula 2017 en Educación Superior en Chile，2020年7月18日，见 http：//www.mifuturo.cl/images/Informes_sies/Matricula/informe%20matricula%202017_sies.pdf。

② Cristióbal Villalobos，María Luísa Quaresma，"Sistema Escolar Chileno：Características y Consecuencias de un Modelo Orientado al Mercado"，*Revista de Ciencias Sociales*，Vol.69（2015），pp.69：63-84.

③ Kaluf F. Cecilia：La Internacionalización de la Educación Superior en Chile，2021年5月18日，见 http：//www.iesalc.unesco.org.ve/index.php？option=com_fabrik&view=details&formid=2&rowid=172&lang=es。

④ Gobierno de Chile Ministerio de Hacienda Dirección de Presupuestos：Programa Fortalecimiento de la Formación Inicial de Docente，2021年5月18日，见 http：//www.dipres.gob.cl/595/articles-140980_informe_final.pdf。

纪高等教育的发展方向。①

　　进入 21 世纪，智利各大学也纷纷行动起来与欧洲和美国的知名高校开展合作，例如哈佛大学，海德堡大学，纽约州立大学等都在智利开设了办事机构，参与到该地区的国际化教学项目中去。在"博洛尼亚进程"的影响下，智利已与欧洲大部分国家签署了不同层次和内容的高等教育合作项目，同时智利政府在最近几年加强了与亚太地区的合作。② 智利的大学也开始提供跨境教育服务，如在厄瓜多尔建立分校，为阿根廷和巴西提供远程教育服务课程等。对于智利来说，教育国际化的挑战是向全世界的人才提供学习、科研和工作的机会，以确保国家拥有充足的人才储备，用于国家科技、经济的快速发展。

## 二、智利高等教育国际化动因

　　20 世纪 90 年代国际化的动因大多都是政治原因，当时政府正在寻求建立双边或者多边关系。③ 皮诺切特军阀统治结束后，智利逐步恢复民主政权，随后几任总统如帕特里西奥·艾尔文·阿索卡尔（Patricio Aylwin Azócar）、爱德华多·弗雷（Eduardo Frei）致力推动智利重回国际舞台，鼓励高等教育机构与其他国家的高等教育机构建立合作关系。加速智利高等教育国际化步伐的动因主要有四方面：第一，1981 年政府推行教育改革，推行与国际接轨的学历学位制度，允许私人力量兴办大学。受教育市场化和产业化的冲击，智利国内大学间的竞争越发激烈。为寻求特色化办学，提高教学和科研竞争力，越来越多大学开始重视国际化，以争取更好的排名谋求更高的国际

---

① Kaluf F. Cecilia：La Internacionalización de la Educación Superior en Chile，2021 年 5 月 18 日，见 http：//www.iesalc.unesco.org.ve/index.php？option=com_fabrik&view=details&formid=2&rowid=172&lang=es。

② Jaime Caiceo Escudero：Educación Superior en Chile y su Internacionalización，2021 年 5 月 18 日，见 http：//www.histedbr.fe.unicamp.br/revista/edicoes/38/art02_38.pdf。

③ 转引自 ［智］卡洛斯·拉米雷斯·桑切斯《智利高等教育的国际化》，载 ［荷］汉斯·德维特等著《拉丁美洲的高等教育：国际化的维度》，李锋亮等译，教育科学出版社 2011 年版，第 139 页。

声望，一定程度上推动了以国际化为目标的高等教育机构的内部革新。第二，全球化和科技革命促使智利这个"始终处在世界权力边缘的小国"更大程度地参与国际竞争。智利参与国际贸易的广度和深度不断扩展，要求大学为社会培养更多具备国际化视野和技能的人才。第三，学生对国外教育更加向往，使高校高度重视与外国教育机构的合作，从而为学生提供联合授予学位、双学位和学分互认课程等多样化选择。第四，教育国际化被智利政府视为地区一体化的重要组成部分，有利于保持与其他国家特别是拉丁美洲各国的和平友好关系。

## 第二节　智利高等教育国际化政策的制定

众多国家积极推动高等教育国际化进程，提高其在世界高等教育舞台的竞争力。在过去的几十年当中，高等教育国际化在国际组织、国家政府、高等教育机构及其它机构的发展议程中变得越来越重要。高等教育国际化的内涵、范围和内容都在不断发展。世界范围内高等教育机构之间的竞争日益激烈，以及高等教育的商业化和跨境交流，已经挑战了传统高等教育机构的交流和伙伴关系。在此背景下，智利也不例外，已经将高等教育国际化进程置于国家公共政策框架之下，大力推动高等教育国际化的发展。

### 一、智利高等教育国际化的现行政策

智利政府制定了一系列综合性政策和专向性政策共同推动高等教育国际化的发展，高等教育国际化已经成为国家发展的重要战略之一。

（一）智利高等教育国际化的综合性政策

1.《教育总法》（*Ley General de Educación*）

2009 年 9 月 12 日，米歇尔·巴切莱特（Michelle Bachelet）执政期间颁布了《教育总法》修订案。最新修订的《教育总法》明确表示了高等教育国际化的重要性。"高等教育机构必须与世界其它重要的地区、国家建立双

边或多边合作关系，建立符合智利国家发展的高等教育制度。"① 为了更好地参与国际竞争，该法案强调了智利政府和各高等教育机构需要重视教育质量，在高等教育质量保障体系建设、课程建设等方面加大投入力度，在必要时，可以借鉴先进的国际经验提升教育质量，建立国际认可的高等教育质量保障体系等。

2.《国家发展规划（2018—2022 年)》(*Programa de Gobierno*)

智利政府发布了该规划致力于提高智利的发展水平，改善人民生活质量，建设一个更加自由、公正和可持续发展的智利。该规划中指出智利将坚持国际化政策，秉持开放与融合的原则。在高等教育国际化方面，智利政府关注智利大学的国际排名②，加强与世界一流大学的合作，提高市、州级大学高等教育国际化水平。③

3.《国家教育计划》(*Plan Nacional de Educación*)

2020 年初，智利发起了"教育 2020 行动"(Educación 2020)，致力于在未来十年间对智利从幼儿园至高等教育阶段的全阶段教育进行改革，以提高智利教育的整体水平。作为对行动的回应，智利政府相继出台了《国家教育计划：智利教育面向 2030》(*Plan Nacional de Educación：Educación Chilena de cara al 2030*) 以及《教育国家计划：30 个教育优先发展领域》(*Plan Nacional de Educación：Educación Chilena 30 Prioridades para el 2030*)。《教育国家计划：智利教育面向 2030》对智利教育现状进行了全面的"体检"与"诊断"，分析智利教育系统当前面临如教育质量、教育公平、教育国际化等方面的问题，并针对问题提出具体解决方案，以及预期达成的目标和行动时间表。同时，智利根据国内外形式，制定了 30 个教育优先发展领域，

① Biblioteca de Congreso de Nacionla de Chile：Ley General de Educación，2019 年 6 月 27 日，见 https://www.bcn.cl/leychile/navegar? idNorma=1014974。

② Gobierno de Chile，*Programa de Gobierno 2018—2022*，Santiago：Gobierno de Chile，2006，p.80.

③ Gobierno de Chile，*Programa de Gobierno 2018—2022*，Santiago：Gobierno de Chile，2006，p.82.

在高等教育阶段，就包括了提高教育质量和高等教育学习的灵活性，实现与世界教育体系的对接；完善学分和学位认证制度，实现学分学位制度的国际可对比性，进而保障本国教育的质量；提高高等教育的科学创新能力，通过与海内外院校与研究机构的合作，助力智利在科学创新领域的发展。①

（二）智利高等教育国际化的专项性政策

高等教育国际化的推动过程中，智利政府教育部设置了多项政策保障该过程的顺利实施。智利政府设置奖学金保障制度、高等教育质量保障制度等。

1. 奖学金政策

智利政府颁布的奖学金政策类型丰富，针对不同类型的学生采取不同的奖学金政策，每个奖学金政策都对应不同的重点领域。智利向来自世界各地的学生敞开大门。智利向国际留学生提供奖学金的主要机构有：智利国际合作署（Agencia de Cooperación Internacional de Chile）、国家研究与发展局（Agencia Nacional de Investigación y Desarrollo）及教育部。

智利国际合作署通过其培训和奖学金部门（Departamento de Formación y Becas）为智利学生在国外学习以及在智利学习的外国学生提供奖学金。奖学金种类可以分为两大类型，即智利人奖学金（Becas Para Chilenos）以及外国人奖学金（Becas Para Extranjeros）。在智利人奖学金方面，智利国际合作发展署负责管理该项目，该机构每年提供近 300 门高级课程，主要针对公职人员或学术研究人员，这些人员至少有 2 年的工作经验，此项目大部分为英语课程，申请人需要经过语言认证。截至 2022 年，日本、中国、印度、伊朗、新加坡、马来西亚、埃及、墨西哥、拉丁美洲、太平洋联盟及美洲国家组织等参与到该项目。在外国人奖学金方面，该机构通过其人力资本培训部门为拉丁美洲、加勒比和一些南非国家的公民提供不同的资金支持计划，为在智利进行研究生培训或高级培训课程的外国学生提供支持。该奖学

① Gobierno de Chile，*Plan Nacional de Educación：30 prioridades para el 2030*，Santiago：Gobierno de Chile，2020，p.29.

金类型主要包括的项目为教师开发的人力资本培训项目，短期人力资本培训项目，本科阶段的培训和交流项目及太平洋联盟项目。第一类，针对教师开发的"人力资本培训项目"（Programas de Formación de Capital Humano a Nivel de Magíster），为发展中国家的教师提供奖学金赴智利参加培训。第二类，"短期人力资本培训项目"（Programa de Formación de Capital Humano de Corta Duración），针对发展中国家政府人员开设的国际培训课程。第三类，"本科阶段的培训和交流项目"（Programas de Formación o Intercambio a Nivel de Pregrado），其中包括面向全球的综合性学生流动项目，也有面向特定国家的专项学生流动项目，如塔拉帕卡大学本科奖学金项目，是面向秘鲁和玻利维亚学生提供的奖学金项目。第四类，"太平洋联盟项目"（Alianza del Pacífico），太平洋联盟是由智利、哥伦比亚、墨西哥和秘鲁共同组成的区域性合作平台，因此太平洋联盟项目是向其他三个国家学生提供奖学金赴智利留学。

　　国家研究与发展局为智利学生以及赴智的留学生、科研工作人员提供奖学金支持。在吸引学生赴智留学方面，该机构主要提供国家研究生奖学金，主要针对智利博士、智利硕士、公共部门官员硕士、专业教育硕士。在针对支持学生出国留学的奖学金方面，为学生提供国外博士项目，技术和数字化转型博士奖学金，硕士奖学金，博士双边协议奖学金，医学专业奖学金及博士机会均等奖学金等多种奖学金类型。国家研究与发展局与美国签署的《高级人力资本培训协议》（*Acuerdo de Formación de Capital Humano Avanzado*），在该框架内发起一项名为"博士机会均等奖学金项目"（Becas de Doctorado Igualdad de Oportunidades）。该奖学金的目标人群为英语基础薄弱、经济条件较差的智利学生，这些学生无法在平等的条件下申请"智利奖学金项目"（Programa de Becas de Chile）以及富布莱特委员会（Fulbright Commission）提供的奖学金项目，因此智利与美国设立新的奖学金的项目，以确保更多的博士学生可以加入学术流动当中，使其获得美国大学的博士学位。该资助不包括以下知识领域：法学、护理、运动机能学、临床医学、牙科、临床心理学。这些奖学金项目旨在为智利培养高级人才，希望更多智利在外留学生毕业后返回智利，运用其所学知识，为智利的科学、学术、经济、社会和文化发展做出贡献。

智利教育部针对不同人群提供不同类型的奖学金项目。针对教育学教师，教育部提供"教育学教师奖学金项目"（Beca Vocación de Profesor Pedagogía）。该奖学金允许教师在外国高等教育机构学习一个学期，参加教学领域或教师专业的课程，这些课程必须得到智利大学的认证，在职业教育方面，教育部提供"海外技术奖学金"（Becas en el Extranjero Técnicos para Chile），该奖学金的投资额超过 38 亿美元，面向高级或专业技术职业的毕业生、幼儿教育技术人员以及中高等职业教育的教师能够在食品工业、可再生能源和可持续发展、金属加工和制造、行政和物流等领域进行海外培训，主要合作伙伴国包括德国、澳大利亚、巴西、加拿大、西班牙、荷兰、墨西哥和新西兰等 8 个国家。此外，智利为来自拉丁美洲地区的留学生提供"胡安·戈麦斯·米亚斯奖学金项目"（Beca Juan Gómez Millas para Estudiantes Extranjeros），该奖学金不受学科限制，属于学生来源国收入最低的 70% 人口即可申请该奖学金。

与此同时，智利多所大学与各国政府、大学联盟、区域组织合作，通过奖学金计划推动人文交流。以智利大学（Universidad de Chile）为例，该校奖学金主要分为三类，第一类为外国政府提供的奖学金，智利政府与外国政府签署的双边奖学金计划，如德国、瑞士、韩国、日本、中国等，这类奖学金名额较少；第二类，基金会或金融机构提供的奖学金项目，如桑坦德奖学金，该类奖学金由资助方对申请奖学金的学生进行考试选拔，考试合格者可以获得奖学金资助；第三类，区域性奖学金，如太平洋框架联盟提供的奖学金，涉及专业范围有商业、金融、国际贸易、公共管理、政治学、旅游、经济、国际关系、环境与气候变化与创新科学技术与体育。

2. 推动教育质量提升的相关政策

《教育总法》强调提升高等教育质量的重要性，高等教育质量是智利高等教育机构提升国际知名度、吸引国际人才的重要保障，也是国家创新与发展的支柱。

首先，智利政府于 2006 年成立了国家认证委员会（Comisión Nacional de Acreditación），该委员会的主要任务是课程和机构质量的认证，帮助高等教育机构提高教学、科研、管理等方面的水平，并为高等教育机构、国家相关部门以及社会提供智利国家高等教育体系及各高等教育机构的信息。该机构通过对高等教育机构软硬件、教学过程进行外部和内部评估，并向全社会公示评估结果，进而增强智利高等教育在国内外的认可度。同时，国家认可委员会下设的执行秘书处（Secretaría Ejecutiva）与其它国家相关机构开展国际合作，学习先进的国际经验，建立区域认证体系。

与此同时，在教育部的整体管理下，国家教育委员会（Consejo Nacional de Educación）、国家认证委员会（Comisión Nacional de Acreditación）及高等教育监管委员会（Superintendencia de Educación Superior）三所机构共同建立了国家高等教育质量保证体系（Sistema Nacional de Aseguramiento de la Calidad de la Educación Superior）。国家高等教育质量保障体系的主要作用包括：①建立清晰明确的信息交流和传递机制，确保信息的公开性和可获取性；②协调工作，使教育系统内的不同机构以和谐有效的方式发挥作用，从而使其具有连贯性和一致性；③研究并提出有利于加强和永久改善国家高等教育质量保证体系的法律、法规及相关措施；④推动并协调各院校与不同组织之间开展有效的交流活动。此外，教育部还负责促进教育质量、教育连续性、教育包容性以及教育公平的政策在高等教育机构间的推进。这三个机构在该质量保障体系运转中各司其职。高等教育监管委员会提供高等教育信息服务，收集信息，并对信息进行整理，及时发布与高等教育相关的统计数据。国家教育委员会通过定期评估对私立高等教育机构进行全面监管，对私立高等教育机构的各类新申办的项目进行审核。国家认证委员会执行认证功能。因为智利的高等教育机构拥有自治的传统，因此是否接受国家认证委员会的认证属于自愿行为，认证委员会对智利大学的本科和研究生课程进行认证，尤其是医学专业，以便获得国内外同行的认可。高等教育监管委员会负责对高等教育机构的监察工作，尤其是在资金、管理及学术任务的完成情况等方面进行监察。①

　　1998 年，智利政府与世界银行合作，在国际复兴开发银行的贷款协议下实施了"高等教育质量改进计划"（Programa de Mejoramiento a la Calidad de la Educación Superior，MECESUP）。该计划共分为三个阶段，第一阶段是从 1999 年至 2005 年，世界银行共向智利贷款 2 亿多美元，发展研究生教育，投资学校基础设施建设，推动课程和教学方法的改革。第二阶段是从 2006 年至 2011 年，在第一阶段的基础上，尝试性地开发适合质量测评工具。2006 年至 2009 年期间，国际复兴开发银行向智利贷款 9000 万美元，用于改善高等教育的监管框架（包括创建高等教育信息系统），贷款重点仍为改善高等教育机构教学质量，提升高等教育机构的学术创新能力与全球竞争力。第三阶段为 2012 年至 2016 年，提供技术建议并对高等教育机构的质量改进计划进行审批。这一阶段的重点在巩固智利已经取得的成果同时，以教育可持续发展为指导原则，加强学术创新、师资培训和专业技术培训等方面的资助。该计划主要为学术创新基金会（Academic Innovation Fund）提供资金支持，通过绩效协议（Performance Agreements）来对高等教育机构进行改进，并确定投资领域。学术创新基金是一种竞争性分配国家资源的融资工具，它鼓励智利高等教育系统中符合条件的学术机构开展多种活动。高等教育机构向该基金会提供提案，提案中的建议必须与机构战略规划相一致。评估和选择过程是基于清晰透明的选择标准，确保机会平等。绩效协议是国家与高等教育机构之间的合同，确保高等教育机构质量的提升及改进，以结果为导向提供资金，使机构能够产生变革性举措，能够应对不同性质的结构性问题，从而显著提高学术质量。该绩效协议考虑以下优先发展事项，分别为：机构优先事项（试点阶段）；改善人文、艺术和社会科学；师资培训现代化、本科课程现代化（包括博士课程的支持）；基于科学的创新及区域机构

---

① Consejo Nacional de Educación：Sistema Nacional de Aseguramiento de la Calidad de la Educación Superior（SINACES），2022 年 2 月 11 日，见 https：//educacionsuperior.mineduc.cl/acerca-del-comite-de-coordinacion/plan-de-accion/。

质量提升。①

3. 学分、学位和学历互认的相关政策

随着学生流动性的不断增加，学科间、校际间的学分、学位和学历的互换体系显得尤为重要。

首先，智利与拉丁美洲国家积极签署学历学位互认协议，根据国家认证委员会官网显示，截至 2022 年，在拉丁美洲范围内与智利签订学历学位互认协议的国家有阿根廷、厄瓜多尔。2012 年 3 月 16 日由阿根廷与智利教育部长签署《智利共和国与阿根廷共和国之间相互认可专业和学士学位及大学学位的协定》，该协议于 2013 年 10 月 13 日正式生效。2015 年 10 月 15日智利与厄瓜多尔共和国签订《智利共和国与厄瓜多尔共和国之间相互认可专业和学士学位及大学学位的协定》，协议的目的是基于互惠原则，相互承认学分、学历和学位等，由双方认可和正式授权的大学授予。双方教育部是执行此类协定的正式机构，并有权制定准则和作出调整。在欧洲范围内，智利分别于 2017 年及 2018 年与西班牙以及英国、英格兰地区签署学位互认协议，协议的原则与目的同上。

其次，智利同南方共同市场的成员国和观察国阿根廷、巴西、巴拉圭、乌拉圭、玻利维亚的教育部长达成共识，建立"大学学位区域认证体系"（Sistema de Acreditación Regional de Carreras Universitaria）。2008 年该区域的教育部长会议上，各国与会代表共同签署了建立大学学位区域认证体系的合作意向书，希望通过该项目提高南方共同市场的教育质量，建立区域内学历学位认证制度。各国政府希望通过该体系的建立，在学历互认的基础上，推动区域内各国之间学术人员的流动，促进相互了解和认识，不断深化学术项目的合作，共同提高区域高等教育质量，进而加快区域内的人才培养速度。② 大

---

① Wikipedia：Program Mecesup，2022 年 2 月 16 日，见 https://en.wikipedia.org/wiki/Program_Mecesup。

② MERCOSUR：Acuerdo sobre la Creación e Implementación de un sistema de Acreditación de Carreras Universitarias para el Reconocimiento Regional de la Calidad Académica de las Respectivas Titulaciones en el MERCOSUR y Estados Asociados，Argentina：MERCOSUR，2006，p1.

学学位区域认证体系的建立，首先是认证本科课程质量，建立本科毕业生的毕业标准，以及本科前的学历质量标准；其次是，通过质量标准的建立，为区域内各成员国建立一套可对比可参考的教育质量标准，方便各国间的学历认证；三是，保障该认证项目的持续性，建立定期的认证机制，每次认证有效期为 6 年，持续监督各国高等教育本科学历教学质量，并与各国国家认证机构合作，制定相关的认证标准；四是，整个认证过程同时采取自我评估和外部同行评估两种办法，并且为了尊重各国高等教育自治权力，各国政府对高等教育评估结果具有最终解释权。[①] 大学学位认证体系将项目实施权力下放到各国教育质量认证机构手中，在南方共同市场教育部长会议的监督下，全权负责各国教育质量认证过程。为了保障认证结果的公正性和统一性，大学学位区域认证体系对整个认证过程做出了严格的规定，质量认证对学科设置的整体性进行评估，参与评估的各学校必须完成自我评估和外部同行评估两个环节。外部同行评估环节的评估小组至少有两名以上成员来自其他成员国或合作国的专家，所有的认证结果都必须递交南方共同市场国家认证委员会网络平台，并将结果进行公示。目前已经加入该认证项目的专业有农业学、建筑学、兽医学、人类医学、护理学、牙医、工程学等。

第三，智利大学校长委员会效仿欧洲学分互换系统，统一了智利的评估框架体系，并建立了"大学校长联盟内的学分互换系统"（Sistema de Créditos Transferibles，SCT-Chile）。随着国家间学生流动项目大幅增加，智利政府部门认为有必要在各教育机构之间建立学分互认体系，以方便学生流动。2005 年智利大学的校长在"高等教育质量改进计划"的支持下，提出建立学分互换体系以促进学生流动。2006 年 8 月 31 日，智利正式考虑建立学分互换体系，并认为该体系应包含三大内容：首先，该体系基于学生的学时，这也意味着要考虑学生在不同学术活动所投入的时间；其次，该体系应将学生在自身专业所投入的时间考虑在内；最后，即为规范化，该体系应设

---

① Norberto Fernández Lamarra, "La Convergencia de la Educación Superior en América Latina y su Articulación con los Espacios Europeo e Iberoamericano：Posibilidades y Límites", *Avaliação*, Campinas.Vol. 15（2010），pp. 9-44.

定在不同学术活动的学分分配。大学校长联盟内的学分互换系统在教育部的支持下开发和实施，主要内容为课程创新（Innovación Curricular），对本科生和研究生课程进行重新规化和更新，确定培训目标和在实施课程活动中的培养方案。该体系的实施分为 4 个层次：第一，学分互换实施的基础，体现在目标、组成部分、实施基础和原则中；第二，制度政策，体现在将互换体系纳入制度法规中；第三，宏观课程，反映在学分互换体系中学习计划的设计；第四，微观课程，体现在课程的设计和课程活动发展的规划。2012 年，智利大学校长委员会进一步颁布了"FIAC 项目"（Proyecto FIAC），对本科阶段的学分、学位互认体系进行完善。2014 年，校长委员会颁布了"USA 项目"（Proyecto USA），对研究生阶段学分、学位认证制度加以管理。该系统增进了学生校内及校间的流动性，降低了学习成本，提高了效率，为学生提供了更多的课程选择机会。

## 二、推动智利高等教育发展的现行机构

自 20 世纪 90 年代起，智利从国家层面、社会层面、高校层面逐步建立一系列高等教育国际化发展机构，积极推动高等教育国际化的发展。

（一）国家层面

在国家层面主要负责高等教育国际化的机构主要有：教育部、外交部（Ministerio de Relaciones Exteriores）、内政部（Ministerio del Interior）、智利国际发展合作署（Agencia Chilena de Cooperación Internacional para el Desarrollo）、高等教育委员会（Consejo de Educación Superior）、国家认证委员会（Comisión Nacional de Acreditación）、国家研究与发展局（Agencia Nacional de Investigación y Desarrollo）以及校长联盟国际关系委员会（Comisión de Relaciones Internacionales del Consejo de Rectores）等。

1. 教育部

智利教育部是高等教育国际化进程的政策制定者和执行者。[1] 根据第

---

[1]　Ministerio de Educación de Chile：Misión del Mineduc，2021 年 4 月 21 日，见 https：//www.mineduc.cl/ministerio/mision/。

21.091 号法律，教育部下设的高等教育办公室（Subsecretaría de Educación Superior）负责制定、协调、执行和评估高等教育的政策和计划，特别是在发展和促进高等教育国际化和高等教育可持续发展的问题上。[①] 此外，教育部下设有国际关系处，与政府其他部门进行沟通合作推进高等教育国际交流与合作。

2. 外交部

外交部致力于通过双边、多边关系的建立，依据国际法维护智利共和国国土完整和政治独立，同时强调智利对国际社会的贡献。智利不断通过自身在援助、能力建设和教育等方面的优势，为他国提供服务并保持良好的合作关系。[②] 智利出口促进局（Pro-Chile）隶属于外交部。世界贸易组织将教育列为《服务贸易总协定》的服务项目之一，1997 年智利将教育服务列入智利出口促进局的工作范围。为了更好地在国际上推广智利高等教育服务产业，外交部通过智利出口促进局，在各智利驻海外大使馆开设大学对外服务委员会（Comité Exportador de Servicios Universitarios），在海外宣传智利的大学，帮助智利的大学提高海外知名度并寻找国际合作机会，加快高等教育国际化的进程。[③]

3. 内政部

自 2003 年起，内政部开始推动智利 13 个区的国际合作进而全面提升国家国际化水平。内政部与外交部共同制定对外发展计划，以加强智利 13 个区的国际影响力，并在每个区任命一名国际关系主任。该计划包括三个行动领域：提升区域机构的专业能力；加强国家和区域之间的联系；提升区域国际贸易的合作和沟通能力。在提升地区高等教育国际交流能力方面主要包括

---

① Ministerio de Educación de Chile：Subsecretaría de Educación Superior，2021 年 4 月 21 日，见 https：//educacionsuperior.mineduc.cl/subsecretaria-de-educacion-superior/。

② Ministro de Relaciones Exteriores：Misión，Objetivos y Valores，2021 年 4 月 21 日，见 https：//minrel.gob.cl/minrel/ministerio/ministro。

③ Patricia Argüelles B：El Proceso de Bolonia en América Latina：Caso Chile，2016 年 12 月 6 日，见 http：//www.institut-gouvernance.org/es/analyse/fiche-analyse-435.html。

三大类内容：一是提高地区教师和教育机构的质量，二是建立学院间、地区间和国家间更加高效的合作机制，三是为各地区国际贸易（高等教育）提供资源和支持。

4. 智利国际合作署

智利国际合作署成立于 1990 年，该机构隶属于智利外交部，根据国家发展目标和优先事项制定符合国家发展的国际化政策和计划，提供国际合作的资金支持。该机构的基本任务是提高智利国际地位，通过双边和多边国际合作的机制强化"智利，一个合作的国家"（Chile，un País para la Cooperación）这一口号。智利国际合作署具有三项主要职能：第一，促进社会更加包容且可持续发展：促进智利的性别平等，提高女性权利；第二，加强伙伴关系，促进共享发展：重点扶持新兴科学和技术的创新及产业发展，促进创新性知识经济社会的发展与变革，提升国家竞争力；第三，推动智利的国际合作：与世界各国建立合作关系，在高等教育人才培养、技术培训等方面开展合作。① 智利国际发展合作署向在国外的智利学生以及在智利的外国留学生提供奖学金。智利国际发展合作署通过其培训及奖学金部门为拉丁美洲和非洲等发展中国家提供奖学金计划，资助他们在智利进行研究生的学习深造。

5. 高等教育委员会

高等教育委员会（Consejo de Educación Superior）是一个公共自治机构，负责私立高等教育机构认证事务。该机构的主要职责是对私立高等教育机构的项目进行评估和审批；对申请成立的私立高等教育机构进行审批和管理；对新学位项目进行评估和审批；制定并实施评估标准等。该机构的目标是树立智利高等教育在世界范围内的公信力，确保统一的教育质量，推动教育机构国际化发展，保护教育服务中消费者权益。

---

① 　AGCID Chile：Quiénes somos，2021 年 5 月 16 日，见 https：//www.agci.cl/acerca-de-agci/quienes-somos。

6. 国家认证委员会

国家认证委员会（Comisión Nacional de Acreditación）是一个公共自治机构，旨在促进智利高等教育机构及其教学计划的质量。该机构于 2006 年 11 月 17 日创建，取代了教育部 1999 年 4 月 6 日第 51 号最高法令建立的国家本科认证委员会（Comisión Nacional de Acreditación de Pregrado）。[①] 国家认证委员会由两个部门构成，本科生认证委员会和研究生认证委员会，负责国家学位认证和教师资格认证工作。

7. 国家研究与发展局

国家研究与发展局（Agencia Nacional de Investigación y Desarrollo）成立于 2020 年。该机构前身国家科学和科技研究委员会（Comisión Nacional de Investigación Científica y Tecnológica）成立于 1967 年，主要负责国际研究人员的互访工作，加强与世界各国专家的互访交流活动，为国家科研工作者提供连续性的人力资源保证，为国家重点学科培养人才，促进智利学者在国际舞台上形象和地位的提升。目前该机构合作伙伴主要来自北美、拉丁美洲和欧盟国家。人力资源和奖学金处主要负责研究生国际合作项目，国际事务部门主要负责国际科研活动。国际关系处主要负责与合作国的资源整合和合作，目前主要合作国家有阿根廷、巴西、哥伦比亚、古巴、法国、德国、意大利、日本、韩国、墨西哥、秘鲁、葡萄牙、西班牙、英国、美国、委内瑞拉等。

8. 智利大学校长委员会国际关系处

智利大学校长委员会国际关系处（Comisión de Relaciones Internacionales del Consejo de Rectores）成立于 1997 年，隶属于智利大学校长委员会，该机构的主要三项工作是提供国际合作机会，海外宣传工作以及服务输出工作。智利大学校长委员会的各个成员学校都在大力发展国际交流合作，建立与海外学校或机构的联系，每所大学都有专门负责海外事务的办公室。为了

---

① Wikipedia：Comisión Nacional de Acreditación，2019 年 9 月 1 日，见 https：//es.wikipedia. org/wiki/Comisión_Nacional_de_Acreditación。

搭建更高层次的合作平台，智利大学校长委员会成立了国际关系处，负责协调智利大学校长委员会 27 个成员学校的国际合作，为大学提供国际合作信息和支持。目前智利大学校长委员会已经与德国、比利时、巴西、加拿大、西班牙、法国、意大利、玻利维亚等国家签署了本科生、研究生、教师及科研工作者等交换协议。[①]

（三）高等教育机构

正如之前所说，智利高等教育机构主要分为三大部分：大学、专业学院以及职业培训机构。高等教育机构是国际化的主要推动力量。智利教育部信息服务部公布了智利高等教育机构数量及其相关信息。截至 2020 年 3 月，有 150 个高等教育机构（52 个技术培训中心，39 个专业机构和 59 所大学）注册。[②]

智利的高等教育机构具有较高的自治权。在《教育总法》第 11 条和第 100 条都对高等教育机构的自治权做了相关规定。在国际化方面，政府制定相关的法律及政策，保障高等教育机构在其国际化进程中的自治性及独特性。

（四）高校联盟

建立高校联盟及高校网络，有效扩大了智利与其它地区高校的联系交流，为学者、教职员工、学生提供了更加便利的交流与合作的机会。

首先，智利积极与拉丁美洲国家的大学建立高校联盟，加强与不同区域高等教育机构联系，扩大其国际化的辐射范围，提升其国际影响力。智利积极加入超国家层面的区域联盟，如拉丁美洲大学联盟（Unión de Universidades de América Latina，UDUAL），蒙得维的亚组织集团大学协会（La Asociación de Universidades Grupo Montevideo）。其次，在智利境内也设有高校联盟机构，如智利大学校长委员会，由智利最具盛誉的 27 所高等教

---

① Patricia Argüelles B：El proceso de Bolonia en América Latina：Caso Chile，2016 年 12 月 6 日，见 http：//www.institut-gouvernance.org/es/analyse/fiche-analyse-435.html。

② Ministerio de Educación，*Informe 2002 Matrícula en Educación Superior*，Chile：Ministerio de Educación，2020，p.2.

育机构组成，这27所高等教育机构是智利开展高等教育国际交流与合作的主要力量。私立大学机构（Corporación de Universidades Privadas），汇集了13所智利私立大学。

（五）国际组织和国际基金会

国际组织和国际基金会在智利高等教育国际化的进程中发挥了重要作用。国际组织通过调研、发布研究报告、经费支持等方式参与智利高等教育国际化的进程。这些国际组织既是智利高等教育国际化的推动者，也是其发展的参与者，对智利了解国际教育发展趋势，学习其它国家优质教育经验，培养国际视野，制定高等教育国际化政策起到了十分重要的作用。目前，智利主要合作的国际组织和基金会包括联合国教科文组织、联合国发展委员会、世界银行、经合组织、美洲开发银行、日本国际合作署、西班牙国际合作署、联合国拉丁美洲和加勒比海地区经济委员会、洛克菲勒基金会、洪堡基金会、安第斯基金会等。

# 第三节　智利高等教育国际化政策的实施

## 一、学生流动项目

学生流动是高等教育国际化的重要表现形式，智利政府及各部门积极发起多项计划来推动学生的国际流动。为了鼓励本国学生"走出去"以及吸引海外优秀人才"走进来"，智利与欧盟、拉丁美洲区域以及世界上其他国家开展了多项学生流动项目，并推出了一系列奖学金政策。与此同时，各高校也纷纷开展与其他高等教育机构的合作。

（一）推动本国学生走出去项目

由于历史的原因，欧盟一直是智利最重要的高等教育合作伙伴。目前，智利与欧盟的合作通过"伊拉斯谟＋项目"（Erasmus+）进行。同时，智利与法国、西班牙、英国、德国等国家签署了国家间和校际间合作协议。

在"Erasmus+项目"之前，欧盟推出了针对拉丁美洲的专项项目

"ALFA 计划"。"ALFA 计划"共有来自拉欧两个区域共计 45 个国家参与，欧盟 27 个国家，拉丁美洲 18 个国家。"ALFA 计划"共有三期，欧盟是该计划的主要资助方。计划第一期（1994—1999 年）投入总金额 3240 万欧元，计划第二期（2000—2006 年）5500 万欧元，计划第三期（2007—2013）7500 万欧元。① 计划一期主要合作领域集中在高等教育机构之间的合作、本科生和研究生交流计划。计划二期的合作领域在一期的基础上增加了科学技术领域的培训计划。计划三期在前两期的基础上对计划分类进行结构性调整，以项目合作为主，并进一步将合作计划分为三类，分别是共同项目、结构项目和附属措施项目。

"Erasmus+ 项目"是欧盟 2014—2020 年期间的教育、培训、青年和体育项目。"Erasmus+ 项目"资助学术流动和合作项目，这些项目涉及来自世界各地的合作伙伴。 2019 年，34 个合作国家包括 28 个欧盟成员国和 6 个其他欧洲国家。"Erasmus+ 项目"支持欧盟及伙伴国家和地区的合作政策优先事项密切匹配的活动。该项目在智利得到了很好的发展。根据 2019 年"Erasmus+ 项目"的报告显示，智利参加了"Erasmus+ 项目"多个子项目，第一，Erasmus Mundus 联合硕士学位（EMJMDs）项目，该项目向来自世界各地的硕士生颁发欧盟资助的奖学金，涵盖学费、旅行和生活津贴。课程持续一到两年，学生在至少两个不同的欧洲国家学习，并获得联合学位、双学位或多个学位。2019 年智利共有 12 人参与此项目；第二，让·莫内（Jean Monnet）项目，该项目旨在在全球范围内开展欧盟研究，2019 年有 1 人参加该项目。②

与此同时，智利作为伊比利亚美洲教育、科学与文化组织（Organiza-

---

① Comisión Europea Dirección General de Desarrollo y Cooperación-Europe Aid：*Alfa III Una Apuesta a la Equidad Social y la Integración entre América Latina y la Unión Europea*，Bélgica：Comisión Europea Dirección General de Desarrollo y Cooperación-Europe Aid，2014，p.3.

② European Commission，Erasmus+ for higher education in Chile，2020 年 1 月，见 https：//ec.europa.eu/assets/eac/erasmus-plus/factsheets/america-caribbean/chile_erasmusplus_2019_en.pdf.

ción de Estados Americanos para la Educación, la Ciencia y la Cultura, 以下简称伊比利亚美洲教科文组织）的重要成员国之一，始终积极参与到该组织的学生流动项目当中。伊比利亚美洲教科文组织具有 23 个成员国，分别是来自欧洲的安道尔、西班牙、葡萄牙，来自拉丁美洲的阿根廷、玻利维亚、巴西、智利、哥伦比亚、哥斯达黎加、古巴、厄瓜多尔、萨尔瓦多、危地马拉、洪都拉斯、墨西哥、尼加拉瓜、巴拿马、巴拉圭、秘鲁、多米尼加、马拉圭、委内瑞拉，以及来自非洲的赤道几内亚，致力于推动伊比利亚美洲各国高等教育、科学、技术和文化领域的发展，促进区域一体化发展。伊比利亚美洲知识区到目前为止共推出了三个促进学术人员流动的项目，分别是巴勃罗·聂鲁达项目（Programa Pablo Neruda）、学术流动和交换计划（Programa de Intercambio y Movilidad Académica）以及 MUTIS 奖学金计划（Programa de Becas MUTIS）。巴勃罗·聂鲁达计划为校际间网络合作计划，至少三所学校共同申请参与建立一个主题的合作网络，为攻读研究生学位的学生提供访学、国际会议、信息技术支持等交流的机会。目前建成的合作网络主要覆盖环境科学和能源、生物科技、农业学、信息技术、教育等五个领域，其中比较著名的网络平台有可持续发展、全球生态变化网络，伊比利亚美洲视频和农业网络，伊比利亚美洲信息技术网络，伊比利亚美洲教育网络（博士阶段）等。学术流动和交换计划启动于 1999 年，此计划以项目为依托，同巴勃罗·聂鲁达计划类似，建立校际间的合作网络建设，以此来促进伊比利亚美洲高等教育的校际合作与发展。[①] 每一个合作网络至少需要来自三个国家的大学共同参与，其中一个为西班牙的大学。目前共建立了 25 个合作网络平台，如医学合作网络、环境保护和可持续发展合作网络、教育合作网络、农业可持续发展合作网络等。因为合作网络建设对高等教育机构资质要求比较高，并且主要是西班牙政府推动的项目。

---

① José Ángel Sotillo& Irene Rodríguez&Enara Echart&Tahina Ojeda, *El espacio Iberoamericano de Educación Superior*: *Diagnóstico y Propuestas Institucionales*, Fundación Carolina, 2009, p. 63.

（二）吸引海外留学生项目

"来智利学习"（Learn Chile）是一个网络平台项目，由智利出口促进局进行管理，旨在促进智利教育机构国际化发展推动智利成为国际学生的优选留学目的地。"来智利学习"成立于2013年，由3所专业技术培训机构及21所大学组成网络平台。该网络平台提供了成员机构的详细信息，如学校情况，提供的学位及课程，申请学校的流程和要求等。同时，为帮助海外学生更快地适应在智的学习与生活，该平台提供了关于智利文化、历史的基本信息以及在智生活的基本物价标准，生活交通、医疗、电信等服务信息，同时还为学生提供了申请奖学金和就业的渠道。该机构和智利国际合作局以及国家研究与发展中心合作，为来智利学习的本科生、硕士生以及博士生提供奖学金支持。

除此之外，"来智利学习"还向留学生提供语言课程，在智利各地，该机构会根据学生学习基础语言要求，提供不同级别的西班牙语课程，可以从最基础的课程到高级课程或国际认证水平课程。具体课程类型可分为适应学期课程及交换、强化课程以及专题和量身定制课程三种类型，第一种类型从每年3月至6月以及从8月至12月提供，学生可以通过日常生活和补充课程深入了解智利和拉丁美洲的文化。根据不同学生的语言要求，可以选择在不同课程类型中学习西班牙语课程，例如：西班牙语教学法、翻译和口译、语言和交流及西班牙文学等。第二种类型的时长从四个星期到两个月不等，开课时间为在1月、2月、6月和7月，这类课程可以让学生在短时间内提高西班牙语的理解和流利程度。其中包括课堂课程、旅游和补充活动，还辅以有关智利和拉丁美洲文化的文化和定向活动。第三种类型学生应检查课程是否可向其国内机构提供可转换的学分、内容和格式取决于外国机构的要求。智利的机构可以根据要求组织课程、研讨会和活动，或者为访问教授提供支持，与他们的学生一起开设强化班，具体领域包括：商业和行政管理课程、国际物流、国际关系、建筑与遗产、智利和拉丁美洲的文化和历史、文学和语言学、卫生和社会服务、农业、酿酒学和营养学等。①

（三）高校自主实行的国际化项目

智利高等教育机构作为高等教育国际化战略的实施主体，通过多种方式推动国际化进程。智利大学校长委员会的成员校在学术水平以及国际化水平较高，因此，本部分将以成员校智利天主教大学以及智利大学的国际化项目进行简单分析。

智利天主教大学是多个国际高等教育协会、高等教育网络的成员。该校通过国际事务办公室，与世界知名大学建立合作伙伴关系，同时也会依据学者、教职员工及学生的需求建立合作伙伴关系或挖掘潜在合作伙伴，不断开拓国际合作领域。截至 2021 年，智利天主教大学与世界 57 个国家的443 所高等教育机构签署了 660 荐合作协议。其中，与欧洲签署的协议为253 项，拉丁美洲 114 项，北美洲 108 项，亚洲 56 项等。自 1990 年至 2021年，该校出国交流学生超过 1 万人。② 目前，智利天主教大学与世界多个国家和基金会签署的主要合作协议包括，伊拉斯谟＋项目、国际信用流动性奖学金计划、桑坦德中国杰出奖学金、桑坦德伊比利亚美洲分校青年教授和研究人员奖学金、短期研究实习、学术交流计划、外国教授的研究访问计划、国外国际大会的演讲计划等，均为其国际化的发展提供了良好的经济基础。

智利大学将国际化发展纳入其战略计划，并通过以下政策予以实施：①深化全面的国际化进程，加强大学与其它地区的合作、履行大学的社会责任；②促进包容性的国际文化，使其根据使命和发展计划在国外进行宣传，提高国际影响力，提高教育质量；③加强和促进机构之间的学术合作和网络联系，促进教授、研究人员以及本科生和研究生在不同高等教育机构之间的交流与合作；④加强和促进次区域、区域的一体化发展，通过科研创新、论文发表、教学质量等提高知名度。智利大学积极与各大洲的国家和地区签订

---

① Learn Chile：Aprender Español，2020 年 4 月 21 日，见 https：//www.learnchile.cl/aprender/。

② Internacionalización en la UC，2022 年 2 月 15 日， 见 https：//internacionalizacion.uc.c1/nuestras-redes-y-convenios/Convenios-internacionales/。

了相关的协议，根据智利大学官方网站显示，大学签订的协议主要分为以下五种类型：①框架协议：是指由校长签署的协议，它对应所有学科领域；②具体协议：它们是院系或学科之间签署的协议（它们通常是由院长或校长签署的框架协议的附件）；③学生交换协议：不同大学以及学院之间学生互惠互利地交流（它们通常附在框架协议中）；④学生交流协议：指的是不互惠的、个人的、自费的参与交流活动的协议；⑤博士联合培养：针对博士生的协议，在规定的时间内获得双学位。在学生流动方面，智利大学主要通过"学生流动项目"（Programa de Movilidad de Estudiantes）来推动智利大学与其他高等教育机构之间的学生流动。首先，在吸引留学生方面，智利大学与其他高等教育机构通过双边交流协议开展学生交换项目。申请智利大学的学生需满足以下条件：①已完成至少两年的大学学习；②成绩卓越，根据智利评分标准，平均分为 5.0 分；③根据欧洲共同语言参考框架，获得西班牙语 B1（中级）证书，申请医学院的学生需获得 B2 级（中级）证书（仅对非西班牙语学生有要求）。智利大学的智利学生想要申请参与学生交换项目时，学生需满足以下条件：①已通过智利大学第一年的课程；②满足所申请学校的语言要求；③学院及学校支持学生参与交换项目，满足学分兑换要求。智利与拉丁美洲、北美洲、欧洲、中东与非洲、亚太地区、大洋洲以及国际组织签订了多项学生流动协议。智利大学为赴海外留学的智利学生提供奖学金，主要可分为以下三种类型，国家及大学奖学金（Becas de países y universidades）、桑坦德国际流动奖学金（Beca Santander Movilidad Internacional）以及特殊奖学金（Convocatorias Especiales）。国家及大学奖学金主要根据国家及学校的不同有所差异，桑坦德国际流动奖学金包括 5000 美元的拨款，用于支持学生的部分机票、保险和住宿成本。

**二、科学研究国际合作项目**

与其他国家开展科研合作是智利高等教育国际化的一大重要举措，智利开展科研国际合作的主要途径是人才引进以及科研合作项目。

《智利国际化战略2017—2018》（*Estrategia de Internacionalización 2017—*

*2018*）中指出，应"鼓励、支持、加强和促进研究中心、研究人员、企业家之间建立国际联系，促进研究人员的流动和发展，并提高吸引公司、投资和人力资源的能力。"① 智利国家科学技术研究委员会（Comisión Nacional de Investigación Científica y Tecnológica）在科学研究国际项目中发挥了重要的作用，它在加强国家的科学技术基础、促进先进人力资本的形成、在民众中推广科技文化等方面发挥重要作用。首先，在对科研人员的经费支持方面，该机构联合国际多个基金会，为研究员提供资金及技术上的支持。其次，智利于 2000 年颁布"国际合作计划"（Conicyt PCI：Programa de Cooperación Internacional），旨在基于共同的科学卓越和共同利益，鼓励国家科学界与国际网络的连接和融合。该计划的四个主要行动领域为：通过流动，国际合作网络的形成和联合研究提升智利科学领域的融资能力；与国外科学技术组织建立联盟和协会，并参加国际论坛，使智利在国际研究方面贡献力量，并为新的发展机会提供资金支持，促进智利和国外研究人员之间的合作；在智利及国外举办国际研讨会，推动智利和国外研究人员之间联系网络的建立，并在国际范围内提升智利的知名度；搭建传播网络，帮助智利合作研究成果的国际发布。

除此之外，智利各大高等教育机构也在积极推动科学领域的国际交流与合作。智利北部天主教大学建立科学技术园区（Parque Científico Tecnológico），负责提供产品研发和生产的平台，并成为致力于将技术成果和科学知识转化为具有竞争力的、可持续经济成果的实体。在 2019 年期间，该园区与西班牙创新和转移网络中心（Red de Centros de Innovación y Transferencia）建立合作联盟关系，将高素质的人才汇集在一起，以按照 AIDIMME，AIMPLAS，IBV 等欧洲标准为不同行业提供技术服务。

---

① Ministro de Economía，Fomento y Turismo：*Estrategia de Internacionalización 2017—2018*，Chile：Ministro de Economía，Fomento y Turismo，2017，p.1.

## 第四节　智利高等教育国际化政策的评估与走向

前三节着重介绍了吸引智利高等教育国际化政策的历史演进、政策制定以及执行，在三节的基础上，本节将对智利高等教育国际化取得的成绩进行总结，分析其在发展过程中存在的问题与面对的挑战，并分析智利高等教育国际化的发展走向。通过对此问题的研究，有助于我国进一步了解智利高等教育国际化的发展特征、存在的问题及需求，助力我国与智利开展具有针对性的交流与合作。

### 一、智利高等教育国际化政策的成效

智利高等教育国际发展进程中，人员流动不断增加、国家高等教育国际化协同能力不断提升、地区影响力不断提高。

#### （一）人员流动不断增加

在智利多方机构的共同努力下，智利的高等教育取得良好的发展。留学生数量不断上升。2016 年，在智利攻读学位留学生人数达到 19128，2017年为 20150，2018 年为 22780，2019 年达到 25827，2020 年 30415。2020 年来智留学的留学生大部分来自拉丁美洲和加勒比地区，占来智攻读学位留学生总数的 93.5%，其次是欧洲。

表 4–1　2016—2020 年智利国际留学生主要来源地区（单位：人）

| 来源地区 | 2016 年 | 2017 年 | 2018 年 | 2019 年 | 2020 年 |
|---|---|---|---|---|---|
| 拉丁美洲及加勒比地区 | 17113 | 18204 | 20939 | 24237 | 28450 |
| 欧洲 | 696 | 651 | 628 | 743 | 598 |
| 北美洲 | 127 | 113 | 118 | 103 | 99 |
| 亚洲 | 303 | 277 | 239 | 246 | 320 |
| 非洲 | 98 | 110 | 96 | 110 | 110 |
| 大洋洲 | 13 | 9 | 6 | 17 | 15 |

| 来源地区 | 2016 年 | 2017 年 | 2018 年 | 2019 年 | 2020 年 |
|---|---|---|---|---|---|
| 其他地区 | 778 | 786 | 754 | 371 | 823 |
| 总计 | 19128 | 20150 | 22780 | 25827 | 30415 |

资料来源：Ministerio de Educación：Estudiantes Extranjeros en Educacion Superior en Chile Matrícula 2020，2021 年 11 月，见 https：//www.mifuturo.cl/wp-content/uploads/2022/01/Extranjeros_en_Educacion_Superior_Chile_matricula_2020_SIES.pdf。

　　2020 年在智利攻读学位的留学生来源地多元化，达到了 106 个国家。其中秘鲁占留学生总数的 27%、哥伦比亚占总数的 15.9%、委内瑞拉占总数的 13.1%、玻利维亚占总数的 8.4%、厄瓜多尔占总数的 8.3%、海地占总数的 7.9%，阿根廷占总数的 3.9%。 2016 年至 2020 年期间，外国学生入学率增长最快的国家是海地（1004%）、委内瑞拉（398%）和玻利维亚（117%）。

表 4-2　2020 年智利普通留学生主要来源国占比（单位：百分比）

| | 来源国 | 比例 |
|---|---|---|
| 1 | 秘鲁 | 27% |
| 2 | 哥伦比亚 | 15.9% |
| 3 | 委内瑞拉 | 13.1% |
| 4 | 玻利维亚 | 8.4% |
| 5 | 厄瓜多尔 | 8.3% |
| 6 | 海地 | 7.9% |
| 7 | 阿根廷 | 3.9% |

资料来源：Ministerio de Educación：Estudiantes Extranjeros en Educacion Superior en Chile Matrícula 2020，2021 年 11 月，见 https：//www.mifuturo.cl/wp-content/uploads/2022/01/Extranjeros_en_Educacion_Superior_Chile_matricula_2020_SIES.pdf。

　　2020 年来智利攻读学位的留学生数量大部分是本科学位，数量为 23338 人，占留学生总数的 76.7%。攻读硕士研究生学位的人数占留学生总数的 11.4%，而博士研究生为 5.3%。

　　在学习领域方面，2020 年来智利攻读学位的留学生当中，30.6% 的留学生就读管理与商业这一领域，27.1% 的留学生就读于技术专业和 17.1% 的留学生就读于健康专业。

表 4-3　按学习领域划分的国际留学生招生情况的演变（单位：人）

| 领域 | 2016 年 | 2017 年 | 2018 年 | 2019 年 | 2020 年 |
| --- | --- | --- | --- | --- | --- |
| 管理与商业 | 5666 | 6032 | 6793 | 7959 | 9310 |
| 农牧业 | 303 | 313 | 340 | 385 | 454 |
| 艺术与建筑 | 831 | 871 | 872 | 1004 | 1206 |
| 基础科学 | 765 | 780 | 879 | 940 | 1020 |
| 社会科学 | 1558 | 1541 | 1839 | 1885 | 2139 |
| 法律 | 489 | 500 | 479 | 534 | 624 |
| 教育 | 1223 | 1438 | 1375 | 1750 | 1787 |
| 人文 | 399 | 390 | 417 | 470 | 450 |
| 健康 | 2797 | 2934 | 3630 | 3833 | 5189 |
| 技术 | 5087 | 5344 | 6144 | 7067 | 8236 |
| 其他领域 | — | 7 | 12 | — | — |
| 总计 | 9128 | 20150 | 22780 | 25827 | 30415 |

资料来源：Ministerio de Educación：Estudiantes Extranjeros en Educacion Superior en Chile Matrícula 2020，2021 年 11 月，见 https://www.mifuturo.cl/wp-content/uploads/2022/01/Extranjeros_en_Educacion_Superior_Chile_matricula_2020_SIES.pdf。

（二）促进智利科学研究发展

智利的高等教育国际化在一定程度上促进了智利科学研究的发展，增强了智利国际人才的交流和往来，推动了科技领域的发展。智利科学国际关系部（Departamento de Relaciones Internacionales）基于科学卓越和共同利益的原则，促进智利科学界与国外同行的联系。该机构通过促进国家科学技术研究委员会与国外的组织和机构的联系，促进人力资本的流动和科技领域的发展。高等教育机构则是推动国际化发展的核心力量，各自发挥其优势吸引留学生。智利的高等机构通过开展一些学生、教师之间的短期交流项目、科学研究合作、西班牙语语言课程等提升了其国际影响力及国际知名度，树立了良好的教育形象。

（三）地区影响力不断提升

随着世界格局的不断调整，智利积极调整其国际政策，提升其在拉丁美洲地区的辐射力，积极与一些新兴国家开展国际合作。

首先，在地缘政治关系的影响下，美国和欧洲仍是智利国际化战略的主要合作伙伴。《2005 年国家战略报告》强调与美国的战略关系，智利表示"智利同美国在外交政策中拥有相同的核心价值观和目标，例如民主、保护人权和追求更自由的国际贸易。尽管我们可能会有暂时的政治分歧，但我们将继续巩固与美国的关系。"① 两国间学生流动不断增加。根据美国国务院、教育和文化事务办公室以及国际教育学院（IIE）每年发布的《门户开放国际教育交流报告》显示，在美国学习的智利学生不断上涨，2015—2016 年进入智利学习的美国学生为 2630 名，相较 2014—2015 年增长 4.7%，该上升趋势仍在继续，在过去五年中，总体上升趋势为 22%。② 2020 年智利首次成为美国高等教育学生留学目的国家排名前 25 位的国家，增长了 5.6%。③ 美国驻智利大使馆及其美国教育咨询办公室十分希望智利学生前往美国进行学习，并向在美的智利学生提供美国高等教育机构的相关信息以及一定程度的奖学金支持。

> 智利是最早接受新自由主义改革的拉丁美洲国家，这也说明智利同美国的关系，我们学校很早就有一批学者去美国学习，学习美国的新自由主义那一套运行模式，并带回智利。由于美国的先进知识水平、地理优势等，所以美国长期以来成为我们智利学生首选的留学目的地国。④

---

① Michelle，*Programa de Gobierno Michelle Bachelet 2006—2010*，Santiago：Michelle，2005，p.100.

② Usembassy：Aumenta número de chilenos en universidades en los EE.UU，2016 年 1 月 16 日，见 https：//cl.usembassy.gov/es/aumenta-numero-de-chilenos-en-universidades-en-los-ee-uu/。

③ Usembassy：Chile sube al puesto número 24 en el mundo como destino para estudiantes estadounidenses，2020 年 11 月 16 日，见 https：//cl.usembassy.gov/es/chile-sube-al-puesto-numero-24-en-el-mundo-como-destino-para-estudiantes-estadounidenses/。

④ 访谈智利某大学国际交流处负责人所得。

在与欧盟的关系上，西班牙在智利近三个世纪的殖民统治对智利的高等教育系统产生了深远影响。欧盟对拉美地区实施伊拉斯谟＋项目、学术培养交流项目、欧洲高水平学生流动项目、调优项目、研究人员培养地平线2020项目、伊比利亚美洲组织的教育合作项目，西班牙卡罗琳娜基金会的人员交流项目等。这些项目极大地推动了智利与欧盟国家之间的国际交流。欧盟范围内与智利开展国际交流与合作最紧密的国家有西班牙、德国、法国等。

> 由于语言的便利性以及亲属关系，我们的学生会选择前往西班牙、法国等欧洲国家学习。与此同时，奖学金也是学生出国交流的重要考虑因素。因为智利与欧洲国家之间有较为成熟的合作项目与奖学金资助，所以这也是欧洲吸引学生的一个重要方面。①

在拉丁美洲范围内，智利高等教育处于拉丁美洲先进水平，智利积极同其它拉丁美洲国家开展交流合作。目前，智利已经成为其周边国家秘鲁、委内瑞拉、哥伦比亚、阿根廷等留学生首选目的地国。

在与新兴国家的合作方面，智利逐渐重视与新兴国家之间的国际合作，开拓亚洲及非洲市场。在其《国家战略2005——我与你一起》中就已明确表示其与亚洲等新兴国家合作的强烈意愿，并着重强调与中国关系的发展，"亚洲的崛起是现实。中国已经成为智利第二大出口市场。因此，我们将在亚太经合组织的框架内和双边上投入更多的时间，外交资源和注意力，以加强与这些伙伴的经济、政治和文化方面的联系。"②《国家战略2014—2018》中强调"与亚太地区建立紧密关系，应该成为智利外交政策的优先目标。"③

---

① 访谈智利某大学国际交流处负责人所得。

② Michelle：*Programa de Gobierno Michelle Bachelet 2006—2010*，Santiago：Michelle，2005，p.99.

③ Michelle：*Programa de Gobierno Michelle Bachelet 2014—2018*，Santiago：Michelle，2013，p.154.

智利加强同新兴国家的合作，扩大了合作范围，拓宽了合作渠道。

> 这几年智利政府逐渐开始关注与中国政府的合作，以前我们的关注不多。随着我校中国留学生数量的增加，我们开始关注中国，这些学生都非常勤奋。我们与中国高等教育交流与合作，也是通过中国留学生的桥梁关系展开的，现在我们与中国高校的合作越来越多。①

## 二、智利高等教育国际化存在的问题

智利高等教育国际化仍面临一些亟待解决的问题。例如，智利高等教育国际化进程发展缓慢、高等教育机构国际排名有待提高、智利所用官方语言西班牙语与通用英语不匹配等相关问题。

### （一）政府机构国际能力有待优化

正如上文所述，智利高等教育国际化的主要机构为政府部门以及高等教育机构，高等教育机构在实际国际化进程中发挥更大的作用。虽然智利政府在其政府文件中多次强调高等教育国际化的重要性，但是，政府没有制定推进高等教育国际化发展的具体措施。② 高等教育享有较高的自治权，因此，政府对高等教育机构的管控较弱，权力有限。其次，智利高等教育机构较为复杂，公立大学、州立公立大学、私立大学、专业学院、技术培训中心等，不同机构之间联动较少，难以形成统一规划。

### （二）智利高等教育综合排名不占优势，国际影响力低

智利高等教育虽取得了一定成就，并且在拉美地区发展较好，但是其在世界范围内影响力较小。根据 QS 世界大学排名，智利排名最高的大学是智利天主教大学，2012—2021 年，排名从 195 位升至 121 位；排名第二的是智利大学，排名从 225 位上升至 180 位。虽在近几年智利一些大学的排名有所

① 访谈智利某大学国际交流处负责人所得。
② OCDE，Banco Mundial：La Educación Superior en Chile，Santiago：OCDE，Banco Mundial，2009，p.157.

提升，但是与众多欧美国家的大学相比，排名落后，国际竞争力较弱，在吸引留学生方面表现较差。此外，从 2016 年赴智利学习的学生来源国可以看出，在智利高等教育机构注册的留学生大多来自拉丁美洲，其中人数最多的是秘鲁，前十位当中除西班牙外，其余均为拉丁美洲国家，短期交换生人数最多的来源国是美国。从留学生来源地层面来说，智利的高等教育对于拉丁美洲地区的学生来说具有更强的影响力，与亚洲、非洲的交往交流相对较少。从奖学金的类型来说，智利的奖学金较为丰富，涉及学科较广，但是奖学金所涉及的国家也是以欧洲国家以及拉丁美洲国家为主，亚洲、非洲、大洋洲国家的奖学金种类少，影响智利国际教育市场的开拓以及与其他国家的合作。

（三）高等教育机构未与其它国家形成完整的学历学位互认系统

在《2014 年高等教育全景》中明确表达了政府对学历学位互认的担忧，"在未来几年中，随着国际化程度的加深，全球范围内高等教育学历的可比性问题日益凸显，人们将更加关注学位学历的互认问题。"[1] 学历学位互认互授是高等教育国际化和跨境交流中的关键环节。[2] 根据高等教育委员会官网显示，智利目前仅与阿根廷、厄瓜多尔、英国签订了学历学位互认协议，数量较少。

（四）智利地区英语水平落后，阻碍国际化进程

英语和其他语言的教学也是高等教育学术培训的一部分，英语作为一种科学交流语言，在国际占据重要地位。智利的一项国际化研究表明，在 45% 的传统大学中，毕业前必须掌握第二语言，并且 80% 的人强调他们拥有标准化的语言教学中心。但是，五大洲每年对男女专业人员进行的英语水平评估表明，智利在英语知识的五个类别中仍处于"低水平"。[3]

---

[1]　Ministerio de Educación：Panorama de la Educación Superior en Chile，Santiago：Ministerio de Educación，2014，p.32.

[2]　郭婧、徐晓红：《国际组织视野下的高等教育学历学位互认互授——基于 UNESCO、WTO、OECD 相关政策的比较研究》，《学位与研究生教育》2017 年第 9 期。

[3]　Ida Sessarego Espeleta &José González Campos，"La Orientación de los Planes Estratégicos Institucionales en el Camino a la Internacionalización"，*Universidades Estatales de Chile*，Vol.49，2020，p.117.

英语是智利大学本科学生必修科目，对于研究生来说，也是申请时必须要考核的项目。虽然是这样，但是智利学生整体英语水平不高，这也制约了智利学生的流动。同时，智利高等教育机构大学教师的英语水平也存在明显不足，很多教师都没有海外留学经历，国际化不足。①

### 三、智利高等教育国际化政策的走向

智利在一定程度上可以代表拉丁美洲教育的先进水平。但是在其国际化进程中仍需克服一些客观存在的问题。

（一）国家制定规范的国际化政策，加强部门之间联动

高等教育国际化已经是多部门联动、共同推进的任务，政府更应该调动国家层面的能力，发挥国家领导力和治理能力，调动不同部门的资源，促进高等教育机构的国际化发展。智利政府虽然多次在国家发展战略中强调需要提升高等教育国际化水平，但是相应的政策和制度缺位，例如学历学位互认协议的签署、签证服务、留学生居留服务、医疗保险等对留学生的保障措施仍需完善。因此，在这些方面，政府作为政策制定的主体，开始顺应国际发展的潮流，为政府部门、高等教育机构制定更加清晰、更为明确的高等教育国际化行动方案。在高等教育资金支持方面，智利政府加强与国际组织的合作，与世界银行、联合国教科文组织等国际组织制定高等教育国际化发展策略，寻求国际组织的人力、物力支持。

智利的高等教育机构一直在为筹备资金而忙碌。由于智利大学具有自治的特征，因此政府不便过多干预学校的运营，当然，政府哪怕想干预，学校也不会听。因此，政府把有限的对高等教育的资助大多用于促进教育公平方面，对高等教育国际化方面不多。但高等教育国际化的发展又是一项非常费钱的事情，虽然智利高等教育机构知道发

---

① 对智利某大学国际交流处负责人访谈所得。

展国际化是件好事儿，但是由于资金问题，不能大刀阔斧实施改革，只有少数几所智利名校，主要都是大学校长委员会成员校，因为资金雄厚，在国际化发展方面表现较为突出。因此，希望政府可以在国际化方面多些投入，以便我们高校得到更多这方面的资助。①

**（二）提升智利高等教育的国际影响力，推广国际教育品牌**

首先，教育部门、高等教育机构和国际组织等逐渐重视对外宣传，不断加大宣传力度，扩大海外市场，加强与新兴国家，例如亚洲、非洲地区的合作，扩大其国际影响力，提升高等教育的教师水平和学术水平，加强尖端技术的研究与合作。其次，政府和高等教育机构也在努力树立良好的教育形象，加强对留学生生活学习等方面的保障措施，保持与留学生的沟通与交流，使其更好地融入智利的本土生活环境。最后，在语言问题方面，智利开始加强对本国学生英语能力的提升，加大国家投入，开展更多的英语课程，加强学生第二语言的习得能力，加强多语种人才的培养，增强其在国际化浪潮中的重要作用。与此同时，各高等教育机构也在针对外国留学生，加大英语授课课程的比重，在来智交流项目中，将英语也作为语种选项之一，增加留学生选择智利作为留学目的国的机会。

　　智利需要加大对高等教育机构的宣传力度，我们经常会去北美洲、欧洲参加教育展，也与这些国家建立了长期的稳定合作，所以具有一定的知名度。但是我们与中国的合作较少，我们只去中国参加了一次教育展，但因为智利自身政治制度的问题，我们是在商务部的组织下参加的教育展，因此现场的反馈对我们的身份产生了很多质疑，觉得我们与教育无关，只是为了挣钱。中国只是个例子，我相信世界上还有很多国家是这样认为的，因此我们就更需要增加与世界各国的合作，促进彼此的了解。②

---

① 访谈智利某大学国际交流处负责人所得。
② 访谈智利某大学国际交流处负责人所得。

# 第五章　古巴高等教育国际化政策

　　古巴共和国（La República de Cuba）是北美加勒比海北部的岛国，东与海地相望，南距牙买加 140 公里，北离美国佛罗里达半岛 217 公里。人口1122.1 万（2017 年），城市人口占 75%，白人占人口总数 66%，混血人种占22%，黑人占 11%。官方语言为西班牙语。[①] 古巴的高等教育有较为悠久的历史。著名的哈瓦那大学建于 1728 年，是整个加勒比地区第二悠久的大学，古巴民族英雄何塞·马蒂（José Martí）和菲德尔·卡斯特罗（Fidel Castro）都毕业于该校。

　　尽管从独立建国以来古巴受到美国的多重封锁，经济发展困难重重，但是其教育在 20 世纪后半叶取得了惊人的成就。2003 年 6 月，时任古巴主席菲德尔·卡斯特罗在给时任委内瑞拉总统乌戈·查维兹（Hugo Chávez）的一封信中写道："如果没有教育，古巴很难在四十年的封锁和威胁中存活下来。教育是古巴不可战胜的盾牌。现在我们可以自豪地说在古巴没有文盲，没有孩子无学可上，没有孩子在九年级之前辍学，没有残疾学生无学可上。今天教育领域最引人注目的成就就是通过在全国 169 个市建立大学，普及了高等教育，这在建国之初是我们无法想象的。"[②] 同时期，古巴高等教育

---

① 中华人民共和国外交部：《古巴国家概况》，2021 年 8 月，见 http://new.fmprc.gov.cn/web/gjhdq_676201/gj_676203/bmz_679954/1206_680302/1206x0_680304/。

② Castro，Fidel，P，*La Educación Constituye Nuestro Escudo Invencible*，La Habana：Oficina de Publicaciones del Consejo de Estado，2005，p.86.

国际化也取得了一定的成就。新世纪初，2002 年，古巴 1100 万人口中出国留学人数达 70 万人，全国有 73 所大学和 5000 个博士项目，与全球 35 个国家和高等教育机构建立了国际合作交流关系。超过 15000 名国外留学生在古巴的大学学习，古巴的大学教师参与全球 500 多个学术网络，古巴较高的教育质量也使其在国际上久负盛名。①2013 年，古巴接收外国留学生数量在拉丁美洲国家中排名第一。甚至像美国这样的发达国家也对古巴的留学生数量感到震惊，认为古巴是其在拉丁美洲地区最接近的竞争对手。②

　　古巴在公共外交和国家形象建设中秉持国际主义理念，并将教育作为其重要发力点之一。国际主义理念最早可以追溯到何塞·马蒂时代。他曾指出：国际主义应该是实践性的，而非停留在精神层面。1992 年，古巴修订宪法，以国际主义为核心之一的马蒂思想被列为国家指导思想。2019 年，古巴新宪法进一步将菲德尔思想及菲德尔主义纳入党和国家的指导思想。菲德尔·卡斯特罗在坚持国际主义理念建设的同时，进一步提出让古巴民众积极参与到国际主义的实践中。③ 古巴也成功在拉丁美洲地区和非洲地区树立了积极的国家形象，获得了超越意识形态的国际认同。在拉丁美洲，古巴获得了"团结、劳动力素质较高"的国家标签。④ 古巴在非洲地区的国家形象远超广泛参与非洲事务的发达国家，获得了包括前南非总统曼德拉在内的非洲国家领导人的欣赏与肯定。⑤ 教育作为国家软实力的重要组成部分，在公共外交和国家形象建设起着重要的作用，是其国际主义理念的重要实践载体。因此，有必要了解古巴高等教育国际化的发展历程及政策制定与政策实施的

---

① Raúl，Hernández，P，*Educación superior en América Latina：la dimensión internaciona*，The World Bank，2005，pp.217-226.

② Ministerio de Salud Pública：Anuario estadístico de Salud 2013，见 https：//core.ac.uk/download/pdf/228919009.pdf。

③ 韩晗：《古巴社会主义进程与"更新"：国家制度构建的视角——兼评〈古巴社会主义研究〉》，《拉丁美洲研究》2020 年第 5 期。

④ 韩晗：《古巴社会主义进程与"更新"：国家制度构建的视角——兼评〈古巴社会主义研究〉》，《拉丁美洲研究》2020 年第 5 期。

⑤ Nelson Mandela：Discurso durante los Festejos por el Aniversario del Asalto al Moncada，1991 年 6 月，见 https：// www. cubamilitar. org /wiki /Nelson_ Mandela_ y_ Cuba。

情况。

# 第一节 古巴高等教育国际化的历史进程

## 一、古巴高等教育国际化的发展

教育的发展深受国家历史、文化、社会、政治等因素的影响。因此，研究古巴高等教育国际化的发展必须先了解古巴国家的历史以及其高等教育的发展历程。古巴的高等教育及其国际化历程主要可分为殖民时期、新殖民时期以及古巴共和国时期

### （一）殖民时期的高等教育（1728—1798 年）

1510 年，西班牙开始对古巴进行殖民统治。16 世纪中叶，由于古巴是沟通美洲与欧洲的重要交通枢纽，众多政界、军界、经济界、宗教界与文化界人士与知识分子汇聚于此，古巴由此成为美洲的重要经济与文化交流中心，被称为打开新大陆的钥匙。西班牙的传教士开始在拉特朗圣若望教堂（Convento de San Juan de Letran）研究并传播神学、语法、艺术等内容。虽然同时期西班牙已经在现在的多米尼加共和国、墨西哥、秘鲁等地建立了大学，试图通过大学对新大陆实行文化控制，但是西班牙王室并未意识到古巴的重要性，没有将其文化殖民的战略拓展到古巴。从 17 世纪中叶起，为了使其研究获得合法性、提高其自身的社会地位，传教士们向西班牙皇室申请在古巴建立一所正规大学。同时期，在世界范围内，王室支持不足、新教的兴起、天主教会的没落以及对经院哲学的批判阻碍了大学的发展，萨拉曼卡大学、巴黎大学、牛津大学等知名大学发展呈低迷态势。[①] 在此背景下，1728 年，圣热罗尼莫皇家宗教大学（Real y Pontificia Universidad de San Gerónimo）在古巴哈瓦那成立。

18 世纪末期，随着工业革命的到来和制糖产业的兴起，古巴的经济和

---

① Simpson，R，*La Educación Superior bajo el Colonialismo Español*，La Habana：Editorial Ciencias Sociales，1984，p.3.

社会发生深刻变化，资本主义经济发展，对科学研究和高等教育的需求在古巴资产阶级中兴起，推动了大学的变革。何塞·阿古斯金（José Angustín）率先批判经院哲学，提倡笛卡尔的理性主义和培根的经验主义。随后，菲利克斯·瓦雷拉（Félix Varela）开始在大学中传播独立思想。1825 年，弗朗西斯科·德·阿兰戈·帕尔尼奥（Francisco de Arango y Parrño）认识到高等教育与社会需求的脱节，开始在圣热罗尼莫皇家宗教大学推行新课程计划，在拉丁语、卡斯蒂利亚语、艺术、哲学、神学、法律的基础上加入了实验物理、化学、自然历史、数学、航海、地理等应用性学科。[1]1842 年，圣热罗尼莫皇家宗教大学被世俗化并更名为哈瓦那文学皇家大学（Universidad Literaria y Real de La Habana）。然而，宗主国西班牙担心古巴高等教育的变革会加速启蒙运动思想和独立思潮在拉丁美洲的传播，为了维护其在拉丁美洲的殖民统治，颁布了《公共教育法》(Ley de Instrucción Pública)，阻碍世俗化后的大学变革。1901 年，时任教育部部长巴罗纳（Varona）谈及这段历史，指出大学世俗化之后，每年的入学人数超过一千人，然而其中大部分人集中在法律和医学学科，且都是理论学习，实践学习和实验学习不为人所知，与社会经济发展的需求相脱节。[2] 高等教育研究领域的学者何塞·马丁（José Martín）也曾评价说："在新大陆，一个时代的大学与另一个时代的大学相分离是有罪的。"[3] 这表明，这一时期虽然古巴的大学开始改革，但是整体发展仍然较为落后，传统势力仍然在大学中处于主导位置。

(二) 新殖民时期的高等教育（1900—1958 年）

1898 年，古巴摆脱了西班牙的殖民统治。随后，美国开始干涉古巴内政，古巴进入新殖民时期。美国在军事殖民、政治殖民和军事殖民中遇到阻

---

[1] United Nations Educational, Scientific and Cultural Organization: Educación Superior en América Latina: La dimensión internacional, 2005 年，见 https://documents1.worldbank.org/curated/en/797661468048528725/pdf/343530SPANISH0101OFFICIAL0USE0ONLY1.pdf。

[2] González P G, "Etapas principales de la educación superior en Cuba", *Revista Historia de la Educación Latinoamericana*, Vol. 7, pp.49-72.

[3] Martín, José, *Obras Completas*, La Habana: Editorial Ciencias Sociales, 2005, p.85.

碍，转而致力于对古巴进行文化殖民，这对古巴的教育，尤其是高等教育产生了深刻的影响。

1899 年，哈瓦那文学皇家大学改名为哈瓦那大学（Universidad de La Habana）。1900 年，在时任教育部部长恩里克·何塞·瓦罗纳（Enrique José Varona）推动下，古巴推行《瓦罗纳计划》（Plan Varona），开始了高等教育改革，旨在消除大学中的官僚主义，清除才不配位的教师以及腐败教师，并推动技术学科和专业学科的发展，以服务于国家工业的进步。"古巴有两三个文学家就够了，但离不开数百个工程师。"[1] 在 1898—1902 年 4 军事占领期间，大学新创建了一些社会需求较大的专业，包括教育学、植物学、口腔学、电力学、农学等。然而，由于一些腐败教师的阻挠以及新殖民政府的懒政与忽视，《瓦罗纳计划》并未取得成功。拉蒙·德·阿玛斯（Ramón de Armas）等学者认为，《瓦罗纳计划》产生的社会环境决定了其失败的命运，大学无法从新殖民历史和政治解体中逃离出来。[2]

在 1906—1909 年的第二次军事占领期间，美国加强对哈瓦那大学的思想管控，禁止一切与反帝主义与拉丁美洲主义相关的独立思想在大学内传播。1925 年，古巴开始了独裁统治时期。从 20 世纪 20 年代开始，随着工人阶层的壮大与社会主义者的倡导，大学生群体在反对赫拉尔多·马查多（Gerardo Machado）独裁统治的政治运动中扮演着愈发重要的角色。大学生组成大学生联盟（Federación Estudiantil Universitaria），为大学争取自主权并组织反对独裁殖民统治的学生运动。然而，愈演愈烈的学生运动遭到了当局的压制，1931 年至 1932 年，哈瓦那大学被强制停课。

20 世纪 30 年代，古巴革命结束了马查多独裁统治并废除了给予美国干涉权的《普拉特修正案》（Enmienda Platt），学生运动的成果初显：1933 年大学获得自治权；学生可参与大学管理；免费攻读大学的名额增加，普通大

---

① González P G，"Etapas principales de la educación superior en Cuba"，*Revista Historia de la Educación Latinoamericana*，Vol. 7，pp.49-72.

② Ramón de Armas y Eduardo Torres，*Historia de la Universidad de La Habana*，La Habana：Editorial Ciencias Sociales，1984，p.284.

众得以有更多机会接受高等教育；解聘不称职的大学教师并增加大学教师的聘任要求。

从 1843 年起，古巴诗人加布里埃尔·德拉康塞普西翁·巴尔德斯（Gabriel de la Concepción Valdés）就提出在古巴建立另外两所公立大学。1868 年，在由独立运动主张者召开的瓜伊马罗大会（La Asamblea Guaimaro）上，古巴维亚克拉省（Las Villas）的代表也建议在古巴的中心地区建立大学。然而，由于新殖民政府的独裁统治，建立新大学的倡议并未得到支持。推翻马查多的独裁统治之后，此倡议被重新提上议程。1948 年，拉斯维利亚斯玛塔阿布雷乌中央大学（Universidad Central "Marta Abreu" de Las Villas）和古巴圣地亚哥东方大学（Universidad de Oriente）成立，但是由于缺乏校舍，分别于 1952 年和 1949 年才开始上课。开设的专业包括教育学、经济与贸易、语言学、哲学、化学工程、物理学、农学、生物学和数学等。从马查多倒台至富尔亨西奥·巴斯蒂塔（Fulgencio Batista）政变的 9 年期间，3 所大学成为反对美帝国主义学生运动的主阵地，遭到警察的压制。

20 世纪 40 年代，独裁政权计划在古巴成立私立大学，以培养亲独裁政府和亲美的社会精英。1946 年，美国传教士来到古巴，效仿美国的大学模式成立了圣托马斯天主教大学（Universidad Católica de San Tomas de Villanueva）。随后，1953 年，西拉斐尔·莫拉莱斯·冈萨雷斯西方大学（Universidad del Occidente "Rafael Morales González"）、"伊格纳西奥·阿格拉曼特"大学（Universidad "Ignacio Agramante"）和东北大学（Universidad del Norte de Oreinte）相继成立。1956 年玛索尼卡国立"何塞·马尔丁"大学（Universidad Nacional Masónica "José Martí"）成立。在此时期建立的大学的商业性质要大于其学术性质。

1956 年，美国推出了《科研技术支持计划》（*Technical Assistance Programme*），试图通过此计划将美国价值观植入古巴大学，培植反共思想，实现对古巴社会文化的殖民统治。1958 年独裁政府的总统候选人安德列斯·里韦罗（Andrés Rivero）甚至提出将全国三所公立大学全部私有化。1959 年，独裁统治者的企图随着古巴革命的胜利落空，社会主义政权在古巴建立，古巴的大学全部实现公有化，解聘以腐败、与官员勾结等手段谋得职位的教师，保留通过正当手段获得职位的教师，社会主义思想在大学中得以继续发展。

（三）古巴革命成功后的高等教育（1959 年至今）

社会主义政权建立之后，古巴正式开始了高等教育国际化的进程。

古巴革命成功后，高等教育已经不满足古巴社会和经济发展的需求。1962 年，古巴推动了高等教育改革，改革目标包括：①推动大学人才培养与国家需求相适应；②推进高等教育理念与实践的改革；③保证大学教师和学生在大学管理中的参与权；④对大学教师进行培训，提升其专业素养，并聘请全职教师；⑤建立完善的奖学金体系；⑥增加高等教育入学人数；⑦促进高等教育与基础教育的衔接；⑧通过高等教育推动社会文化繁荣；⑨增进与其他国家的科学与文化交流。[1] 此外，60 年代，古巴的政治和社会经济发生了深刻变革，随着土地革命和企业国有化发展，古巴高等教育迈入稳步发展阶段。社会经济的变化产生了对高层次人才的需求，高等教育在社会经济发展中扮演的角色愈发重要。因此，古巴成立高等教育委员会（Consejo para la Educación Superior）和高等教育附属办公室（Oficina del Viceministro de Educación Superior）。在这一时期，随着扫盲运动的开展，古巴人民的受教育程度不断提高，借助政府提供的奖学金项目，越来越多的古巴人民进入大学学习。与此同时，古巴开启了高等教育领域的国际合作，推行了一系列国际合作项目，在联合国教科文组织、加拿大以及其他国家和组织的帮助下，提升了大学治理能力，提高教学质量，提升教师素养和学生素养等。

1971 年，菲德尔·卡斯特罗提出了高等教育普及化目标，致力于将高等教育在全国每个城市普及。为实现此目标，从 1975 年开始，古巴高等教育在提升质量的基础上不断扩张，新的大学不断涌现。1976 年全国高等教育机构增加至 27 个。1979 年，高等教育从远程教育入手，搭建以录音机为

---

① United Nations Educational, Scientific and Cultural Organization: Educación Superior en América Latina: La dimensión internacional, 2005 年，见 https://documents1.worldbank.org/curated/en/797661468048528725/pdf/343530SPANISH0101OFFICIAL0USE0ONLY1.pdf。

主的远程教育系统，扩大高等教育覆盖率，在周末为全国的劳动者提供远程教育服务。同时，古巴教育部支持各大学在全国各城市建立校区或者分校。从 70 年代中期开始到 80 年代，高等教育不断扩张，80 年代末增加至42 所。① 高等教育的大众化为穷人提供了更多的入学机会，促进了高等教育的公平发展。除了提升高等教育普及率，古巴还对政府教育系统进行重组。1976 年，高等教育委员会与高等教育附属办公室合并，更名为高等教育部（Ministerio de Educación Superior）。在这一阶段，古巴向国外派出一大批留学生攻读硕士和博士学位，大学教师也通过暑期课程，与欧洲特别是来自法国和意大利的学者交流学习。这一时期，东欧的学者在古巴的大学有较强的影响力。同时，古巴高等教育受到苏联等社会主义国家在师资培养、学科建设、研究生培养、科研合作等方面的帮助，较为密切的国际合作与交流帮助古巴的高等教育建立了成熟完备的培养体系和科研模式。

20 世纪 80 年代，高等教育继续扩张，但是扩张的速度有所减慢。这一时期，古巴注重保障高等教育的质量，主要的变化包括：①人才培养方面，重视基本知识和能力的训练；②有目的地开设课程，推进工人继续攻读大学；③加强学习、研究和生产之间的关系；④加强高等教育机构在研究中的作用；⑤优化大学的外部评价体系；⑥建立国家电脑项目。在高等教育国际化方面，受 70 年代古巴政府外派留学生的影响，古巴在国外攻读博士学位的学生日益增多，古巴也开设了针对本国博士生的培养课程。古巴的大学和研究中心开始了学术研究，并为以拉丁美洲国家为主的合作国家提供科研服务。

20 世纪 90 年代，东欧社会主义阵营解体，古巴经济与政治形势进一步恶化，古巴在国际的政治布局有所调整。古巴继续保持与东欧社会主义国家合作，70% 的高等教育国际交流项目来自东欧的社会主义国家。与此同时，古巴迅速与加拿大、西班牙、德国、比利时以及其他发达国家开展了学

① United Nations Educational，Scientific and Cultural Organization：Educación Superior en América Latina：La dimensión internacional，2005 年，见 https：//documents1.worldbank.org/curated/en/797661468048528725/pdf/343530SPANISH0101OFFICIAL0USE0ONLY1.pdf。

术交流与合作。此外，古巴与其他拉美国家大学的联系也日益密切，与阿根廷、巴西、墨西哥等国家签订了双边协议，并为拉美国家提供科研支持与服务。古巴的优势领域为医药和体育，赴古巴攻读这两个专业的国际学生持续增加。

进入新世纪，古巴的高等教育国际化格局发生改变。1989 年，古巴与拉丁美洲国家的教育双边合作与交流仅占 12%，与欧盟国家的合作项目仅占 9%，与东欧国家的合作项目占 75%。然而，2001 年，72% 的教育合作与交流项目来自拉丁美洲国家，14% 来自西班牙，欧盟国家、加拿大和美国共占 11%，与东欧国家的交流项目几乎为零。① 截至 2018 年，古巴共设立30 个科学研究国际合作项目、253 个国际交流项目和 562 个国际奖学金项目，参与了 48 个国际协会和 387 个国际学术网络。②

### 二、古巴高等教育国际化动因

在政治方面，美国对古巴的封锁是古巴进行高等教育国际化的重要动因。从 1959 年古巴革命胜利后，美国政府一直对古巴采取敌视态度。1960年古巴将美国公民在古巴的产业收归国有之后，美国宣布对古巴的制裁措施。一年后，美国雇佣军入侵古巴失败，美国和古巴断绝了外交关系。1962年 2 月 3 日，时任美国总统约翰·肯尼迪正式宣布对古巴实施全面禁运，包括经济封锁、金融封锁和贸易禁运。因此，为打破美国的全面封锁，减轻封锁对国家发展的阻碍，发展与其他国家，特别是欧洲、拉丁美洲和非洲的发展中国家以及中国的外交关系成为古巴外交战略的重点。古巴政府意识到对外政策不能孤立地依赖军事姿态和外交活动，更要重视文化与教育的国际影响力。因此，一直以来，高等教育国际化被古巴视为重要的外交手段，是高

---

① United Nations Educational，Scientific and Cultural Organization：Educación Superior en América Latina：La dimensión internacional，2005 年，见 https://documents1.worldbank.org/curated/en/797661468048528725/pdf/343530SPANISH0101OFFICIAL0USE0ONLY1.pdf。

② Villavicencio Plasencia M V，"Internacionalización de la educación superior en Cuba. Principales indicadores"，*Economía y desarrollo*，Vol. 162，pp.49-72.

等教育发展的重要战略之一。

在科技方面，推动国家科技创新发展要求古巴实现高等教育国际化。《古巴 2030 年国家经济和社会发展计划》（*Plan Nacional de Desarrollo Económico y Social*）将促进科学技术创新作为国家到 2030 年发展的重点战略之一，并强调了国际合作对推动国家科技创新发展的重要作用，指出要"加强在科学、技术与创新领域的国际合作，通过国际合作攻关重要科技难题，获取经济援助，发表有重要影响力的学术文章，优化高等教育人才培养模式。"① 当今时代，以国家为单位的科学研究已经不能解决疫情、环境污染、全球变暖等国际性问题，重大科研攻关呼吁在科学研究领域的国际分工与合作。因此，在这一背景下，高等教育作为科研创新的中心，急需实现国际化发展。

在教育方面，通过高等教育国际化促进高等教育质量的提升，加速国际化人才的培养。20 世纪，苏联和加拿大等国在师资培养、学科建设、研究生培养等方面给予了古巴帮助，进而推动了古巴现代化高等教育培养体系和模式的建立。进入 21 世纪，随着全球化的深入，国际化逐渐成为评价高等教育质量的重要指标，古巴也逐渐认识到将国际化维度纳入高等教育的重要性，确定高等教育国际化的目标为"顺应国际化趋势，提高古巴高等教育的质量"②，进而提升古巴高等教育的国际竞争力。

## 第二节　古巴高等教育国际化政策的制定

进入 21 世纪之后，高等教育领域产生了新的变革，高等教育需要与劳动力市场、生产部门以及科学创新保持更加密切的联系。随着全球化的深

---

① Observatorio Regional de Planificación para el Desarrollo de América Latina y el Caribe：Plan Nacional de Desarrollo Económico y Social 2030 de Cuba，见 https：//observatorioplanificacion.cepal.org/es/planes/plan-nacional-de-desarrollo-economico-y-social-2030-de-cuba 。

② Ministerio de Educación Superior：Intercionalización，见 https：//www.mes.gob.cu/internacionalizacion-0。

入，高等教育国际化逐渐成了各国高等教育的战略轴心，古巴也不例外。古巴政府陆续颁布了一系列制度法规，为国家的高等教育国际化发展提供指引，其中包括《古巴2030年国家经济和社会发展计划》（*Plan Nacional de Desarrollo Económico y Social*）《古巴共产党经济社会发展政策的指导方针》（*Lineamientos de la Política Económica y Social del Partido y la Revolución*）《古巴经济社会发展框架》（*Conceptualización del Modelo Económico y Social Cubano de Desarrollo*）等经济社会发展规划，以及《国际化大战略》（*Estrategia Maestra de Internacionalización*）和高等教育质量评估和认证体系建设等专项性政策。从参与的机构来看，古巴的高等教育部、高等教育组织协会、各高等教育机构以及国际组织等也在共同推进古巴高等教育国际化的发展。

## 一、古巴高等教育国际化的现行政策

从1962年的大学改革起，古巴大学便开始与外国著名学者合作，开启了高等教育国际化的进程，经过多年积累，在众多拉丁美洲国家建立了较好的学术声誉。进入21世纪，古巴高等教育国际化越来越受到政府的关注。古巴政府在制定国家经济和社会发展计划和高等教育发展计划时，也逐渐将高等教育国际化纳入政策中。古巴现行的高等教育国际化政策是在《古巴共和国宪法》（*Constitución de la República de Cuba*）下运行实施的。古巴的现行宪法为《古巴共和国宪法》，于2019年由共产党代表大会通过，取代了《1976年宪法》（*Constitución Cubana de 1976*）。现行宪法坚持社会主义发展方向，但是允许市场经济、私人资本和外国资本在政府的监控下发展。在国际化方面，现行宪法宣布了国家外交关系的基础，并明确提出严格遵守国际法的规范与准则，并加强与拉丁美洲和加勒比地区国家的合作。① 《古巴共

---

① Asamblea Nacional del Poder Popular：Constitución de la República de Cuba，2019年4月，见 http://www.cubadebate.cu/noticias/2019/04/09/descargue-la-constitucion-de-la-republica-de-cuba-pdf/。

和国宪法》为古巴高等教育国际化发展道路指明了总体方向，提供了基本遵循。

（一）高等教育国际化促进社会经济发展的相关政策

1.《古巴 2030 年国家经济和社会发展计划》（*Plan Nacional de Desarrollo Económico y Social*）

2014 年 3 月，古巴部长委员会（Consejo de Ministros）通过了古巴国家规划系统（Sistema Nacional de Planificación）制定的《古巴 2030 年国家经济和社会发展计划》。该计划明确了 2030 年之前古巴在社会、经济和政治领域的战略、发展目标与行动计划。该计划围绕六大战略核心展开：①国家政治体系与宏观经济；②生产转型与全球化；③基础设施建设；④科学、技术与创新；⑤自然资源和环境；⑥人类发展、公平和社会正义。[①]

与古巴高等教育发展息息相关的战略主要是第四项，即科学、技术与创新。第四项中的目标 13——提升高层次人才的培养，促进知识生产，保障高等教育及其他阶段教育稳步发展，促进高等教育及其他阶段教育的基础设施建设；目标 14——完善高等教育人才培养与国家经济社会发展适配度，保证高等教育人才培养的效率与质量；目标 15——增加国内外学习项目与完善奖学金体系，为在各类大学与科技创新机构就读的优秀学生，尤其是博士生，提供充足的奖学金；目标 17——促进社会科学与人文科学对重大社会问题的研究，使研究成果为政策制定服务并对政策效果进行系统性评估。[②] 目标 18——加强在科学、技术与创新领域的国际合作，通过国际合作攻关重要科技难题，获取经济援助，发表有重要影响力的学术文章，优化高

---

① Observatorio Regional de Planificación para el Desarrollo de América Latina y el Caribe：Plan Nacional de Desarrollo Económico y Social 2030 de Cuba，见 https：//observatorioplanificacion.cepal.org/es/planes/plan-nacional-de-desarrollo-economico-y-social-2030-de-cuba。

② Partido Comunista de Cuba：Documentos del 7mo. Congreso del Partido aprobados por el III Pleno del Comité Central del PCC el 18 de mayo de 2017 y respaldados por la Asamblea Nacional del Poder Popular el 1 de junio de 2017，2017 年 6 月，见 https：//derechodelacultura.org/wp-content/uploads/2019/07/cuba_plan_nacional_de_desarrollo_economico_y_social_hasta_2030_page_14.pdf？view=download。

等教育人才培养模式。① 《古巴 2030 年国家经济和社会发展计划》对古巴高等教育的发展提出了明确要求，为巴西高等教育国际化指明了发展方向。

《古巴 2030 年国家经济和社会发展计划》推行以来，古巴高等教育对该计划的落实作出了积极的贡献。2019 年，全国共举行 38 场以"大学与 2030 年可持续发展议程——纪念科尔多瓦改革一百年"为主题的国际会议，共同讨论大学在 2030 年可持续发展议程的战略性作用。第十二届国际高等教育大会（Congreso Internacional de Educación Superior Universidad 2020）的主题为"可持续发展的大学"（La Universidad para el desarrollo sostenible），深度探讨高等教育在可持续发展议程中面临的挑战。② 《古巴 2021 年国家发展报告》（*Informe Nacional Voluntario Cuba 2021*）系统评估了《古巴 2030 年国家经济和社会发展计划》的实施情况，肯定了高等教育在政治建设、法治建设、新冠肺炎疫情防控、粮食安全、教育平等与教育包容性、性别平等、文化多样性、社会平等、国际经济发展与基础设施建设、环境保护等方面对落实《古巴 2030 年国家经济和社会发展计划》的贡献，并指出了高等教育国际化的重要性。2020 年，高等教育国际化增进了古巴的南北合作、南南合作以及三角合作。古巴的高等教育机构共签订了 2500 份大学间以及部长间的国际合作备忘录，通过 54 个国家间与 184 个校际间的合作项目，对科学研究、博士培养和地方发展产生了积极的影响。

2.《古巴共产党经济社会发展政策的指导方针》（*Lineamientos de la Política Económica y Social del Partido y la Revolución*）

2017 年，古巴共产党（Partido Comunista）通过了《古巴共产党经济社

---

① Partido Comunista de Cuba：Documentos del 7mo. Congreso del Partido aprobados por el III Pleno del Comité Central del PCC el 18 de mayo de 2017 y respaldados por la Asamblea Nacional del Poder Popular el 1 de junio de 2017，2017 年 6 月，见 https：//derechodelacultura.org/wp-content/uploads/2019/07/cuba_plan_nacional_de_desarrollo_economico_y_social_hasta_2030_page_14.pdf？view=download。

② Grupo Nacional para la Implementación de la Agenda 2030：Informe Nacional Voluntario Cuba 2021，2021 年 6 月，见 https：//sustainabledevelopment.un.org/content/documents/2808720 21_VNR_Report_Cuba.pdf。

会发展政策的指导方针》，确立了 2016—2021 年党和国家的经济和社会政策的总方针。《古巴共产党经济社会发展政策的指导方针》指出社会主义计划仍将是经济发展的主要方向，将确保基本的宏观经济平衡和实现长期发展目标作为此阶段经济发展的重点，并承认市场关系的客观存在，但是国家要根据其特点对其进行监管约束。①《古巴共产党经济社会发展政策的指导方针》也规定了国际化的基本准则。准则 83 提到了创建和落实古巴经济和科技国际合作的法律和监管框架，准则 84 重申古巴要通过国际合作继续促进国际社会的团结发展。② 该方针是大学国际化发展的重要基础，成为古巴高等教育国际化政策制定的重要参考，并推动了下文所要介绍的高等教育质量评估和认证体系（Sistema de Evaluación y Acreditación de la Educación Superior）的建立。

3.《古巴经济社会发展框架》（*Conceptualización del Modelo Económico y Social Cubano de Desarrollo*）

2017 年，古巴共产党代表大会发布了《古巴经济社会发展框架》。《古巴经济社会发展框架》确定了古巴社会主义发展经济和社会发展模式的理论基础和本质特征，提出为推进和巩固古巴的社会主义原则以及建设一个独立、民主、繁荣和可持续发展的社会主义国家，古巴要巩固社会财产对基本生产资料的首要作用，承认所有权和经营形式的多样化，并完善社会主义国家及其管理制度和行政机关。它还明确了"可持续性""繁荣""经济和社会权利"以及"作为福祉和繁荣源泉的工作"等概念。③《古巴经济社会发展

① Sistemas de Información de Tendencias Educativas en América Latina：Lineamientos de la Política Económica y Social del Partido y la Revolución para el período 2016—2021，见 https：//siteal.iiep.unesco.org/bdnp/3332/lineamientos-politica-economica-social-partido-revolucion-periodo-2016-2021。
② Partido Comunista de Cuba：Lineamientos de la Política Económica y Social del Partido y la Revolución para el período 2016—2021，2017 年 6 月，见 https：//siteal.iiep.unesco.org/sites/default/files/sit_accion_files/11169.pdf。
③ Partido Comunista de Cuba：Conceptualización del Modelo Económico y Social Cubano de Desarrollo，2017 年，见 https：//siteal.iiep.unesco.org/bdnp/253/conceptualizacion-modelo-economico-social-cubano-desarrollo-socialista-plan-nacional。

框架》为古巴高等教育国际化提供了概念框架与指导，它指出，当今国际格局复杂多变，各国之间矛盾与依赖并存，世界面临着多种系统性和持续性的威胁，这对社会主义发展来说既是挑战也是机遇。因此，古巴高等教育要抓住国际化的机遇，提升其自身质量并服务于社会主义事业的发展。①

（二）高等教育国际化专项政策

1.《国际化大战略》（*Estrategia Maestra de Internacionalización*）

从 2003 年起，古巴高等教育部越来越注重提高大学的国际化程度，出台了《国际化大战略》，旨在通过高等教育国际合作，提高古巴大学的管理水平，提高古巴高等教育的国际声誉并增进与合作国家的外交关系。②《国际化大战略》主要涵盖以下内容：第一，高等教育部根据高等教育发展情况，制定相应的合作计划，作为开展高等教育国际合作的基础。第二，高等教育部推动建设古巴大学教师培训的学术网络与交流项目，并利用远程教育扩大大学教师培训的覆盖面。第三，根据国家科技政策，发展博士后阶段的国际合作交流项目，为博士后，尤其是双学位博士后提供短期的留学奖学金。第四，鼓励古巴大学参与世界一流研究机构的研究项目与大型国际合作项目，促进古巴大学融入国际学术网络。第五，发展"外国学者计划"（Programa de Becarios Extranjeros），为访问古巴的外国学者提供优质的科研环境，促进外国学者对古巴、古巴大学的友好关系的建立。第六，利用他国外交援助、资助计划与学术活动改善国内大学的基础设施建设。第七，加强高等教育机构的认证和评估工作。加强对外国学生的学位认证，同时完善外国学者在古巴大学的职称晋升体系。

古巴的各个大学响应高等教育部的《国际化大战略》，根据其自身

---

① Partido Comunista de Cuba：Documentos del 7mo. Congreso del Partido aprobados por el III Pleno del Comité Central del PCC el 18 de mayo de 2017 y respaldados por la Asamblea Nacional del Poder Popular el 1 de junio de 2017，2017 年 6 月，见 https://derechodelacultura.org/wp-content/uploads/2019/07/cuba_plan_nacional_de_desarrollo_economico_y_social_hasta_2030_page_14.pdf? view=download。

② Slide Player：Estrategia Maestra：Internacionalización，见 https://slideplayer.es/slide/2272717/。

战略目标与发展情况，制定相应的更为微观的行动计划。以青年岛大学（Universidad de la Isla de la Juventud）为例，该大学根据此项战略的指导原则，制定了大学的国际化发展计划。该校的发展计划包括：第一，根据学校整体的战略目标与发展情况，提出其国际化发展目标，更新国际化发展战略；第二，加快与国外大学签订合作协议，支持在优先领域的学生交流、博士联合培养以及教师访学项目，并加强对国际合作项目的管理与跟踪；第三，建立外国留学生综合支持计划，保障其接受充分的培训与帮助；第四，保证履行与合作高校国家政府的承诺；通过国际学术服务、技术服务与商业咨询，拓宽大学的收入来源；利用通信技术，开展远程合作与交流项目，促进各个项目资源的有机整合。①

2. 高等教育质量评估和认证体系建设

在古巴，大学可以自愿选择向国家认证委员会提交学位课程的认证申请，以获得授权机构的认可，但是外国留学生只能参加经过认证的课程。薄弱的质量认证系统既不利于保证国内高等教育的办学质量，又无法满足高等教育国际化的要求。2018 年，古巴高等教育部推出了高等教育质量评估与认证体系，高等教育质量评估和认证系统建设由国家认证委员会（Junta de Acreditación Nacional）②负责。高等教育质量评估与认证体系较为综合，评估方式分为自我评估、外部评估和机构认证，评估范围包括本科培养质量、学术研究生培养质量和高等教育机构质量。高等教育质量评估和认证系统包括不同的评估和认证子系统：本科培养评估和认证子系统、硕士培养评估和认证子系统、博士培养评估和认证子系统、教师评估和认证子系统，以及高等教育机构评估和认证子系统。评价标准包括社会影响、教师质量、学生质量、课程质量以及基础设施建设等。质量评估与认证涉及许多过程，包括国家的直接指导、机构的内外部评估以及单个学位课程的认证。该认证系统实施后，古巴要求所有高等教育机构学位的培养方案和质量（学士、硕士、博

① Universidad de la Isla de la Juventud：Estrategia Maestra de Internacionalización，见 https：//portal.uij.edu.cu/? p=682。

② 国家认证委员会成立于 1999 年，由来自国内各大学不同知识领域的专家组成。

士）均需申请认证。每个高等教育机构的学位培养方案和质量都由技术评估委员会（Comité Técnico Evaluador）进行全面评估，有授权培养、认证培养和卓越培养三个等级。卓越培养认证和评估的有效期为 7 年，认证培养的有效期为 5 年，授权培养的有效期为 4 年。截至 2017 年 6 月，古巴全国有 29个高等教育机构拥有较高的评估等级，4 个高等教育机构因拥有卓越等级而脱颖而出，分别是哈瓦那大学、玛尔塔·阿布雷乌·德拉斯维拉斯中央大学、何塞·安东尼奥·埃切维里亚哈瓦那科技大学（Universidad Tecnológica de La Habana José Antonio Echeverría）和东方大学。①

### 二、推动古巴高等教育国际化的现行机构

古巴高等教育部、学生联盟（Federación de Estudiantes Universitarios）以及巴西高等教育机构自身都通过各种形式积极推动着古巴高等教育国际化的发展。

#### （一）政府机构

《15/76 号法律》确定高等教育部负责高等教育领域的政策制定与实施，高等教育部是高等教育领域的总负责机构。② 各大学由雇佣其毕业生数最多的部委进行管理。例如，公共卫生部（Ministerio de Salud Pública）管理医科类大学，教育部管理师范类大学，军事部（Ministerio de las Fuerzas Armadas）管理军校，外交部（Ministerio de Asuntos Extranjeros）管理外交类大学，国家文化委员会（Consejo Nacional de Cultura）管理艺术类大学。古巴部长委员会是各教育部、公共卫生部等各部委的上级单位，在综合考虑高等教育部的提议以及各部委意见基础上，可以决定成立、合并或者撤销高

---

① Colombia Aprende：Aseguramiento de la calidad，见 https://redes.colombiaaprende.edu.co/ntg/men/micrositio_convalidaciones/Guias_mineducacion/MINEDU-cuba/aseguramiento_calidad.html？lang=es。

② United Nations Educational，Scientific and Cultural Organization：Educación Superior en América Latina：La dimensión internacional，2005 年，见 https://documents1.worldbank.org/curated/en/797661468048528725/pdf/343530SPANISH0101OFFICIAL0USE0ONLY1.pdf。

等教育机构。

古巴的高等教育部成立于 1976 年，全权负责高等教育国际化领域的政策制定、政策执行与政策监控。高等教育部由中央行政机构、大学与科技创新公司组成，其工作主要包括本科生培养、研究生培养、科学技术与创新、人力资源管理、高等教育财政支持、高等教育的信息化与高等教育国际化等事务。高等教育部以人文主义、融合、创新等理念为基础，致力于通过奖学金计划以及各类国际交流项目培养具有人文关怀、政治思想坚定并忠于社会主义的综合型专业人才，尤其注重博士生培养。高等教育部的直属大学有比那尔德里奥埃马诺斯·萨伊兹·蒙特兹大学（Universidad de Pinar del Río Hermanos Saíz Montez）、阿尔忒弥斯大学（Universidad de Artemisa）、哈瓦那大学（Universidad de Habana）恩里克·何塞·瓦罗纳教育科学大学（Universidad de Ciencias Pedagógicas Enrique José Varona）、信息科学大学（Universidad de Ciencias Informáticas）等 17 所大学。

（二）组织协会

古巴拥有众多非政府组织，推动高等教育国际化的发展，如学生联盟，国家教育工作者联盟（Unión Nacional para Trabajadores de la Educación）、国家科学工作者联合会（Unión Nacional para Trabajadores de Ciencias）、国家健康工作者联合会（Unión Nacional para Trabajadores de Salud）等。

学生联盟是古巴最大的学生组织，由古巴革命领袖胡里奥·安东尼奥·梅拉（Julio Antonio Mella）于 1922 年创立。学生联盟遵循古巴共产党的指引，从诞生之日起，便带着鲜明的革命烙印。学生联盟致力于为大学生群体发声，通过学生共同活动，强调大学生的国家使命，培养热爱祖国、热爱革命的新社会人才。学生联盟的组织目标之一为"巩固与世界各地追求革命、进步和民主的学生的关系"①。学生联盟与拉丁美洲和世界各地的十几个学生组织保持着密切的联系，自 1966 年拉丁美洲大陆与加勒比学生组织

---

① EcuRed：Federación de Estudiantes Universitarios，见 https://www.ecured.cu/Federaci%C3%B3n_Estudiantil_Universitaria。

（Organización Continental Latinoamericana y Caribeña de Estudiantes）成立以来，古巴的学生联盟一直担任该组织的主席。除此之外，学生联盟的其他组织目标包括：鼓励大学生认真学习，潜心科研，提高大学生的学术水平；宣传国家历史与传统，增进大学生对国家文化与民族身份的依恋；通过体育运动与艺术促进大学生的全面发展；提高大学生的道德、政治和文化素养，提高其参与国家与革命建设的积极性。

（三）高等教育机构

根据 2016 年的数据，古巴共有 52 所高等教育机构，全部为公立机构。[①]起初，古巴的高等教育机构可分为大学、高等科技学院、高等教育学院、大学中心 4 类。之后，随着高等教育的不断发展，面对新的教育形势，古巴高等教育机构的分类标准发生变化。现阶段，古巴的高等教育机构可分为 9 类，分别是大学、高等科技学院、高等教育学院、学会、大学中心、大学总部、大学附属机构、独立医学院、拉美国际学校。[②]

表 5–1　2001 年至 2002 年古巴各类高等教育机构的数量

| 高等教育机构 | 数量 |
| --- | --- |
| 大学 | 11 |
| 高等科技学院 | 1 |
| 高等教育学院 | 28 |
| 学会 | 7 |
| 大学中心 | 2 |
| 大学总部 | 1 |
| 附属性大学 | 2 |
| 独立医学院 | 9 |

① Centro Interuniversitario de Desarrollo：Educación Superior en Iberoamérica Informe 2016，2016 年 3 月，见 https://cinda.cl/wp-content/uploads/2019/01/educacion-superior-en-iberoamerica-informe-2016-informe-nacional-cuba.pdf。

② Raúl Hernández Pérez, *Educación superior en América Latina：la dimensión internaciona*, The World Bank，2005，pp.217-226.

| 高等教育机构 | 数量 |
| --- | --- |
| 拉美国际学校 | 2 |

资料来源：Raúl，Hernández，P，Educación superior en América Latina：la dimensión internaciona，The World Bank，2005，pp.217-226.

　　大学是综合性高等教育机构，培养诸多领域的专业人才，包括自然科学、精密科学、社会科学、农业科学和人文科学等。高等科技学院专攻培养科技和建筑领域的专业人才。高等教育学院负责培养医疗、教育和体育领域的专业人才。学会是军事科学人才的培养机构。大学中心为中等教育与大学教育的过渡学校，有些大学会明确规定学生必须有在大学中心就读的经历，或者偏向于录取在大学中心就读过的学生。大学总部旨在协调不同地区或领域的高等教育活动。附属性大学指依附于某些机构的大学。独立医学院专门负责培养公共健康领域所需的专业人才。独立医学院与大学有相似的职能，具有管理上的独立性，但在学术上，其隶属于某一领域的高等教育机构。拉美国际学校专门培养外国学生，主要集中在医疗领域和体育运动领域，并依据古巴政府与外国政府的合作情况为外国学生提供相应的奖学金。

## 第三节　古巴高等教育国际化政策的实施

　　古巴在高等教育国际化发展进程中开展了众多国际合作项目，其中"古巴大学的管理能力提升项目"（Fortalecimiento de las Capacidades de Gestión en Entidades Cubanas）"拉丁美洲大学的国际化提升项目"（Fortalecimiento de la Internacionalización de Universidades Latinoamericanos）和"古巴政府中国青年培训计划"（Formación de Jóvenes Chinos en Cuba）3 个项目最具代表性。这一节对这 3 个项目的实施与成效进行重点分析。

## 一、古巴大学的管理能力提升项目

2014 年至 2017 年间，欧盟资助古巴实施了"古巴大学的管理能力提升项目"，旨在"提升古巴大学教师的知识水平与教学能力，提高古巴大学管理团队的管理水平，促进古巴大学的长期可持续发展"①。此项目由欧洲管理发展基金会组织负责，欧洲参与国有比利时、布鲁塞尔和西班牙，西班牙巴塞罗那商学院（Escuela de Negocios ESADE）为学术协调机构。古巴的高等教育部和哈瓦那农业大学（Universidad Agraria de La Habana）为学术协调机构，比那尔德里奥大学（Universidad de Pinar del Río）、哈瓦那大学、马坦萨斯大学（Universidad de Matanzas）、拉斯维拉斯中央大学、卡马圭大学（Universidad de Camagüey）、东方大学和奥尔金大学（Universidad de Holguín）7 所古巴大学参与了该项目。

该项目分为欧洲管理教育计划（Programa Europeo de Enseñanzas de Gestión）、连续性研讨会、专题研讨会、方法委员会、短期交流五大部分。"欧洲管理教育计划"共举办了八期，累计培训学员 300 余名。"欧洲管理教育计划"对教师的专业知识和教学方法进行全方位培训，进而提高古巴大学课程质量和学校治理能力。连续性研讨会则邀请参与过欧洲交流项目的教师与欧洲大学的教授和专家，对高等教育管理、创新、政治等问题开展讨论，旨在拓宽教师的视野。专题研讨会的主题集中在"古巴高等教育质量的提升"，包括"高等教育质量的认证""国际项目的设计、管理和评估""大学管理与领导力"等，共有 125 名古巴大学管理人员参加了专题研讨会。专题研讨会还鼓励欧洲专家在研讨会结束后继续与古巴学者保持联系，加强古巴大学与欧洲学术机构在管理和教育方面的合作。方法委员会组织各大学管理人员和地方管理人员，共同讨论制定改善大学管理水平的计划与建议，加强学校管理人员和地方管理人员的交流与联系。为了促使方法委员会更好

---

① Amaya M A，Santana C M C，Zamora A T，"Internacionalización de la educación superior en Cuba. Contribución del proyecto FORGEC"，*Revista de Educación Superior en América Latina*，pp.6-9.

地发挥提升高等教育质量、促进高等教育变革的作用，本项目还组织各大学的方法委员会负责人去西班牙、葡萄牙和法国访学，实地考察学习先进的组织管理经验。借助 2016 年的美洲区域会议（Conferencia Regional de las Américas）、欧洲管理发展基金会组织的世界会议（Conferencia Mundial de la EFMD）等机会，该项目通过国际会议平台组织了短期交流项目。短期交流项目促成了众多高等教育国际合作协议的签订。在短期交流项目中，哈瓦那农业大学和拉斯维拉斯中央大学与里斯本新星大学（Universidad Nova de Lisboa）签订了协议，哈瓦那大学与巴塞罗那商学院也签订了协议。短期交流项目的成果超越了古巴和欧盟的关系领域，帮助古巴与非欧盟国家建立了关系，如，参与此项目的古巴与巴拿马的巴拿马大学（Universidad de Panamá）和美洲专业大学（Universidad Especializada de las Américas）展开了合作活动。欧洲管理教育计划为古巴高等教育机构教师和行政人员提供了与欧洲学者和行政管理人员学习和交流的机会，提升了古巴高等教育机构教师和行政人员的国际化水平，使古巴高等教育机构的国际化水平更加向发达国家靠近。

"古巴大学的管理能力提升项目"在古巴产生了倍增效应，为古巴与欧盟在高等教育领域的国际合作奠定了坚实的基础。该项目促进了马亚贝克省的地方创新体系建设。在马亚贝克省创新体系中，经济管理人员和大学教师间联系密切，知识流通加快，产生了较强的协同效应。此外，参与该项目的八所古巴大学成为欧洲管理发展基金会和巴塞罗那全球商学院网络中的成员，这为古巴与欧洲建立新的合作项目提供了更多的可能性，为古巴高等教育国际化的发展提供了新的空间。"古巴大学的管理能力提升项目"的成功实施也促成了"拉丁美洲大学的国际化水平提升项目"。

## 二、拉丁美洲大学的国际化提升项目

2015 年起，随着古巴与美国的外交关系的改善，古巴愈加重视高等教育国际化的发展。同时，巴拿马同样致力于推动高等教育国际化。在此背景下，2016 年，欧洲管理发展基金会（European Foundation for Management

Development）推出了"拉丁美洲大学的国际化提升项目"，该项目由"伊拉斯谟＋计划"资助，与古巴和巴拿马的高等教育机构合作，旨在通过组织研讨会与短期交流项目等方式，基于欧洲高等教育国际化的成功经验，共同研讨古巴与巴拿马高等教育国际化的发展模式与路径，以提高古巴和巴拿马高等教育机构的国际化管理水平，加强欧盟、古巴和巴拿马三个国家高等教育机构之间的国际合作。① 虽然此项目的主导方为欧盟，但是该项目强调欧盟成员国、古巴与巴拿马在项目中的地位平等，秉承发展性合作原则推动古巴和巴拿马高等教育国际化进程。此项目不是简单地引导古巴和巴拿马的大学学习欧洲高等教育国际化的成功经验，而是在欧洲经验的基础上，结合两国高等教育机构的发展情况，共同探讨古巴和巴拿马大学国际化的路径。欧洲参与方为巴塞罗那商学院、阿利坎特大学（Universidad de Alicante）、根特大学（Universidad de Gante）、圣心大学（Universidad de Sacro Cuore）和里斯本新大学（Universidad Nova de Lisboa）。古巴的哈瓦那农业大学、哈瓦那大学、拉斯维拉斯中央大学、卡马圭大学、奥尔金大学和东方大学6所大学以及巴拿马的巴拿马大学和美洲专业大学2所大学参与了此项目。

首先，在项目正式开始之前，参与的大学在项目导师的指导下对自身的国际化发展情况进行评估，对制定的国际化战略与目标、已实施的项目进行反思。在项目的第一阶段，该项目组织了一系列关于高等教育国际化的研讨会，研讨会探讨了"国际化的含义是什么，需要什么来实现""如何使大学课程国际化""如何为大学制定一个国际化发展政策与规划"等问题，旨在从实践层面了解"国际化"的含义与目标。研讨会内容强调实用性与高度互动性，关注参与大学的具体需求。在举办研讨会的同时，与会大学还对欧洲伙伴机构进行了多次访问，了解欧洲大学的国际化战略，并学习如何将国际化战略付诸实践。

在项目的第二阶段，参与大学开始制定其国际化发展战略，并逐步将

---

① Unión Europea：Internacionalización en Cuba y Panamá：Experiencias del proyectoFORINT，见 https：//itemsweb.esade.edu/exed/forint/Libro_Internacionalizacion_en_Cuba_y_Panama-Experiencias_del_Proyecto_FORINT.pdf。

其付诸实践。在制定国际化战略时，首先，大学设计国际化战略的路线图。路线图即为国际化战略的简化版，帮助大学明确国际化发展的愿景、价值观、时间节点以及在各时间段的简要行动计划，为正式制定国际化战略做准备。与会者将设计好的路线图带回大学，并与同事、学生和其他利益相关者讨论。一旦达成广泛的共识，大学就进入规划过程的下一个阶段——正式制定国际化发展战略。该项目特别强调在制定国际化战略时，要杜绝"一刀切"的做法，必须考虑大学的实际情况，而不是简单地模仿欧洲模式。除了明确国际化发展战略之外，各大学还需要依据国际化战略制定一年的行动计划，确保国际化战略能够落到实处。国际化战略制定好后，提交给大学委员会批准通过，进入实施阶段。

　　下面将以案例为切入点，分析"拉丁美洲大学的国际化提升项目"在各大学的实践过程及其对参与大学国际化发展的影响。

　　1. 东方大学

　　东方大学于 1947 年在古巴的圣地亚哥成立，由于圣地亚哥位于古巴的东方，该大学得名"东方大学"。该大学有安东尼奥·马赛奥校区（Sede "Antonio Maceo"）和胡里奥·安东尼奥·梅雅校区（Sede "Julio Antonio Mella"）两个校区。东方大学的能源研究、生物医学研究与信息科技研究较为出色，在古巴国内占据领先地位。① 东方大学的国际化水平在古巴大学中得到认可，但是与发达国家相比仍存在一定的差距。例如，该校国际交流与合作对学术发展的贡献不足，国际交流与合作的战略与行动碎片化，缺乏统一的规划与方向。这些问题掣肘东方大学国际化的发展。东方大学参与了"拉丁美洲大学的国际化提升项目"，该项目在为大学的管理人员开设讲习班、研讨会和会议，致力于提升大学管理人员的国际化水平，进而推动数量更多且更优质的国际合作项目的开展。在该项目的帮助下，东方大学认识到了自身国际化发展过程中存在的不足，重新制定了国际化发展战

---

① Universidad de Oriente Santiago de Cuba：Campus Universitarios，见 https：//www.uo.edu.cu/。

略。新的战略强调要在东方大学中营造国际交流与合作的文化氛围，大力推动大学国际化课程的建设，加强国际学术交流与合作，提升大学的科研水平，进而提升大学在国际上的影响力。

在国际化发展战略的指导下，东方大学通过一系列措施促进其国际化发展。在领导层面，东方大学成立了国际交流与合作领导小组，该小组由大学各学院的一名代表组成，该小组定期举办国际交流与合作会议，对各院系和学校的国际交流与合作工作进行布局和经验分享。在培训层面，东方大学实施了针对国际研究生学习项目，并在总结经验的基础上，更新专业硕士"国际项目管理"（Gestión de la Internacionalización）选修课程的内容。此外，东方大学还鼓励博士生撰写关于大学国际文化建设的毕业论文。在宣传层面，东方大学编制宣传材料，并加强大学网站建设，在社交网络上对大学进行宣传。

与2017年相比，计划实施两年（2019年）后，东方大学的国际化发展取得了新的进展。参加国际交流与合作的教授、专家和工作人员的数量增加了331个，国际交流与合作项目增加了5个，签订了11个新的合作协议。两年内，新增加了旨在提升国际水平的暑期课程、语言课程、培训课程、研究生和本科生等课程66个，在提高学校知名度的同时也增加了大学的收入。

在未来，东方大学计划从以下几方面着手，继续推动大学的国际化发展：①增加博士生国际交流的奖学金数量；②提升本科生和研究生国际化课程的比例，加强与世界顶尖学府的学术和科研的交流与合作；③提高学术成果的影响力和知名度，培养兼具人文关怀和专业素养的学生和教师；④实现国际化项目的信息化管理，加强不同领域之间的沟通和信息流动机制。

2. 哈瓦那农业大学

哈瓦那农业大学成立于1976年，位于圣何塞拉斯拉哈斯镇（San José de las Lajas），设有农学院、社会科学与人文科学学院、经济学院、体育文化学院、科学技术学院、兽医学院和教育科学学院，因对农业发展的贡献而在国内和国际上有较高的知名度。① 然而，该校在实现不同专业课程的国际化时存在局限性，限制了学生跨文化能力的提升。在"拉丁美洲大学的国际化提升项目"的推动下，哈瓦那农业大学将国际化作为机构发展议程中的优先事项，结合大学的财政和人力资源制定了可行的国际化战略，并建立相应的评估和监测制度，鼓励学校领导、教授、博士生和其他学生参与大学的国际化建设。

　　哈瓦那农业大学从学生培养、学术发展和国际化宣传三个方面推动大学的国际化发展。在学生培养方面，哈瓦那农业大学注重引进外国教师，并在墨西哥查平戈大学（Universidad de Chapingo）和厄瓜多尔的圣埃伦娜半岛大学（Universidad de la Península de Santa Elena）合作设立农业生态学和农业推广联合培养硕士项目。此外，哈瓦那农业大学鼓励教师、大学管理人员以及学生参与国际交流项目，提高其跨文化交往技能，提升研究能力，帮助大学提升国际知名度。2018 年，哈瓦那农业大学与巴拿马大学签署本科生交换协议，这是哈瓦那农业大学的第一个本科生国际交换项目。在学术发展方面，哈瓦那农业大学的教育科学系负责高等教育国际化相关领域的科研项目，研究适合该大学和古巴高等教育国际化发展的理论和实践路径，服务于大学和古巴高等教育国际化进程。此外，该大学还扩大了与国际学术网络的联系，积极加入泛美兽医协会（Asociación Panamericana de Veterinaria）、国际水牛联合会（Federación Internacional de Búfalos）、拉丁美洲农业工程师协会董事会（Junta directiva de la Asociación Latinoamericana de Ingenieros Agrícolas）、拉丁美洲鸟类学协会（Sociedad Latinoamericana de Acarología）、欧洲管理发展基金会（European Foundation Management Development）、伊比利亚美洲大学研究生协会（Asociación Universitaria Iberoamericana de Posgrado）等组织。在宣传方面，哈瓦那农业大学将国际宣传纳入大学发展战略，加强校友网络的建设，通过校友的力量，增加学校的国际知名度。

---

① Universidad Agraria de La Habana：Universidad Agraria de La Habana，见 https：//www.unah. edu.cu/。

"拉丁美洲大学的国际化提升项目"加强了该校在高等教育领域的三角合作（北—南—南）和南南合作。项目结束后，哈瓦那农业大学继续推出了《2019—2023年期间的国际化战略》（*Plan de Internacionalización para el Período 2019—2023*），确定了四项战略目标，为未来四年的国际化发展指明了方向：①以粮食安全研究为基础，推动大学的国际化；②促进本科生和研究生的教育质量与国际标准接轨；③与粮食安全领域的主要机构和组织建立战略联盟，实现教学科研一体化发展；④培养尊重并理解多元文化的学生。2019年至2023年间，哈瓦那农业大学将加强对粮食安全国际科学研究项目的管理，积极参加国际组织和协会等学术网络平台，提高外籍教师比例，并加强科研成果的国际传播力度和影响力。

### 三、古巴政府中国青年培训计划

2006年，古巴领导人菲德尔·卡斯特罗向中国政府提出古巴大学为中国中西部地区的学生提供奖学金赴古巴留学的承诺，为期10年的"古巴政府中国青年培训计划"正式启动。该项目分为"西班牙语提高与强化课程计划"和"西班牙语职业培训计划"两部分。

"西班牙语提高与强化课程计划"主要针对中国大学西班牙语专业的在读学生，旨在通过赴古巴一学年的学习和交流，继续提高其西语沟通能力，包括改进知识体系、提高灵活应用西班牙语语言规则的能力、加强文章的阅读理解力度、提高与西语母语人群的交流能力、增进其对古巴历史文化的了解等。在教学方式方面，该课程注重理论与实践的关系，遵循探索式学习与实践学习的原则，结合传统的课堂讲授与创意研讨会、知识竞赛、观看西语电影和纪录片、考察旅行等活动，提高学生的西语学习效果。为满足中国学生的学习需求，古巴招收了国内各高校，尤其是文学、英文、社会传播学、图书和信息科学、艺术史和社会文化研究专业的研究生，对其进行教师专业培训，为中国学生提供更加多元的学习课程。

"西班牙语职业培训计划"是针对赴古巴攻读本科学位的奖学金项目，该计划设有西班牙语语言文学、教育学、旅游学和医学4个专业。西班牙语语言文学专业是最受中国学生欢迎的专业，2007 年，哈瓦那大学为该项目成立了西班牙语系，该系一直保留至项目结束。西班牙语专业的培养目标为学生应熟练使用西班牙语进行听说读写并了解西班牙语国家的历史、文化与政治情况。因此，西班牙语专业不仅设置促进西班牙语交流能力的课程，也设置拉美历史等方面的课程。

"恩里克·何塞·瓦罗纳"教育科学大学（Universidad de Ciencias Pedagógicas "Enrique José Varona"）开设了针对中国学生的教育学专业。在教育部的指导下，该大学设置了两个专业：教育心理学专业和教师教育专业。教育心理学专业开设的课程包括：西班牙语综合实践课程、计算机教育、哲学研究、教育哲学、教育社会学、人类发展生理学、心理学、个性心理学、学习心理学、组织心理学、教育科学指导、课程设计、职业指导和教育研究方法等。教师教育专业开设的课程包括：西班牙语综合实践课程、计算机教育、艺术鉴赏、世界历史、政治文化、西班牙语语言学研究、社会学和师范教育基础、教学、心理学、教育史等科目。

哈瓦那大学旅游系承担对中国学生旅游专业的培养工作。旅游专业的主要培养目标为综合了解古巴国内和国际层面的旅游活动、差旅与接待，并培养与这些活动相关的组织与管理能力。除了学习西班牙语和英语两项基础课程之外，该专业学生还需要学习核心的专业课程，例如，旅游学、旅游与医疗、旅游营销、旅游资源管理、餐饮管理、综合管理与项目评估等。

古巴的医学水平在整个拉丁美洲以及世界享有盛誉，医学专业是"西班牙语职业培训计划"内容之一，古巴还为中国学生和青年医生开设了专项计划"中国青年医学培训计划"和"中国青年护理本科培训计划"，主要由哈瓦那医科大学（Universidad de Ciencias Médiacs de La Habana）负责。医学专业的培养模式以学习和实践相结合，第一周期为前三个学期，以基础科学为主导，涉及生物医学、综合性核心课程和社会科学。第二周期为临床教学，分布在第四和第五个学期，包括病理学、遗传医学、生物试剂、基本临床原理、医疗符号学以及综合全科医生的临床教学。第三周期为临床教学实践周期，第六个学期至第十学期，教师在医院和卫生机构的不同科室进行阶段性的临床教学。在第六学年，学生全天候进驻医院进行临床实践。护理专业的培养计划为期五年。学生在前四学年学习护理专业知识，包括护理、健康信息学、体育、西班牙语、公共卫生、药学、形态生理学、诊断措施、护理社会与伦理学及心理学。在第五学年，学生要在教师的指导下进行五轮实习以深化和巩固专业技能。

"古巴政府中国青年培训计划"硕果累累。从 2006 年到 2013 年，3497 名学生参加西班牙语强化和提高班。从 2010 年至 2014 年，1639 名学生从"西班牙语职业培训计划"中毕业，其中西班牙语专业毕业生 918 名，旅游专业毕业生 61 名，教育学毕业生 123 名，医学专业毕业生 505 名，护理学专业毕业生 32 名。①

## 第四节　古巴高等教育国际化政策的评估与走向

通过梳理古巴高等教育国际化政策的历史演进、政策制定与政策执行发现，古巴高等教育的国际化发展取得了一定的成果，然而其发展过程中同样存在诸多问题，古巴高等教育国际化的发展走向也值得分析与讨论。

### 一、古巴高等教育国际化政策的成效

得益于古巴政府推行的高等教育国际化政策及各类国际化项目，随着高等教育国际化的发展，古巴高等教育的国际化合作体系更加健全，合作国家更加多元，高等教育的地区和国际影响力得到提升。

（一）合作体系更加健全

近年来，古巴高等教育国际化稳步发展，合作体系更加健全。首先，在项目建设方面，从 2012 年到 2018 年，古巴的科学研究合作项目不断增加，由 2012 年的 15 个增加至 2018 年的 30 个。此外，同时期古巴的国际交流项

---

① ［古巴］莉迪娅·古巴·维嘉等：《古巴政府中国青年培训计划》，外语教学与研究出版社 2016 年版，第 123 页。

目也稳步增加，由 2013 年的 224 个，增加至 2018 年的 253 个。其次，古巴的奖学金支持体系也更加完善，2012 年至 2018 年，古巴的国际交流奖学金数量不断增加，2012 年为 340 个，2015 年为 425 个，2018 年为 562 个。最后，古巴高等教育机构的国际活动更加丰富。2012 年至 2018 年，古巴高等

**图 5–1　2012 年至 2018 年古巴科学研究合作项目数量**

资料来源：Villavicencio Plasencia M V，"Internacionalización de la educación superior en Cuba. Principales indicadores"，*Economía y desarrollo*，Vol. 162，pp.49-72.

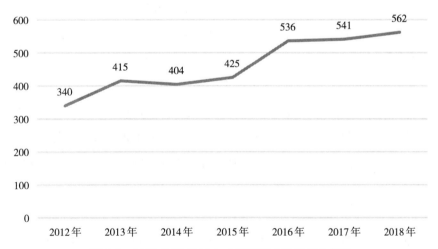

**图 5–2　2012 年至 2018 年古巴国际交流奖学金数量**

资料来源：Villavicencio Plasencia M V，"Internacionalización de la educación superior en Cuba. Principales indicadores"，*Economía y desarrollo*，Vol. 162，pp.49-72.

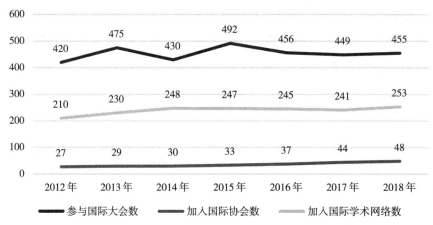

**图 5-3　2012 年至 2018 年古巴高等教育机构参与国际大会数、**
**加入国际协会数以及加入国际学术网络数**

资料来源: Villavicencio Plasencia M V, "Internacionalización de la educación superior en Cuba. Principales indicadores", *Economía y desarrollo*, Vol. 162, pp.49-72.

教育机构参与国际大会的数量也稳步增加，2012 年，古巴教育机构参加了
420 个国际大会，2018 年为 455 个。2012 年至 2018 年，古巴教育机构加入
国际协会的数量也不断增加，2012 年，古巴高等教育机构加入了 27 个国际
协会，2015 年为 33 个，2018 年增加至 48 个。2012 年至 2018 年，古巴教
育机构加入国际学术网络的数量也大幅增加，2012 年，古巴高等教育机构
加入了 210 个国际学术网络，2015 年为 350 个，2018 年增加至 387 个。[1]

（二）合作国家更加多元化

古巴不断拓展与各国尤其是拉丁美洲国家的合作关系，合作版图涉及
欧洲、北美洲、南美洲、亚洲与非洲，主要合作伙伴国包括墨西哥、委内瑞
拉、厄瓜多尔、巴西、哥伦比亚、尼加拉瓜、多米尼加共和国、加拿大、西
班牙、德国、法国、意大利、比利时、俄罗斯、中国、越南、安哥拉和莫桑
比克等。[2]

---

① Villavicencio Plasencia M V, "Internacionalización de la educación superior en Cuba. Principales indicadores", *Economía y desarrollo*, Vol. 162, pp.49-72.

② Villavicencio Plasencia M V, "Internacionalización de la educación superior en Cuba. Principales indicadores", *Economía y desarrollo*, Vol. 162, pp.49-72.

自古巴与中国建立外交关系以来，两国的高等教育合作经历了不同的阶段。20世纪60年代，古巴与中国开展了学生交流活动。近年来，在两国签署的教育协议的支持下，两国间的高等教育合作得到发展与巩固。自哈瓦那大学建立针对中国学生的培训项目以来，哈瓦那大学成立了西班牙语系。受益于此培训项目，近4000名来自中国的年轻人在古巴学习语言课程以及教育学、旅游、西班牙语、医学和护理学等专业。[1]2009年中国在哈瓦那大学设立孔子学院，使数千名各年龄段的古巴人学会了汉语。孔子学院的建立不仅传播了中国文化，而且加强了两国的民间交流与外交关系。

古巴与安哥拉的关系植根于多年来为安哥拉人民的独立和主权而奋斗所形成的共同纽带。自安哥拉宣布独立以来，古巴与安哥拉在教育领域的合作一直非常紧密。古巴与安哥拉签署了教育部级协议和行动计划，有数以千计的古巴教师参与到安哥拉的大学和专业技术教育中心的建设中，促进了安哥拉高等教育的发展。

历史的原因，古巴与俄罗斯两国保持较密切的合作关系。两国学生的双向流动在过去10年间不断增加。俄罗斯与古巴签署部长级协议，每年俄罗斯为古巴本科生和研究生提供奖学金100个，资助领域包括能源、通讯、食品安全、交通和俄语。[2]两国对于加强语言交流和扩大科研项目合作方面的兴趣浓厚，这促使古巴与俄罗斯设立联合教席，以加强两国大学之间的联系。

（三）高等教育的地区和国际影响力得到提升

随着高等教育国际化的发展，古巴参与到越来越多的地区性国际组织和国际大会的筹备当中，其高等教育的影响力在拉丁美洲地区和世界范围内得到提升。近年来，古巴参与到教科文组织拉丁美洲和加勒比地区高等教育研究所（Instituto de Educación Superior para América Latina y el

①　Villavicencio Plasencia M V, "Internacionalización de la educación superior en Cuba. Principales indicadores", *Economía y desarrollo*, Vol. 162, pp.49-72.

②　Villavicencio Plasencia M V, "Internacionalización de la educación superior en Cuba. Principales indicadores", *Economía y desarrollo*, Vol. 162, pp.49-72.

Caribe de la UNESCO）、拉丁美洲和加勒比地区高等教育区网络（Espacio Latinoamericano y Caribeño de Educación Superior）、拉丁美洲大学联盟（Unión de Universidades de América Latina）、蒙得维的亚集团大学协会（Asociación de Universidades del Grupo de Montevideo）、中美洲高等院校理事会（Consejo Superior Universitario Centroamericano）、加勒比地区大学和研究机构协会（Asociación de Universidades e Institutos de investigación del Caribe）、地区大学校长、院长和主任委员会（Conferencia Regional de Rectores, Presidentes y Directores de instituciones universitarias）等拉丁美洲重要的高等教育组织联盟，共同解决古巴和拉丁美洲区域国际交流与合作中遇到的紧迫问题。[①]通过这些区域组织和平台，古巴在地区性事务中传达了自己的声音，区域事务的决策产生了影响。

此外，在过去 20 年里，古巴筹备并举办了 11 次国际性高等教育大会，每次会议平均有来自 60 个国家的 3000 名外国代表参加，每届会议都有各国教育部长、各地区校长联盟主席、知名院校校长、国际组织高级代表出席，参与会议最多的国家包括墨西哥、委内瑞拉、阿根廷、巴西、厄瓜多尔、哥伦比亚、美国、西班牙、法国、意大利、比利时、安哥拉和莫桑比克。[②]国际大会的成功举办与多国的积极参与表明了国际社会对古巴高等教育的认可，这些国际性会议不仅加强了各国间的高等教育合作，为国际交流与合作协议的签署提供了平台，而且也提高了古巴高等教育的知名度。

## 二、古巴高等教育国际化存在的问题

### （一）高等教育机构的国际化管理水平较低

近年来，古巴政府出台了各项关于高等教育国际化的政策，然而高等教育机构的国际化管理水平较低，出现诸多问题，相关政策无法有效落实。

---

① Villavicencio Plasencia M V, "Internacionalización de la educación superior en Cuba. Principales indicadores", *Economía y desarrollo*, Vol. 162, pp.49-72.

② Villavicencio Plasencia M V, "Internacionalización de la educación superior en Cuba. Principales indicadores", *Economía y desarrollo*, Vol. 162, pp.49-72.

在行政管理方面，问题尤为突出。高等教育机构国际化管理不透明，在国际化领域院系间协作性低、沟通不足。国际交流手续办理也非常冗长，效率较低。① 在文化管理与课程方面，本科与硕士相关国际化课程不足，且未将国际化维度纳入大学课程体系建设与人才培养方案当中，大学组织内部缺少跨文化交流氛围。在战略管理方面，大学普遍对国家关于高等教育国际化的政策文件理解不到位、执行度低，相关信息科技技术在高等教育国际化领域利用也不足，大学普遍未将国际化维度纳入高等教育机构质量评价指标当中。②

（二）高等教育国际化水平低，校际发展不均衡

近年来，古巴高等教育国际化取得了一定的进展，但在世界范围内古巴高等教育机构的综合排名仍然较为落后，国际吸引力不足，且国际化发展主要集中于古巴境内的少数知名大学。③ 国际化发展水平是世界大学排名的重要参考指标。2017 年至 2021 年，古巴只有哈瓦那大学进入 QS 世界大学排名榜。在此期间，哈瓦那大学的排名不断上升，但排名仍然十分靠后，全部为 400 名之后。2017 年，该大学位于第 710—916 名之间，2018 年排名为第 601—650 名之间，2019—2022 年，为第 511—520 名之间，2020 年为第 501—510 名之间，2021 年为第 498 名。④2022 年，古巴大学的上榜数有所增加，但只有哈瓦那大学、拉斯维利亚斯玛塔阿布雷乌中央大学和何塞·安东尼奥·埃切维里亚哈瓦那科技大学 3 所大学上榜 QS 世界大学排名，且排名较为靠后。哈瓦那大学的排名为 501—510 名之间，拉斯维利亚

① Villavicencio Plasencia M V, "Internacionalización de la educación superior en Cuba. Principales indicadores", *Economía y desarrollo*, Vol. 162, pp.49-72.

② Llody L A P, Rodríguez A A, "Procedimiento para la gestión de la internacionalización en el nivel de Facultad. Bases metodológicas para su implementación en Universidades cubanas", *Revista de educación y derecho*, Vol. 22, pp.440-467.

③ Villavicencio Plasencia M V, "Internacionalización de la educación superior en Cuba. Principales indicadores", *Economía y desarrollo*, Vol. 162, pp.49-72.

④ University Rankings Results：QS World University Rankings, 见 https://www.universityrankings.ch/results? ranking=QS&region=World&year=2020&q=Cuba.

斯玛塔阿布雷乌中央大学的排名为 521—530 之间，何塞·安东尼奥·埃切维里亚哈瓦那科技大学的排名则到 1000 名之后，为 1000—1200 名之间。①可见，古巴大学的国际影响力仍然较低，在吸引留学生方面表现较差，高等教育国际化发展的校际差距也较大。

（三）高等教育经费来源渠道有待多元化

古巴高等教育经费来源渠道较为单一，使得古巴高等教育的国际化发展缺乏充足的资金支持与物质保障。②古巴高等教育机构的资金主要来源于政府拨款与商业性收入，其中商业性收入包括为外国留学生和外国教师提供的国际学生和国际教师培养项目③、服务于外国各类机构的技术咨询、专利发明与转化收入等④，政府拨款是古巴高等教育机构的主要资金来源。目前，古巴高等教育部尚未制定明确的大学办学经费筹集制度，大学习惯性依靠国家拨款运营，大学对商业性收入如国际留学生项目、国际咨询服务等重视不足。此外，古巴在国际商业合作领域的各类法律法规存在内部矛盾，大学与外国私立机构的商业合作也尚未获得充足的制度保障，这也导致古巴大学的商业性收入不足，难以为高等教育国际化的发展提供足够的资金支持。⑤

---

① Resumen Latinoamericano：Cuba. Tres Universidades se posicionan en la Edición 2022 del QS World University Rankings，2021 年 6 月，见 https：//www.resumenlatinoamericano.org/2021/06/10/cuba-tres-universidades-se-posicionan-en-la-edicion-2022-del-qs-world-university-rankings/。

② Erasmus Plus Riesal：Políticas de Intercionalización de Educación Superior de los Países de RIESAL，2019 年 2 月，见 http：//erasmusplusriesal.org/sites/default/files/adjuntos/cuba.pdf。

③ 国际学生项目包括针对留学生的大学本科课程、学期项目、短期课程、西班牙语课程等。

④ Barinaga. E. G & Pravia. M. C. P. (eds.)．"Restricciones en el Financiamiento de los Procesos en la Educación Superior Cubana" in Tendencias en la Investigación Universitaria：Una visión desde Latinoamérica，Chirinos. Y. & Luna. C. (eds.)，Santa Ana de Coro：Universidad Continente Americano，2020，pp. 559-573.

⑤ Barinaga. E. G & Pravia. M. C. P. (eds.)．"Restricciones en el Financiamiento de los Procesos en la Educación Superior Cubana" in Tendencias en la Investigación Universitaria：Una visión desde Latinoamérica，Chirinos. Y. & Luna. C. (eds.)，Santa Ana de Coro：Universidad Continente Americano，2020，pp. 559-573.

（四）古巴学生外语水平低

古巴大学生的英语水平普遍较低，成为阻碍古巴高等教育国际化的现实因素。2015 年，古巴高等教育部宣布要提高古巴大学生的英语水平。大学毕业时，大学生的英语需要达到国际标准的 B1 水平，否则将无法毕业。[①]然而，在之后的两年里，全国 21 所大学中，只有 4 所大学的全部学生达到了毕业标准。因此，考虑到大学生的英语基础薄弱，难以达到毕业要求，高等教育部不得不降低大学生英语水平的毕业标准，由毕业时学生需达到 B1水平降低为 A2 水平。[②]

### 三、古巴高等教育国际化政策的走向

古巴高等教育国际交流与合作由人员流动、签订国际合作协议、实施国际合作项目等外部合作，开始重视开设国际化课程、培养具有国际化素养的教师队伍等为核心的在地国际化道路。

（一）推动高等教育国际化课程的开设

建设国际化课程体系是实现在地国际化的主要途径，也是提升古巴学生国际素养的最现实有效手段。课程国际化旨在通过将国际化维度与跨文化视角融入课程体系，将国际化的要素体现在教学内容与教学方法之中，创设以多元文化为基本特征的学习与交流环境，以培养学生的全球公民意识和跨文化交流能力。[③] 例如，在参加上文提到的"拉丁美洲大学的国际化提升项目"，卡马圭大学意识到自身课程与国际标准的兼容性不足，这不利于学生流动和与外国大学设立联合培养项目。因此，该大学在此项目的指导下，重

---

① Madrid Habana：Aumentará la exigencia en nivel de inglés de la educación superior de Cuba，2015 年 9 月，见 http：//www.madridhabana.com/aumentara-la-exigencia-en-nivel-de-ingles-de-la-educacion-superior-de-cuba/。

② Radio Televisión Martí：Crisis educacional obliga a rebajar nivel de aprendizaje de inglés en universidades cubanas，2018 年 6 月，见 https：//www.radiotelevisionmarti.com/a/cuba-idioma-ingles-rebaja-nivel-/177949.html。

③ Villavicencio Plasencia M V，"Internacionalización de la educación superior en Cuba. Principales indicadores"，*Economía y desarrollo*，Vol. 162，pp.49-72.

新制定了国际化发展战略，将课程国际化作为其战略重点。为此，卡马圭大学召集国际交流办公室管理人员与各学院代表举办了数次研讨会，探讨如何将国际化要素纳入各专业的培养体系。通过研讨，该大学更新了各专业的课程内容，融入全球公民意识与跨文化理解能力的培养，并在校内开展"国际周"活动，致力于将跨文化与国际化维度纳入大学教学、科研、管理与服务的方方面面。

### （二）提高教师的国际化素养

教师的国际化素养是促进高等教育国际化发展的重要保证。[①] 一方面，古巴的高等教育机构在高等教育教师的培养与培训体系中增加跨文化交流能力的培养与对全球问题的讨论；另一方面，古巴政府意识到需要促进教师流动，鼓励教师参与国际科研项目，并加强对博士生的国际素养的培养。例如，上文提到的卡马圭大学除了开展课程国际化之外，同样重视对教师国际素养的培养。该大学在"拉丁美洲大学的国际化提升项目"中逐渐认识到英语对于提升大学教师跨文化交流能力的重要性，并将教师的英语能力作为新制定的国际化战略的重点内容。此外，该大学在未来的战略规划中也致力于增设有助于提高大学教师科研与教学水平的国际培训项目，提高对受过国际化培养并了解国际问题的行政人员的雇佣比例，并鼓励大学教师加入国际学术网络，参与国际科研合作项目。[②]

从古巴共和国成立以来，古巴高等教育领域与欧洲交流密切，受到欧洲高等教育的诸多影响。古巴高等教育在地国际化的发展趋势也是在欧洲教育思潮的影响下形成的。然而，需要注意的是，在地国际化的概念生成于西方高等教育发展的现实情境，服务于西方国家的高等教育发展需求、政治发展议程和文化发展诉求。上世纪末，欧洲区域面临来自国际体系重构的结构性压力，欧洲区域多民族社会也导致欧洲人民缺失身份认同感，世界学术权

---

①　Villavicencio Plasencia M V, "Internacionalización de la educación superior en Cuba. Principales indicadores", *Economía y desarrollo*，Vol. 162，pp.49-72.

②　Villavicencio Plasencia M V, "Internacionalización de la educación superior en Cuba. Principales indicadores", *Economía y desarrollo*，Vol. 162，pp.49-72.

力中心的西移使西方学术界产生话语危机感，在此背景下，欧洲出现了"在地国际化"这一概念。因此，在地国际化无可避免地内嵌了西方的价值取向，具有"西方中心主义"的价值倾向，在提出之初便有学者对其适用性提出质疑。对于像加拿大、美国这类以多元文化为基本特征的移民国家，在地国际化的实施是一个"内发"的过程。而对于其他发展中国家来讲则不然。① 因此，在地国际化这一趋势是否适合当前古巴高等教育国际化的发展情况仍有待探讨。

---

① 　郑淳、闫月勤、王海超：《在地国际化的概念演进、价值指向及要素条件——基于欧洲地区高等教育一体化进程的思考》，《江苏高教》2022 年第 3 期。

# 第六章　拉丁美洲高等教育国际化政策的特征分析

本研究选取的四个案例国家巴西、墨西哥、智利和古巴，由于其具体国情和高等教育所处的发展阶段不同，各国所出台的高等教育国际化政策在实施主体、具体步骤和管理机制等方面存在一定差异，然而就四个国家现有政策的实施模式来看，体现出一些共同特征。

## 第一节　拉丁美洲高等教育国际化政策制定的特征

### 一、政府成为制定国际化政策的主导力量

这四个国家均未颁布高等教育国际化发展的纲领性文件，但是在其教育法、科学法、国家教育发展规划中提到了对高等教育国际化发展的要求。我们可以从这四个国家高等教育国际化的相关政策和文件中清楚地看到，各国都日益重视高等教育国际化对提升国家竞争力与国际影响力的重要作用。巴西、墨西哥、智利这三个国家战略文件总体上显示出强烈的新自由主义取向，国际化通常与响应全球市场的基本理念联系在一起，如智利将高等教育国际化的相关海外业务交由外交部下属的智利出口促进局进行统一管理。这四个国家作为高等教育国际化的新兴参与者，与发达国家不同的是，它们均未将高等教育国际化作为创收的工具，而是希望通过国际化作为引进人才和

外部智力的重要手段，加强人才储备，进而提升高等教育机构的国际声望，提高国家的国际竞争力。但是需要指出的是，受 1918 年科尔瓦多运动的影响，巴西、墨西哥和智利国家的大学拥有较高的自治传统，因此国家统一制定的高等教育国际化政策对大学国际化的发展仅具有指导性和服务性作用，这三个国家高等教育国际化的发展还是由学校自主把控。而古巴作为社会主义国家，其国际化进程由国家统筹管理。

与此同时，高等教育机构、第三方机构参与政策制定的程度也有所不同。智利大学校长委员会成为国际交流的重要推动力。大学校长理事会的 27 个成员校一直致力于与其他国家相应机构在学生培养、师资水平提升、科研项目联合攻关等方面的交流合作。大学校长委员会下设校长联盟国际关系委员会，具体负责组织和协调成员大学的国际交流与合作。巴西的高等教育国际交流与合作集中在具有较好国际声誉的公立大学，私立学校参与度有待提升。墨西哥的高等教育交流与合作的主体与智利、巴西相比，呈现出多元的样态。墨西哥各类高等教育机构、第三方机构等在墨西哥国际化进程中均表现活跃。古巴多由政府引领，高校参与的模式。

## 二、整合多部门协同合作和引入政策工具

高等教育国际化涉及一系列政策领域，不仅包括教育、国际关系、科学技术等部门，还涉及劳动力市场、金融、商业、健康等各类政策领域，在巴西、墨西哥、智利和古巴国家层面已经达成了共识，即高等教育国际化的实施与管理等相关问题具有复杂性，国际化相关的公共政策在很大程度上跨越了单一政府机构或部门。因此，上述四个国家都实行了多部门协同合作，共同推进高等教育国际化事务共同发展的措施。政府之间以及与大学和外部组织之间加强政策协调，将政府和非政府机构召集起来的协调措施为高等教育国际化的发展营造良好环境。智利的高等教育国际化工作主要由教育部、外交部、内政部、国家认证委员会、国家研究与发展局共同参与完成，实现教育国际化跨政府合作，有助于加强政策协调，为高等教育国际化提供有效支持。墨西哥教育部专门成立了国际关系总局，负责促进与加强墨西哥同其

他国家的科学、教育、文化、技术和艺术等领域的交流与合作。与此同时，国家科学与技术委员会、外交部下属的国际合作开发署以及高校联盟和国际组织都是高等教育国际化的重要推力者。对于巴西来说，教育部、科技创新部、外交部、内政部、大学联盟参与高等教育国际化事务。古巴由统领教育部、外交部等部门的上级单位古巴部长委员会、组织协会、高等教育机构参与推动高等教育国际化。

巴西、墨西哥、智利和古巴均将吸引国际高水平人才作为高等教育国际化发展的重要目标，吸引高水平人才，公共政策发挥着重要作用。自 20 世纪 90 年代以来，拉丁美洲四个国家相应开展高等教育国际化改革。但时至今日，这四个国家在世界范围内的影响力仍然不足，仍处在世界研究和知识传播的外围。[①] 因此，在吸引人才方面与欧美发达国家做法不同的是，拉丁美洲这四个国家不是在国际教育和移民领域引入类似的政策工具，采取多重机制吸引留学生毕业后留在东道国，参与全球人才竞争从而在全球经济中获得竞争优势[②]，而是在防止人才流失方面提供了更多的政策工具，譬如墨西哥的公派奖学金项目要求奖学金获得者学业结束后必须回国工作，墨西哥为在墨的外籍教师提供与本国教师同等的职称评定渠道和项目申请机会；巴西为留学回国人员提供创业平台；智利为在智利的外籍子女提供公民待遇等；而古巴则是努力开展"在地国际化"政策。

## 第二节　拉丁美洲高等教育国际化政策实施的特征

### 一、人员流动等成为国际化政策的主要发展路径

本研究中的四个案例国家高等教育国际化的发展路径主要为以下四个

---

① 胡昳昀：《欧拉高等教育区建设的动因、议程与成效——基于区域间主义的视角》，《比较教育研究》2020 年第 1 期。

② Y Riao，A Lombard，E Piguet，"How to Explain Migration Policy Openness in Times of Closure？ The Case of International Studentsin SwitzerlandJ"，*Globalisation Societies & Education*，Vol.3（2018），pp.295-307.

部分：第一，以学生和教师为代表的人员流动，其中国际学生流动是高等教育国际化最突出的表现，近年来教师的流动性也越来越受到重视。留学生在完成学业时相对来说已经能够较好地适应当地的文化，并已形成各自的专业网络，能够更轻松地融入当地经济。这四个国家将留学毕业生视为理想的高技能人力资本，吸引和留住高素质留学生正成为在全球经济中保持竞争力的先决条件。这四个国家的奖学金项目主要分为三类，主要包括：国家层面的公派奖学金，这类奖学金一般是由国家教育部和国家科学技术委员会发放的；区域层面的奖学金项目，这类奖学金又分为区域奖学金，如南方共同市场的奖学金、中美洲一体化奖学金，以及区域间奖学金，如欧盟伊拉斯谟＋项目，伊比利亚美洲奖学金项目，巴西与葡萄牙语国家共同体项目等。外国政府提供的奖学金，如中国留学基金委员会奖学金项目、德国学术交流中心奖学金项目、西班牙政府奖学金项目等。校际间奖学金，巴西、墨西哥和智利和古巴四个国家的高等教育机构与海外院校签署的奖学金项目。第二，高等教育项目和机构的跨境流动，双联项目、双学位、联合学位项目、特许经营项目和远程项目是主要的项目流动形式，海外分校为主要形式。第三，高等教育区域合作是四个国家高等教育国际化的新重点，21世纪随着拉丁美洲经济危机的褪去，这四个国家的综合国力不断增强，为了打造区域内的政治、经济领袖，加强区域合作、打造区域高等教育枢纽，成为新目标。第四，以"在地国际化"为核心的课程建构，不仅针对国际学生，也将"国际化"维度融入本国学生的教学中，课程理念、课程内容和课程实施都体现出国际化的内容。

## 二、提高人才培养质量与提升科研水平成为国际化政策的现实目标

从巴西、墨西哥、智利和古巴出台的国际化政策来看，尽管在总体目标上都是以推动高等教育国际化为导向，在现实目标上却大多以培养科技创新人才、提升科研实力为着眼点。巴西一是着力建设具有国际水平的研究生院，为巴西社会经济发展提供高素质的科研人才。二是整合国家资源在每个州建立一所高水平州立大学，提升地方高等教育机构的办学竞争力，提升国

际影响力。在人才培养方面，提高学生的语言水平，提升学生国际交流能力。墨西哥一直以提高高等教育质量为核心内容，进而推动高等教育机构的国际化发展。墨西哥先后出台了国家研究人员体系、教师素质提升计划、国家研究生质量计划等，从教师、研究人员到课程，全面确保人才培养质量。智利一是加强地方高等教育建设方面，内务部协助政府提高地方国际化程度，推动地方大学的高等教育国际化发展，提高地方高等教育机构的办学竞争力；二是在人才培养方面，大力推动智利高等教育机构与国际基础研究与尖端研究院所的合作，努力培养高科技创新人才。

在重点学科与项目的资助方面，巴西的旗舰项目"科学无国界计划"通过本科生、研究生和研究人员的国际流动，提升巴西科技创新力和竞争力，重点资助科学、技术、工程和数学（STEM）领域。墨西哥高等教育人才促进协调局的奖学金项目和科技创新部下属的国家科技发展委员会奖学金项目以资助重点学科为主要方式，资助对象为公立和私立大学研究生赴海外学习与交流，涉及的学科主要是健康、教育、能源、环境、通信工程等墨西哥重点发展专业。智利国家研究与发展局为在海外攻读前沿科学技术的研究生提供奖学金资助。

### 三、国际合作网络呈现多方向、多中心并存格局

一直以来，巴西、墨西哥、智利和古巴的合作网络较为单一，呈现出中心集中的格局，即主要合作伙伴集中在美国、法国、西班牙、英国等国家。但是，随着新兴经济体国家的兴起，以及世界格局的变化，这一走向正在发生变化，拉美这四个国家正在建立多方向和多中心的合作网络，既包括与传统教育强国的合作，也包括与发展中国家的合作。虽然，美国、法国、西班牙和英国等国家仍将是巴西、墨西哥、智利和古巴的首选合作国家，但多中心并存的局面渐趋显现，特别是向新兴经济体国家转移。新兴经济体国家在高等教育国际化格局中的吸引力将进一步增强。世界体系理论根据经济发展程度把世界不同国家划分为核心、半边缘和边缘三种类型。核心国家会通过各种途径保持其核心地位不受动摇，半边缘国家则以一种过渡性的方式

努力向核心移动。① 与世界经济结构一样，高等教育国际合作网络具有显著的核心—边缘结构。那些拥有其他国家所需的资源和知识以及占据更多"拉力"因素的经济强国往往处于高等教育合作网络的核心位置。而那些缺乏受教育能力和缺乏高技术以及占据更多"推力"因素的较不发达国家往往对合作伙伴的吸引力有限，只能留在边缘。巴西、墨西哥、智利和古巴都是高等教育国际体系中的半边缘国家，作为正在崛起的新力量，已经逐步成为边缘国家的重点合作对象。巴西已经成为南方共同体成员国国家最重要的教育合作伙伴，墨西哥正在打造中美洲的留学中心，智利由于其相对优质的高等教育资源，吸引来自其邻国阿根廷、秘鲁、哥伦比亚等国的留学生，古巴则致力于提升其在加勒比地区影响力。

与此同时，在逆全球化和保护主义蔓延的背景下，这四个国家也在不断打造区域合作品牌。究其原因，一是区域组织、区域集团以及区域经济一体化极大地推动了区域教育合作。南方共同市场、中美洲一体化、巴西与葡萄牙语国家共同体等对本区域内的高等教育合作具有显著推动作用。随着区域间高等教育合作进程不断深入以及相关政策的陆续出台，区域间高等教育合作也更加频繁，如欧盟与墨西哥、巴西、智利和古巴。

---

① ［美］伊曼纽尔·沃勒斯坦：《现代世界体系》第一卷，郭方译，高等教育出版社 1998 年版，第 399—459 页。

# 第七章　中国与拉丁美洲高等教育合作的成效与挑战

　　由于历史与地缘政治等多方面因素，拉丁美洲是中国建交最晚的一个区域，但也是进入 21 世纪以来中国对外关系发展最迅速的区域。拉丁美洲作为发展中国家和新兴市场国家的集中区域，是中国推动世界多极化的重要力量和共建人类命运共同体的重要伙伴，因此拉丁美洲已经成为中国亟待加强并且重点突破的"南南合作"伙伴。中拉合作一直秉承着经贸先行、全面发展的合作原则，高等教育交流与合作作为中拉友好往来不可或缺的一部分，是中拉关系发展的基础以及延伸。尤其是 2008 年中国政府颁布对拉美的第一部政策文件《中国对拉丁美洲和加勒比政策文件》之后，中拉教育合作被提升到了重要位置。①

## 第一节　中拉高等教育合作与交流的发展与需求

　　1960 年为中拉教育关系的重要"突破"年，该年古巴与中国建交，是新中国成立后第一个建交的拉美国家。经历 60 年的发展，中拉教育交流与合作取得了很大进展，但是需要注意的是，无论是合作规模还是合作深度，

---

① 胡昳昀、赵灵双：《中国和拉美教育交流与合作 60 年：进展、问题及策略》，《比较教育研究》2020 年第 12 期。

中拉教育交流与合作的发展明显滞后于中拉政治经济关系的发展，教育合作没有达到其应有的规模，这说明中拉教育仍存在很大的合作空间。

## 一、中拉高等教育交流与合作的历史进程

中国与拉美国家关系发展作为中国对外关系发展的一部分，其发展路径与中国对外关系史具有一定的契合度，教育合作发展史也不例外。19世纪末 20 世纪初，中国与一些拉美国家建立了外交关系。但是当时中国国际地位低下以及国内战乱频繁，因此中国与拉美的交流进展缓慢。教育领域合作成果甚微，只有 1946 年中国与巴西签署了《中国巴西文化专约》，专约规定："缔约双方对于凡系属其本国人民之学生、专家与技术人员之交换，应予以便利……应于巴西首都创设一研究东方学术之大学巡回讲座，并于中国首都创设一研究巴西学术之同样讲座。"[①] 1949 年新中国成立后，中拉关系才逐步进入正常发展轨道。大致来说，中拉教育合作与交流可划分为三个阶段，即第一阶段 1949 年至 1969 年合作艰难突破期，第二阶段 1970 年至 1999 年合作高速开拓期，第三阶段 2000 年至今合作跨越发展期。

（一）合作艰难突破期（1949—1969 年）

新中国成立之初，中国实行"一边倒"的外交政策，拉美国家加入以美国为主导的西方阵营。[②] 东西方对抗抑制了中拉关系的发展，中拉教育合作与交流经历了极其困难的 10 年。1960 年为中拉关系同时也是中拉教育关系的重要"突破"年，该年中国与古巴建交，是新中国成立后第一个建交的拉丁美洲国家。借此利好机会，中国总结了 10 年来中拉合作经验，颁布了对拉丁美洲首部政府文件《外交部关于拉丁美洲形势和开展对拉丁美洲工作的意见》，在该意见中提出了未来一段时间中国对拉丁美洲的民间交往活动政策，其中包括扩大文化交流策略，"指定国内某些大学同拉丁美洲各国有

---

① 《中华民国史档案资料汇编》第五辑，江苏古籍出版社 2000 年版，第 824—825 页。
② 贺双荣：《中国与拉丁美洲和加勒比国家关系史》，中国社会科学出版社 2016 年版，导言第 7 页。

名的大学建立联系，相互交换留学生；加快语言人才队伍培养的问题。"[1] 同年，周恩来总理接见智利教育代表团一行，双方达成口头教育交流合作协定，次年中国向智利派遣 3 名留学生学习西班牙语，这是新中国成立后中国派往拉丁美洲的第一批留学生。1964 年中古之间签订交换留学生协议，我国选派高中毕业生到古巴的大学学习西班牙语。同时，为了进一步加深对拉丁美洲的认知，北京大学、复旦大学、北京师范大学、南开大学分别开设了拉丁美洲史课程研究，中国科学院设立拉丁美洲专门研究机构拉丁美洲研究所。虽然这一时期中拉教育合作与交流规模小，合作形式单一，但却拉开了中拉教育与交流的序幕。

（二）合作高速开拓期（1970—1999 年）

自 20 世纪 70 年代起，随着中美关系的缓和，中国加入联合国，中国与拉丁美洲外交合作进入高速发展期，1970 年至 1999 年间中国先后与智利、秘鲁、墨西哥、巴西、哥伦比亚等 17 个拉丁美洲国家建立外交关系，建交国数量超过了拉丁美洲国家总数的一半，中拉双方也开始积极探索教育合作与交流的可能性。

这一时期，中国改变了"一边倒"的革命主义外交理念，根据毛泽东主席提出的以国家利益为导向的"三个世界"外交理论为践行依据，特别是 1978 年改革开放后，中国坚定奉行"独立自主的和平外交政策"，最大程度谋求有利于经济发展的国际和平关系。同时，拉丁美洲各国发出呼吁"必须用一个声音对付工业大国"[2]，并认同第三世界国家的立场。共同的国家定位拉近了中拉间的距离。中拉关系也得到了高速发展，中拉高等教育合作与交流也逐渐增加，并朝更加"务实"的方向发展。首先，中拉加强语言合作，通过增加奖学金的方式推动中拉区域间的人员流动。1985 年，中国和巴西签署了《中华人民共和国政府和巴西联邦共和国政府文化教育合作协定》，中巴努力促进双方大学机构间的交流，在双方国家的大学开设各

---

[1]　孙洪波：《中国对拉美民间外交：缘起、事件及影响》，《拉丁美洲研究》2014 年第 3 期。

[2]　肖楠：《当代拉丁美洲政治思潮》，东方出版社 1988 年版，第 28 页。

自语言、文化课程，为对方提供留学生奖学金名额等。①1988 年，中国与乌拉圭签署了《中华人民共和国和乌拉圭东岸共和国政府文化教育合作协定》，协定中涉及中乌政府互相向对方国公民提供奖学金事宜，以及将进一步商榷便于承认同等学力证明、教学证件、职衔和学位等协定。②1991年，中国与秘鲁政府签订了《中华人民共和国政府与秘鲁共和国政府关于互相承认高等学校的学位和学历证书的协定》，这是中国和拉丁美洲国家之间的第一份学位、学历互认协议。1997 年，中秘政府进一步加强文化教育交流合作，签署了《中华人民共和国和秘鲁共和国政府 1997—1999 年度文化交流计划》，在奖学金制度、汉语教师派遣、建立校际间师生流动等方面达成共识。③1995 年，中国与古巴签订了《中华人民共和国教育部与古巴共和国高等教育部、教育部交流协定》。其次，中拉逐渐重视教育科学领域的合作，通过科学领域的合作为双方经济发展提供技术支撑，中国分别同阿根廷、智利、哥伦比亚、巴西、厄瓜多尔、秘鲁、圭亚那等十多个国家签署了《科学技术合作协定》，在农业、医学、环境、航空航天等领域开展合作。同时还依据不同国家的科学技术优势，签订了专项教育科学协定。

（三）合作跨越发展期（2000 年至今）

进入 21 世纪，中国又陆续与哥斯达黎加、巴拿马、尼加拉瓜等 7 个中美洲和加勒比国家建交，截至 2021 年，中国已与 25 个拉丁美洲国家建立了外交关系。这一时期，中国政府提出要从战略高度重视拉丁美洲，中国与拉丁美洲各国开始积极探索教育领域合作的新内容与新形势，尝试向多主体、多层次的特征发展，中拉教育合作与交流进入了跨越式发展时期，这不仅反

---

① 中华人民共和国外交部：《中华人民共和国政府和巴西联邦共和国政府文化教育合作协定》，1985 年版，第 2 页。

② 中华人民共和国外交部：《中华人民共和国和乌拉圭东岸共和国政府文化教育合作协定》，2021 年 5 月 17 日，见 http://m.110.com/fagui/10680.html。

③ 中国拉丁美洲研究网：《中国与秘鲁共和国的关系》，2007 年 7 月 14 日，见 http://ilas.cass.cn/xwzx/jjzlgx/xbgx/nmzdq/ml/200707/t20070714_2263601.shtml。

映出当今世界新兴市场国家和发展中国家群体性崛起的时代浪潮①，也是南南教育合作的新机遇。

这一时期中拉高等教育合作的最主要的特点是，中拉政府区域间的统领性教育合作协议增多，这些协议为中拉教育合作提供了战略方向与政策指导。2008 年中国政府颁布了对拉丁美洲的第一部政策文件《中国对拉丁美洲和加勒比政策文件》，这也是中国继欧盟和非洲之后颁布的第三份区域性政策文件，其中第四部分"全方面合作"中提到加强双方教育科研领域合作，推动学历学位互认协议的签订，增加对拉政府奖学金名额。②2015 年中国颁布了第一个对拉丁美洲中长期规划《中国与拉美和加勒比国家合作规划（2015—2019)》，该文件对中拉教育合作做出了具体的规划，其中包括增加对拉丁美洲奖学金数量，加强拉丁美洲人员培训，促进中文、西班牙语、葡萄牙语语言人才培养等。③2016 年中拉双方签署了最新的《中国对拉美和加勒比政策文件》（全文），在第一份合作内容基础上，特别强调了要加强中拉教育领域交流、流动性研究项目以及教育部门和教育机构间合作，加强人力资源开发、能力建设和各领域合作，积极开展职业教育交流合作，并继续增加向拉丁美洲和加勒比国家提供政府奖学金名额。④2018 年中国颁布了第二部对拉丁美洲规划《中国与拉共体成员国优先领域合作共同行动计划（2019—2021)》，在该阶段中国将继续增加对拉丁美洲政府奖学金数量，加强中拉大学和智库在学术、研究和发展领域的交流与合作，着重加强中拉思想文化的研究。⑤2021 年 12 月，中国—拉丁美洲和加勒比国家共同体论坛第三届部长会议通过线上方式举行，论坛上颁布了最新的中拉合作规划《中国—拉共体成员国重点领域合作共同行动计划（2022—2024)》，在未来三

---

① 新华社：《王毅谈习近平出访拉美：把握新机遇开启新里程》，2014 年 7 月 25 日，见 http://www.xinhuanet.com/world/2014-07/25/c_1111806453.htm。

② 中华人民共和国外交部：《中国对拉丁美洲和加勒比政策》，2008 年版，第 5 页。

③ 中华人民共和国外交部：《中国对拉丁美洲和加勒比政策》，2008 年版，第 5 页。

④ 中华人民共和国外交部：《中国对拉美和加勒比政策文件》，2016 年版，第 6 页。

⑤ 中华人民共和国外交部：《中国与拉共体成员国优先领域合作共同行动计划》，2018 年版，第 5 页。

年内，中拉双方将加强高等教育机构、研究院所、智库间交流，开展师生、学术等多种形式的交流合作，加强国别和区域，特别是妇女领域合作；中国将在2022年至2024年间向拉共体成员国提供5000个政府奖学金名额和3000个培训名额；中拉将继续举办中拉智库论坛、中拉高级别学术论坛，视情举办中拉大学校长论坛，促进性别平等受益；中拉还将继续推进青年领导人交往，落实好"未来之桥"中拉青年领导人千人培训计划，举办好中拉青年发展论坛；中国还将支持拉共体成员国开展中文教育，助力中文纳入成员国国民教育体系，基于互惠基础上在拉开办孔子学院或孔子课堂。①

此外，2015年中国与拉丁美洲和加勒比国家共同体论坛（以下简称"中拉论坛"）建立，中拉论坛的建立标志着中拉教育合作与交流进入整体合作和双边合作并行互促的新阶段，为中拉教育的制度性合作奠定了基础。

## 二、推动中拉教育合作与交流的现实需求

中拉教育合作与交流的形成不是单方推动的，而是双方共同促成的。因此在分析促进其合作形成的内外动因时，将以中拉共同的历史和文化使命为基础，兼顾双方经济、政治、社会等多方面因素进行考量。

### （一）建立中拉对外关系发展的民众基础

中国和拉丁美洲各国都是发展中国家，拥有十分相似的历史遭遇和发展诉求，比如都曾遭遇过西方列强殖民或半殖民统治，"经济都不发达，都有要求发展经济的愿望；所有亚洲、非洲、拉丁美洲国家的共同历史任务，就是争取民族独立，发展民族经济和民族文化。"② 因此，中拉双方不存在根本的利益冲突，都希望与其他国家和平相处，发展平等互利的合作关系。"国之交在于民相亲，民相亲在于心相通"，因此中拉之间的合作基础是"人"之间的交流。然而，中拉民众对彼此的认知严重不足甚至存在偏

---

① 中华人民共和国驻圭亚那合作共和国大使馆：《中国—拉共体成员国重点领域合作共同行动计划》，2021年12月13日，见http://gy.china-embassy.org/sgxw/202112/t20211213_10469233.htm。

② 《毛泽东外交文选》，中央文献出版社1994版，第336页。

差，学者们普遍认为造成这一现象的主要原因是拉丁美洲的历史因素和文化形成使得拉丁美洲人对外来者采取怀疑和忧虑态度；拉丁美洲文化是以西方占主导的混合文化，与中国文化差异巨大；西方媒体在拉丁美洲社会中的主导性以及中国对外传播能力的滞后性等。① 而这一切又可归因为"人"的交流不足。教育合作恰实现了人民之间的交流，通过到彼此国家的学习得到的切身体验，有助于不断加深对彼此的历史、文化、传统习俗、生活方式、思维方式、价值观等方面的认知，促进中拉人民间的认知与互信，增信释疑。

（二）提升国家形象和影响力

英国政治和经济学家戴维·赫尔德（David Held）认为，全球化反映了一种广泛的认识：在经济力量和技术力量的推动下，世界正在被塑造成一个共同分享的社会空间；在全球一个地区的发展能够对另一个地区的个人或社群的生活机会产生深远影响。② 同时，在信息化时代中，人们获取知识信息的途径越来越便捷，信息传播的屏障也越来越小，人们对于物质直接作用的冲击力越来越小，反之观念和认知的冲突越来越大。我们生活在一个越来越透明、合作越来越紧密的社会里，在这里知识、文化、思想、意识、价值观以及理念发生碰撞和融合，有些被大家接受形成了共同的价值、标准和模式，但是也有一部分由于社会、历史和政治等多种原因被摒弃或者"妖魔化"。在全球信息化时代中，教育已经被视为促进民族凝聚力和创造力的重要工具，同时也是政治价值和外交政策的重要内容。通过教育合作为拉丁美洲优秀的学生提供奖学金，着重培养一批"知华""友华"的拉丁美洲青年领袖，有助于提升中国在拉丁美洲的国家形象和影响力。同时，国家影响力的提升还可以加强中国在地区及全球战略层面的合作，提升中国的国际地位，推动全球治理体系的变革。

---

① 郭存海：《中国的国家形象构建：拉美的视角》，《拉丁美洲研究》2016 年第 10 期。

② ［英］戴维·赫尔德等：《全球大变革：全球化时代的政治、经济与文化》，杨雪冬等译，社会科学文献出版社 2010 年版，第 1 页。

### （三）促进中拉政治和经贸关系的发展

教育合作为中拉政治经济关系的可持续性发展提供支撑。首先，中拉关系的稳定发展为双方提供了有利的国际环境，如中国恢复联合国合法地位就获得了包括拉丁美洲在内的第三世界国家的支持。如今中国外交战略转型时期，更希望同拉丁美洲国家在治国理政方面进行经验交流与借鉴，构建"携手共进的命运共同体"。同时，拉丁美洲也希望借助中国的力量，平衡美国以及其他西方国家在该区域的影响力。其次，教育合作有利于人力资本的培养，为国家经济发展提供智力支持。过去几十年，世界经济的中心开始从世界传统强国向新兴经济体倾斜，拉丁美洲各国在参与财富转移的过程中，对人口的竞争力和创新力需求增加。当前，拉丁美洲 50% 的正规公司存在找不到具备所需技能的劳动力，而这一情况在经合组织国家为 36%。[①] 因此，中拉通过教育合作，加强对拉丁美洲人员的职业教育和培训，缩短拉丁美洲人才培养与经济和企业需求之间的差距，解决用人单位技能型人才短缺的问题，为中国"走出去"的海外战略以及为当地经济的发展提供人才保障。再次，通过教育合作，有助于中拉双方更好地把握彼此的政治经济的走向以及行为方式，从而促进双方更加务实的合作。

### （四）推进中拉教育自身能力建设和国际化进程

传统的国际高等教育合作模式分为三种：一是全球北方大学为全球南方学生提供免费学位；二是在全球南方国家建立北方标准的高等教育机构；三是提供在线教育，为学生提供不需要物理移动的国际流动机会。这三种模式都包含了某种北方国家的标准向南方国家转移的含义[②]，在某种程度上隐含着双方关系不对等。自 20 世纪 90 年代以来，拉丁美洲各国为了应对高等教育国际化的发展已经开始改革，但不得不说的是拉丁美洲区域的高等教育在

---

① 经济合作与发展组织发展中心、联合国拉丁美洲和加勒比经济委员会、CAF—拉丁美洲开发银行主编：《拉丁美洲经济展望》，唐俊等译，社会科学文献出版社 2017 年版，第 10 页。

② S.A. Rye, "The Educational Space of Global Online Higher Education", *Geoforum*, Vol. 51 (2014), pp.6-14.

世界范围内影响力不足，时至今日拉丁美洲教育仍然处在世界研究和知识传播的外围。① 与发达国家以及发展中国家（如中国）相比，拉丁美洲在学生教职人员流动、国际化课程设置、机构管理等方面存在明显差距，缺少系统性发展策略。目前，只有巴西、墨西哥、智利、古巴等为数不多的拉丁美洲国家将高等教育国际化列为国家教育发展战略。多数高等教育机构尚未建立具有独立管理权力的国际事务办公室，人员多为借调，流动性大，专业水平低，因此无法独立制定高等教育机构国际化战略发展方针与政策，制约了学校国际化水平。② 这些都说明拉丁美洲区域高等教育机构的相关决策者对国际化的创新、质量和变革走向缺少经验和认识。国际合作可以提升拉丁美洲高等教育机构国际化水平，搭建便于拉丁美洲区域与世界其它国家高等教育机构、专家和学者进行信息与经验交流的平台，同时推动学生、教师和科研工作者的流动，扩大知识和文化传播范围，缩短拉丁美洲各国之间以及与其他国家间高等教育的水平差距。③ 对于中国来说，自改革开放以来，我国的高等教育合作与交流已经得到了长足的发展，并开始向高水平教育对外开放迈进，但在现实中我国仍存在教育制度缺失、混乱、虚设，教育政策难以落地的问题。如至今有关教育行政部门没有出台有关双学位、多学位和联合学位的具体政策和管理办法，使我国在这方面的国际合作受到掣肘。④ 中拉作为南南合作的代表，奉行团结平等、互利互惠和双赢的原则，因此中拉高等

① [墨] 若瑟兰·加塞尔·阿维拉、[哥] 伊莎贝尔·克里斯蒂娜·哈拉米略、[加] 简·奈特、[德] 汉斯·德维特：《拉丁美洲的道路：趋势、问题和方向》；[德] 汉斯·德维特等：《拉丁美洲的高等教育：国际化的维度》，李锋亮等译，教育科学出版社 2011 年版，第 319 页。

② [墨] 若瑟兰·加塞尔·阿维拉、[哥] 伊莎贝尔·克里斯蒂娜·哈拉米略、[加] 简·奈特、[德] 汉斯·德维特：《拉丁美洲的道路：趋势、问题和方向》；[德] 汉斯·德维特等：《拉丁美洲的高等教育：国际化的维度》，李锋亮等译，教育科学出版社 2011 年版，第 329 页。

③ [墨] 若瑟兰·加塞尔·阿维拉、[哥] 伊莎贝尔·克里斯蒂娜·哈拉米略、[加] 简·奈特、[德] 汉斯·德维特：《拉丁美洲的道路：趋势、问题和方向》；[德] 汉斯·德维特等：《拉丁美洲的高等教育：国际化的维度》，李锋亮等译，教育科学出版社 2011 年版，第 329 页。

④ 胡昳昀、刘宝存：《国际比较视野下的中国教育软实力》，《教育研究》2021 年第 10 期。

教育合作意味着平等关系下的相互学习。

## 第二节　中拉高等教育交流与合作的成效与问题

### 一、中拉高等教育交流与合作取得的成效

纵观中国和拉丁美洲的教育交流与合作历程，中拉已经在高层制度建立、人员交流、语言推广以及科研合作等领域取得了一些进展。以高层制度为引领的顶层设计已经在上一节中拉高等教育交流与合作的历史进程中做了详细说明，因此本部分对人员交流、语言推广以及科研合作做重点分析。

（一）促进教育交流，互派留学生规模持续增长

学生流动是中拉教育交流与合作最为重要的组成部分，中拉不断加大互派留学生的奖学金力度，公派留学生数量不断增加，同时随着中拉对彼此认知的不断深入，自费留学生的数量也大幅增加。

20 世纪 60 年代初，中国派出了第一批 150 名学生赴古巴学习西班牙语，自此拉开了中拉学生交流的大幕。但后因中苏关系分裂，中古教育合作终止，20 世纪 80 年代教育合作恢复，但是学生交换数量极少。2004 年中国与古巴签订了《教育交流协定》，古巴为中国学生每年提供 20 个奖学金名额，中国向古巴提供 30 个奖学金名额。2006 年，双方分别将奖学金数量增加到 100 个。① 除古巴外，拉丁美洲其他国家陆续与中国签订互派留学生的政府间协议。如墨西哥，1972 年与中国建交后每年向中国提供 20 个政府奖学金名额，这一政策延续至 20 世纪末。中国许多前驻拉丁美洲外交官、拉丁美洲研究人员、高校西班牙语教师都曾获得过该奖学金到墨西哥留学。2005 年，中国和墨西哥分别提高奖学金数量，中国每年向墨西哥提供 32 个奖学金，墨西哥每年向中国提供 30 个奖学金。2013 年 6 月习近平

---

① Adrian H. Hearn，"China's Social Engagement Programs in Latin America"，*Journal of Iberian and Latin Research*，Vol. 2（2013），pp.239-250.

主席出访墨西哥期间，双方签订了《中华人民共和国和墨西哥合众国联合声明》，未来三年中方向墨西哥提供至少 300 个政府奖学金。① 2012 年，中国和巴西在教育合作对话会上达成共识，在未来三年内巴西政府通过"科学无国界计划"（Ciência sem Fronteiras）向中国派遣 5000 名留学生，攻读自然、工程、医学等领域。② 同时，中国政府也在不断加大对拉丁美洲整个区域的奖学金力度，在对拉丁美洲的两份文件中《中国与拉美和加勒比国家合作规划（2015—2019）》和《中国与拉共体成员国优先领域合作共同行动计划（2019—2021）》，提出中国在 2015—2019 年间以及 2019—2021 年间分别向拉丁美洲发放 6000 个政府奖学金名额。

截至 2018 年，中国已经向 31 个拉丁美洲国家提供了政府奖学金，来华留学的拉丁美洲学生数量增长迅速，从 2002 年的 588 人增加至 2018 年的 10241 人，增加近 18 倍。③ 其中，获得中国政府奖学金的人数也从 2002 年的 163 人增加至 2018 年的 2076 人。④ 截至 2020 年，中国已经分别与秘鲁、古巴以及墨西哥签订了《中华人民共和国与秘鲁共和国政府关于互相承认高等学校的学位和学历证书协定》《中华人民共和国和古巴共和国政府关于高等教育学历、文凭、证书的互认协议》以及《中华人民共和国政府和墨西哥合众国关于学生继续学习而互相承认学历、文凭、学位的协议》，为进一步推动中拉学生流动提供了制度保障。

（二）推广语言教学，人文交流不断加强

语言作为文化资源的一部分，是文化的载体和文化存在的标志。语言教育成为宣传本国文化，使他国人民对本国文化产生亲近感的重要手段，也是中拉人员合作的必备技能，因此中拉自然将语言教育视为中拉教育交流与

① 新华网：《中华人民共和国和墨西哥合众国联合声明》，2013 年 6 月 5 日，见 http://www.xinhuanet.com/world/2013-06/05/c_116042630_3.htm。
② Guiado Estudante：Ciência sem Fronteiras abre 5 mil vagas na China para estudantes brasileiros，2012 年 6 月 22 日，见 https://guiadoestudante.abril.com.br/universidades/ciencia-sem-fronteiras-abre-5-mil-vagas-na-china-para-estudantes-brasileiros/。
③ 教育部国际合作与交流司：《2018 来华留学生简明统计》2018 年版，第 147—148 页。
④ 教育部国际合作与交流司：《2018 来华留学生简明统计》2018 年版，第 288—289 页。

合作的基础。中国对拉丁美洲汉语推广以及孔子学院建设增长迅速。2002年中国向哥伦比亚派遣首位汉语教师，2006年在墨西哥成立首家拉丁美洲孔子学院，截至2020年，中国已在24个拉丁美洲国家设立了43所孔子学院和7个孔子课堂，注册学员累计达5万人。①2004年，智利成为第一个与中国签订教育合作谅解备忘录的国家，自备忘录签订以来，中国陆续向智利派遣汉语教师和志愿者。2009年，汉语被纳入智利中等教育阶段选修课体系，智利成为首个将汉语教育列入国家教育体系的拉丁美洲国家。② 在智利，汉语也已经成为继英语之后的第二外语。巴西是孔子学院发展最迅速、受益人群最广的拉丁美洲国家，目前巴西拥有11家孔子学院和3个孔子课堂，累计培养学员达到2万人，占拉丁美洲孔子学院/课堂学员总数的40%。③秘鲁是最有中华文化传播基础的拉丁美洲国家，在秘鲁华人占秘鲁总人口的3%—4%，秘鲁里卡多·帕尔马大学（Universidad Ricardo Palma）孔子学院开设了南美第一个中西语言翻译专业，并在国际贸易系和翻译系开设了汉语选修课。

在中文"走出去"的同时，中国也在不断探索将西班牙语和葡萄牙语"引进来"之路。中国已与拉丁美洲一些国家开展了西班牙语和葡萄牙语的推广活动。巴西先后向开设葡萄牙语专业的中国大学和研究机构，如北京大学巴西研究中心、中国传媒大学等派葡萄牙语老师。巴西教育部与中国教育部合作，共同授权在中国传媒大学开设巴西葡萄牙语水平测试试点。在西班牙语语言推广中，除了西班牙政府主导拉丁美洲各国参与的塞万提斯学院外，为了满足中国对西班牙语人才的需求，中国开设西班牙语的高等教育机构不断增加。截至2019年，中国开设西班牙语专业院校为96所，其中本科

---

① 汉办：《孔子学院/课堂》，2021年5月17日，见 http://www.hanban.org/confuciousinstitutes/node_10961.htm。

② Ministerio de Educación：Programa Inglés Abre Puertas，2021年5月17日，见 https://ingles.mineduc.cl/ensenanza-chino-mandarin/。

③ 国家汉办：《荣光十载：汉语之花盛放巴西——记巴西圣保罗州立大学孔子学院十周年庆典》，2018年10月4日，见 http://www.hanban.edu.cn/article/2018-10/04/content_747826.htm。

院校 74 所，是 1999 年的 8 倍；在校生人数在 2 万人左右，是 1999 年的 40 余倍。[①] 中国教育部最新修订版《普通高中课程方案和语文等学科课程标准》中将西班牙语列为高中第一外语课程，中国第一次将西班牙语纳入中学课程体系。

**（三）逐步建立科研合作机制，合作水平不断提升**

科技合作日益受到中拉之间的重视，21 世纪以来，中拉间的科技合作从一般性的交流、互访向全方位、宽领域、多元化合作转变，并且合作机制日益完善。20 世纪 90 年代以前，中拉科技合作较为单一。古巴是第一个与中国签订技术合作协定的拉丁美洲国家，也是 20 世纪 60 年代唯一与中国开展科技合作的拉丁美洲国家，合作领域主要集中在石化、冶炼、甘蔗烟草种植、土壤等研究领域。70 年代至 90 年代，中国陆续与智利、阿根廷、委内瑞拉、哥伦比亚、巴西、秘鲁和玻利维亚等国签署了政府间科技合作协定，但是实际合作不多。1999 年可谓是中拉科技合作关系的转折年。这一年，中国和巴西联合研制的第一颗地球资源卫星发射成功，卫星发射的成功增加了中国在拉丁美洲领域继续扩宽科研合作的信心，也加深了拉丁美洲对中国科研实力的了解。自此，中拉科技合作从中低技术逐渐向高新技术领域合作转型。截至 2019 年，中国和巴西共联合研制发射了 7 颗地球资源卫星，该项目被誉为"南南科技合作"的典范。[②] 中国和巴西除了继续加强卫星领域的合作，中巴将农业科学、农业能源、可再生能源、生物技术和纳米技术确定为优先合作领域。除巴西外，中国还根据拉丁美洲各国科技特色，与拉丁美洲其他国家开展了互补性科技合作。由于拉丁美洲各国科技特色各异，因此中国在与拉丁美洲开展科技合作时，领域也不尽相同。如中国与墨西哥的科技合作主要聚焦在农业、渔业、矿业、石油化工、邮电通讯、水产养殖、中医、农村发展、社会发展和自然科学等领域；与阿根廷的合作主要聚焦在

---

① 中国社会科学网：《西班牙语人才报告：中拉合作为西语人才提供发展平台》，2017 年 1 月 19 日，见 http://www.cssn.cn/hqxx/201701/t20170119_3390147.shtml。

② Henrique Altemani de Oliveira，"China-Brasil：Perspectivas de Cooperación Sur-Sur"，*Nueva Sociedad*，Vol. 203（2006），pp.138-147.

天文、农业等领域；与智利的合作主要为地震、天文、南极考察等；与委内瑞拉的合作主要集中在卫星领域；与古巴的合作为生物技术领域等。截至2020年，中国已经在巴西建立了科技处，在墨西哥、古巴、智利和哥斯达黎加建立了科技组。中国与巴西、墨西哥、哥伦比亚等13个拉丁美洲国家签署了政府间科技合作协定，与巴西、墨西哥、智利等9个国家建立了科技混委会机制。2015年中拉科技创新论坛成立，该论坛为中拉论坛框架下的重要专业领域分论坛之一，为中拉科技交流与合作提供了重要的交流平台。

基于多年的合作，中拉在学术科研论文发表方面也呈现出明显增长趋势，从2006年至2016年间，中拉合作发表在SCI和SSCI期刊上的论文数量从258篇增至1692篇，巴西是中国论文合作的主要国家。中国科学院是中国与拉丁美洲科研合作的主要力量。以中国科学院为例，2007—2016年间，中国科学院与拉丁美洲合作论文占中拉论文合作总量的1/3，主要合作国家为巴西、哥伦比亚、智利、阿根廷和墨西哥。[①]

### 二、中拉高等教育交流与合作存在的问题

经过60年的合作发展，中拉教育交流与合作取得了阶段性成果，但存在着学生流动规模较小，科研合作有待深化，人力资源和技术培训领域有限，中国对拉丁美洲认知不足等问题，阻碍了中拉教育交流与合作的进一步发展。

#### （一）学生流动规模较小

尽管中拉对青年到对方国家或区域学习给予了支持，中拉留学人员的规模也有所增加，但从整体来看中拉人员流动规模较小。以2018年为例，拉丁美洲国家和地区来华留学生人数10241人，仅为来华留学生总数的2.08%。[②] 其次，中拉留学人员的层次偏低，高层次科研人员流动与合作较少。2018年在中国高校就读的拉丁美洲留学生，进修生数量占留学总人数

---

① 童婷、孙辉：《拓展新时期拉美科技合作——以中国科学院对拉美地区科技合作为例》，《中国科学院院刊》2018年第9期。

② 教育部国际合作与交流司：《2018来华留学生简明统计》，2018年版，第8页。

的 60%，专科生 0.2%，本科生 21.8%，硕士和博士研究生为 18%。① 从国别分布分析，与中国人员流动较为密切的国家为墨西哥、巴西、哥伦比亚、委内瑞拉等国，以 2018 年为例，墨西哥（1540 人）、巴西（1463 人）和哥伦比亚（879 人）来华留学人数位列拉丁美洲前三，三国留学人数之和占拉丁美洲来华留学生总数的 37%。中国与这三个国家经贸关系以及人文交往最为密切，墨西哥、巴西和哥伦比亚是中国在拉丁美洲前五大贸易伙伴；且中国在这三个国家开设孔子学院的数量也最多，在巴西开设了 11 家孔子学院、墨西哥 5 家、哥伦比亚 3 家。但是，中国同中美洲国家以及加勒比国家的教育交流与合作匮乏，如中美洲的尼加拉瓜、洪都拉斯、萨尔瓦多，加勒比区域的海地、特立尼达和多巴哥等，这些国家来华留学人数均不足百人。

此外，虽然中国已与拉丁美洲 19 个国家签订了近 60 项政府间、教育部间教育合作协议、执行计划②，但是截至 2020 年，中国仅在墨西哥成立了教育组负责教育交流事务，而在其他国家的教育交流事务仍被纳入文化处进行综合管理。从每年中国赴拉丁美洲留学生人数统计工作可见一斑，因为缺少专门负责教育工作的专业性人员，中国驻拉丁美洲国家的留学生数据收集工作始终存在滞后性以及不完整性，因此很难获得准确的中国赴拉丁美洲留学生人数、层次、就读专业、院校等基础信息。此外，中国与拉丁美洲各国高校间共签署了多少份合作协议，合作领域有哪些，进展如何，也不得而知。信息的缺失不利于中拉教育合作的务实对接和协议的有效履行，这些都说明了中拉教育合作尚未得到有效落实，也未得到中拉间的充分重视。

（二）科研合作有待深化

首先，研究人员流动有限。每年高层次来华留学生比例较低，以 2018 年为例，来华攻读硕士以上学历的拉丁美洲留学生比例仅为 18%。从两国学者的流动方面，虽然中国以及拉丁美洲主要国家如巴西、墨西哥都实施了引智计划，斥资邀请外国专家到本国从事科研活动，但是从目前情况看，无

① 教育部国际合作与交流司：《2018 来华留学生简明统计》，2018 年版，第 147—148 页。
② 中国教育部国际司美大处内部资料。

论是在中国工作的拉丁美洲学者，还是在拉丁美洲工作的中国学者，数量都很少。中国科学院的外籍院士名单中，仅有巴西数学家雅各布·帕里斯（Jacob Palis）一人在列。其次，合作领域较为集中。中拉仍是关注较为成熟的合作领域，如卫星通信、天文、农业、医药、核能合作等，而对较为有前景的、尚需孵化的技术，中拉鲜有涉及。第三，合作国家主要集中在巴西、墨西哥、阿根廷和智利经济体量排名拉丁美洲前四的国家。根据世界银行的数据，哥斯达黎加和巴拿马的高科技出口额仅次于墨西哥和巴西，位列拉丁美洲第三和第四位。[①] 中国与教育水平、科技水平名列拉丁美洲前列的哥斯达黎加和巴拿马合作较少。第四，目前中拉的科研交流合作主要依托政府间的合作项目，尤其是中国政府推动的科研项目。如2015年《科技部关于征集2016年度中国—拉共体政府间联合研发实验室项目的建议通知》，2017年《2017年中拉青年科学家交流计划》等，高校间以及校企间的合作项目较少。

（三）人力资源和技术培训项目有限

自2006年起，中国开始扩大了对拉丁美洲人力资源和技术培训，以促进拉丁美洲自主能力的提升。培训项目主要涉及农业、矿业、贸易、管理等领域，开设了农业技术、贸易与投资、经济体制改革、外交官文化等20余门培训课程。由国家行政学院负责的"拉丁美洲国家公务员公共行政管理研修班"已经成为中拉培训的名牌项目，帮助拉丁美洲公务员了解我国国情以及公共行政管理制度。2015年，中国启动了高层次青年交流项目"未来之桥"项目启动，2015年至2024年间中国每年邀请1000名拉丁美洲青年领导人来华，参加研修、培训、参观考察等活动，加深未来拉丁美洲青年领袖对中国政治、经济、国情、文化等更加深入的了解。目前，中国对拉丁美洲人力资源培训的重点仍聚焦在政府层面，对当地熟练技术工人的培训少有关注。随着越来越多的中国企业在拉丁美洲进行投资，进行基础设施建设、建

---

① The World Bank：High-technology Export（Current US$）-Latin America & Caribbean，2021年5月17日，见 https：//data.worldbank.org/indicator/TX.VAL.TECH.CD? locations=ZJ&most_recent_value_desc=true&view=chart。

立工厂和工业园区等，劳动力人才紧缺成为中国企业在当地发展的障碍。根据当地政府的规章制度以及从中资企业长期发展需求出发，很多企业都十分重视本地化经营模式。如华为在墨西哥分公司，1400 多名员工中，本地员工占比在 90% 以上。如何在当地找到具备合格素质的员工，成为华为在墨西哥乃至整个拉丁美洲发展时遇到的难题之一。2017 年，经合组织出版了《拉丁美洲经济展望（2017）：青年、技能和创业》报告，该报告指出就拉丁美洲现行的教育体系来看，拉丁美洲技术和职业教育缺少对年轻人贸易的、技术的、专业的和管理的技能培养。中拉间高水平的职业教育合作将助力中资企业的发展以及对拉丁美洲熟练技术人才的培养，因此，职业教育合作应当成为现阶段中拉教育合作的核心内容。

### （四）对拉丁美洲研究不足

当前，中国对拉丁美洲研究的广度和深度与中拉关系发展不匹配，中拉教育合作难以做到精准对接。首先是拉丁美洲研究的储备军力量不足。从人才培养规模看，虽然中国已经在努力开展西班牙语和葡萄牙语人才培养，但是数量仍然有限。中国高等教育机构开设西班牙语、葡萄牙语专业的学位点少。2019 年中国有 96 所高等教育机构开设了西班牙语专业，毕业生约为 3000—3500 人；而开设葡萄牙语专业的院校仅为 26 所，每年毕业生人数 400—450 人。同年，英语专业有 1007 个学位授予点，毕业生人数过 10 万人；俄语、日语、德语、法语等学位点也超过了西班牙语，分别为 154 所、507 所、110 所、140 所，毕业生人数分别为 5000—6000 人、2.2—2.4 万人、3500—4000 人、4500—5000 人。[①] 从人才培养结构来看，中国高校西班牙语、葡萄牙语专业仍以教授语言知识为主，缺乏对西班牙语、葡萄牙语复合型人才的培养。不掌握西班牙语或葡萄牙语的人才很难开展对拉丁美洲区域的研究，甚至不能作为合格的拉丁美洲研究者，然而缺少国情知识储备又难以达到合作的高要求。

---

① 阳光高考：《专业知识库》，2021 年 5 月 17 日，见 https://gaokao.chsi.com.cn/zyk/zybk/specialityDetail.action? specialityId=73383483。

其次是拉丁美洲研究机构发展有限。截至 2020 年，中国专门从事拉丁美洲研究的机构为 56 个，这些机构"虚多实少"，只有 30% 为实体机构①，也就是说仅有三成的机构在人、财、物等资源配置上可以得到保障，为从事拉丁美洲研究提供了较好的资源。大学又是中国拉丁美洲研究的主力军，50 家研究机构隶属于大学，但是从人员配置来看，每所大学拉丁美洲研究机构全职研究人员不足 3 人，其中有 13 家机构没有全职人员，人员的不足很难保障拉丁美洲研究工作持之以恒地开展。相对于拉丁美洲三大传统研究领域，政治、经济和国际关系，文化社会领域的研究逐渐被拉丁美洲研究者所重视，成为新的关注领域。② 但是对于教育的研究仍属于空白。总体来说，中国科研机构、智库对拉丁美洲重视程度不足，国别问题专家少，研究深度不足，很难做到"因国荐策"。

## 第三节　推进中拉高等教育交流与合作的对策

随着中拉政治、经济关系的发展，中国与拉丁美洲国家在教育领域的合作也日趋紧密，但是同中拉的经济合作相比，教育合作没有达到应有的规模。③ 随着中国国际地位的提升，教育合作对"携手共进的命运共同体"的大国使命有着不可估量的作用。因此，中国如何进一步推动中拉教育领域的互利合作，将中拉高水平政治经济贸易关系优势转化为人文领域的务实合作，是值得我们思考的问题。

### 一、继续夯实顶层设计

国际制度是跨越国家边际运行的一系列持续而相互关联的规则④，这些

---

① 郭存海：《中国拉美研究 70 年：机构发展与转型挑战》，《拉丁美洲研究》2019 年第 4 期。
② 郭存海：《中国拉美研究 70 年：机构发展与转型挑战》，《拉丁美洲研究》2019 年第 4 期。
③ 麦高：《中国和拉美之间仍有很多旧框框》，2013 年 1 月 17 日，见 http://www.chinatoday.com.cn/ctchinese/chinaworld/article/2013-01/17/content_512961.htm。
④ Robert Keohane，"International Institutions and State Power：Essays in International Relations Theory"，Boulder：Westview Press，1989，p.5.

国际规则有助于国际合作持续且稳定的运转，教育合作也不例外。以发展较为成熟的中国和非洲教育合作为例，通过中非合作论坛建立起的教育合作制度保障了中非教育合作的稳定性、一致性以及可持续性，通过合作制度的建立，十年来中非教育合作取得了显著成效，并且对促进非洲国家教育的发展和改革、提高中国对非洲的影响力发挥了积极作用。[①]因此，中国与拉丁美洲教育交流与合作中，也应当充分利用中拉论坛、"一带一路"倡议平台及各类双、多边战略对话机制为教育合作制度的构建提供对接平台。目前，中拉论坛是中拉区域间最大的合作平台，其中囊括了与中国建交和未建交的拉丁美洲 33 个国家。该平台自 2015 年成立以来各项机制运行顺畅，现已成为中拉共同关心的国际和区域间问题保持磋商的重要渠道之一，为落实区域间共识和合作规划提供了有力的制度保障。中拉还应当建立中拉教育部长、中拉大学校长论坛等定期会晤机制，从高层次促进中拉教育交流与合作。

在此基础上，中拉教育交流与合作的参与主体有待增加。目前，中拉教育合作主体多为政府，如教育部、外交部、商务部、汉办等，主体较为单一，限制了中拉教育交流与合作规模增长的速度，而如高等教育机构、企业等民间力量未得到充分利用，与拉丁美洲大学联盟、南方共同体市场教育组织等国际组织的合作尚待开发。因此，在保障自上至下引导教育交流的前提下，中国还应该充分吸纳民间智慧和力量，加强自下至上的合作模式。

## 二、统筹规划教育交流与合作布局

中国习惯于将拉丁美洲作为一个整体来对待。诚然，拉丁美洲各国有很多相似性，比如都是发展中国家、都有被殖民的经历、语言环境相似、民族构成趋同等，但是我们必须意识到，拉丁美洲情况十分复杂，教育同样如此。拉丁美洲 33 个国家高等教育的发展水平和制度方面的异质性大于同质性，协调难度较大。根据联合国教科文组织 2013 年的报告数据显示，拉丁美洲地区高等教育生均投入占人均国内生产总值的平均值为 29.57%，除古

---

① 楼世洲、徐辉：《新时期中非教育合作的发展与转型》，《教育研究》2012 年第 10 期。

巴（65%）国情的特殊因素外，比例最高的两个国家是牙买加 50% 和尼加拉瓜 50%，最低的国家是秘鲁不足 10%。[①] 拉丁美洲地区 25—29 岁之间人口中获得高等教育学历的平均比例为 10.28%，在阿根廷这一比例最高，达到 23%；而最低的为危地马拉，不足 2.5%。[②] 在教育制度层面，就课程设置而言，由于拉丁美洲各大学保持着大学自治的传统，同一专业的课时和内容设置在不同学校和国家不尽相同，同一专业在同一国家不同大学间名称也具有叫法不一的特点。[③] 这种课程设置的制度和口径，给中国与拉丁美洲区域间的整体合作提出了挑战。因此，在中拉高等教育合作过程中，中国需要借助中拉论坛对话机制，注重多边合作与双边合作的相互配合以及共同推进。首先，我国应该重视开展与拉丁美洲次区域的高等教育合作。拉丁美洲比较重要的几个次区域组织如南方共同体市场、中美洲一体化体系、安第斯集团等均在不同程度上进行了高等教育一体化改革，基本上建立区域内组织成员国之间的学分、学位互认制度，具有较好的一体化合作基础。因此，我国应该主动加强与这些次区域组织的交流与合作工作，加快与拉丁美洲教育发展的战略对接，推动与次区域组织的高等教育议程合作，积累经验、增信释疑。其次，我国应该着重开展与拉丁美洲关键国家的高等教育合作。目前，我国已经与 6 个拉丁美洲国家建立全面战略伙伴关系，其中不乏如巴西、阿根廷、墨西哥、智利这些高等教育相对发达且在拉丁美洲区域和子区域事务中拥有影响力和号召力的国家。我国和拉丁美洲高等教育合作尚处于起步阶段，我国需要侧重加强与我国有合作基础并在拉丁美洲有影响力的国家开展高等教育合作，这样可以避免与众多拉丁美洲小国家打交道而导致教育资源过于分散的不利因素产生。充分利用大国的区域效应，以点带面，形成对周

---

[①] UNESCO, "Situación Educativa de América Latina y el Caribe: Hacia la Educación de Calidad para Todos al 2015", Paris, 2013, p.43.

[②] UNESCO, "Situación Educativa de América Latina y el Caribe: Hacia la Educación de Calidad para Todos al 2015", Paris, 2013, p.137.

[③] 胡昳昀、刘宝存：《拉美高等教育一体化建设：目标、路径及困境——联合国教科文组织参与区域治理的视角》，《比较教育研究》2018 年第 4 期。

边国家的辐射与影响，进而促进我国与周边国家教育资源的对接。

### 三、完善合作保障制度

首先，我国需要进一步加大赴拉丁美洲留学以及吸引拉丁美洲来华留学的政策力度，如增加奖学金、建立学分互认制度、签证制度等，以扩大留学人数。虽然，我国对拉丁美洲奖学金数量已经有所增加，承诺在2015—2019年4年间向拉丁美洲提供6000个奖学金名额，2019—2021年3年继续提供6000个奖学金名额，但是与对非洲2019年至2021年间的5万个政府奖学金名额① 相比，我国向拉丁美洲学生提供的奖学金数量仍然有限。中国需要继续加大对拉丁美洲奖学金力度，并向研究生以上层次倾斜，促进高层次人才的交流。与此同时，中拉需要进一步加强学分、学历互认制度的建立。目前我国已与秘鲁、古巴和墨西哥签署了学历与学位互认协议，理清了学历结构对等问题，有助于我国与这三个国家在协议框架下开展校际间的合作交流项目。我国需要进一步推动与拉丁美洲的合作，与更多的国家签订学历与学位互认协议，为人员交流扫清障碍。

在扩大教育交流的同时，我国更需要探索与拉丁美洲教育合作质量保障的发展路径。首先就是完善中拉合作的管理制度，增设我国在拉丁美洲国家的教育服务和管理机构，如建立下设在各国使馆的教育处/组，完善如中拉人员流动信息，中拉高等教育机构合作的基本情况等，目前这方面信息缺失，在无法掌握人员流动、学校合作等基本信息的情况下，很难提及高质量的教育合作。同时，教育处/组为我国到拉丁美洲留学生提供出国留学、留学回国、招聘就业、文化适应、安全意识等管理与服务工作，为拉丁美洲学生拓宽来华留学的信息渠道、提供语言文化培训等工作，为中拉教育交流助力。其次，对现有中拉高校间的合作项目，我国还需要对如何完善项目的执行机制、评价机制、竞争机制和辐射机制等方面进行剖析，实现"量"的外延式和"质"的内涵式并行发展，进而培养出更多高质量的国际人才。

---

① 中华人民共和国外交部：《中非合作论坛——北京行动计划》，2018年版，第7页。

### 四、推动职业教育与培训领域合作

中国企业在拉丁美洲发展遇到了人才瓶颈问题，熟练技术工人的短缺已经成为中国企业在拉丁美洲发展的主要障碍之一。为了解决人才缺失问题，已有中资企业小规模尝试性开展人才培训项目。如华为在拉丁美洲成立了两个重要人才培养项目，分别是"ICT 学院"和"未来种子项目"。"ICT 学院"是华为与当地大学或者职业技术学院合作为当地培养信息技术人才，"未来种子项目"是在拉丁美洲高校遴选优秀通信工程专业学生到华为总部进行培训。随着中拉论坛、中拉基础设施建设专项贷款、中拉合作基金、中拉产能合作专项基金、中拉 1+3+6 合作新框架等一系列良性的政策支持，将会有越来越多的中国企业走进拉丁美洲，人才危机将愈发严重，企业自救型的人才培养模式不是长久之计。对应用型人才的迫切需求，为中国与拉丁美洲在职业教育领域开展合作提供了重要机遇。中国职业院校需要发挥自身优势，借力"走出去"中资企业的优质资源，结合拉丁美洲当地经济社会发展需求，与当地高校、职业院校、企业开展教育培训合作，尤其是在汽车制造、信息通讯技术、工程机械、交通运输、商贸物流等中拉重点合作领域。针对中资企业在拉丁美洲基础设施建设项目与生产线落户的情况，鼓励中国职业院校赴拉丁美洲开展合作办学，或建立"鲁班工坊"，实施规模化人才培养模式。针对像信息技术、物流人才这类高端应用型人才的培养，职业院校可以招收拉丁美洲职业教育留学生来华学习，毕业后定向返回中资企业参与项目实施。职业教育的合作不仅有助于解决中资企业本土化人才培养的问题，将"项目投资"与"技术输出"相结合，为中拉的经贸合作提供智力支撑。而且，职业培训实现了从"授之以鱼"向"授之以渔"的转变，可以帮助拉丁美洲青年人提升竞争力，帮助失业人员重新回到工作岗位，降低拉丁美洲"三无青年"的数量，进而减少拉丁美洲社会不公平现象，促进社会包容性发展。同时，人才素质的提升还有助于拉丁美洲产业结构的优化转型，带动新兴产业体系的成长，使拉丁美洲更好地融入财富转移的过程。加速中拉在职业教育与培训领域的合作，符合中国共商、共建、共享、共赢原则。

## 五、深化中拉在科研创新领域的合作

科技合作是中拉务实合作的重要领域，但两国间的科研合作时间并不长。随着中拉高校科研水平的提升，以及中拉间科技合作的日趋活跃，中拉间的科研合作存在着很大的提升空间。拉丁美洲国家的科技创新体系较依赖于"国家创新体系"，国家投入大量资金扶持本国地科技创新，而且拉丁美洲国家创新资源相对较为集中，从国别来看墨西哥、巴西、阿根廷、智利、哥斯达黎加、巴拿马在科技创新领域较为突出，从行业分析主要集中在国有的能源、通信、交通、航天领域、农业、矿业和林业等。① 因此，中国继续夯实与拉丁美洲既有领域的科研合作外，结合自身需求与拉丁美洲突出领域，积极探讨扩大中拉在信息产业、民用航空、民用核能、新能源等高技术领域合作的可能性。合作国家中，中国深化与墨西哥、巴西、阿根廷、智利等传统拉丁美洲国家的科研合作，也应该重视与科研实力较强的中美洲哥斯达黎加以及巴拿马两国的合作。人才引智方面，加大对拉丁美洲杰出青年科学家来华开展短期科研工作。中拉双方积极寻求开发更加多元的合作模式，如共建联合实验室、研发中心或高新科技园区，促进联合研发，打造更多的"南南合作"典范。

## 六、加强拉丁美洲研究人才的培养

中国对拉丁美洲的研究不断"升温"，但是必须承认中国的拉丁美洲研究速度赶不上迅速发展的中拉关系。而且随着中拉关系的不断深入，中国对拉丁美洲的研究需求也将更大、要求也会更高、引领性也会更强。因此，中国需要加强拉丁美洲研究人才的培养，从高校的学科建设、师资队伍和人才储备全面推进人才培养的速度与规模。在学科建设方面，应该依托各高校传统优势学科进行规划，如南开大学的历史系，复旦大学的政治学系等，开展

---

① 史沛然：《拉丁美洲的科技创新：21 世纪以来的特点和趋势》，《拉丁美洲研究》2016 年第 38 期。

拉丁美洲历史研究、拉丁美洲政治研究等。拉丁美洲研究离不开西班牙语和葡萄牙语的语言依托，各高校应该尝试打造"外语＋专业"的复合型学科发展模式，考虑到中拉关系的现实需求，着重要加强政治、法律、国际关系等复合型人才的培养，此举有利于拉丁美洲研究的可持续发展。在师资队伍建设方面，目前从事拉丁美洲研究的教师和研究人员大多具有文学、法学、经济学的学科背景①，各高校和研究机构应该在整体规划和布局下择优考虑具有国际关系、法律学、教育、社会学等专业背景从事拉丁美洲研究的教师，优化拉丁美洲研究内容的结构。同时引进海外知名拉丁美洲学者，提高师资队伍的国际化研究水平。在人才储备方面，各高校要致力于培养西班牙语和葡萄牙语外语功底扎实、专业知识过硬、实践能力丰富的跨学科人才，为我国的拉丁美洲研究不断充实研究力量，提升研究质量。中国研究者应该开展对拉丁美洲更加深入、细致的实证研究，亲赴拉丁美洲进行实证考察，将停留在文献上对拉丁美洲的模糊认知转变为确切体验。同时，中国还应该充分利用拉丁美洲智库人才"旋转门"机制，邀请具有拉丁美洲知识储备的国际组织工作人员、拉丁美洲国家专业人士、归国留学人员、拉丁美洲华侨等加入智库，尤其是要吸引具有全球视野、熟悉拉丁美洲国情、了解外交工作的驻拉丁美洲前外交官向智库转流，为拉丁美洲研究助力。

---

① 郭存海：《中国拉美研究70年：机构发展与转型挑战》，《拉丁美洲研究》2019年第4期。

# 参 考 文 献

## 一、中文文献

### (一)专著、译著

1. [荷] 汉斯·德维特等:《拉丁美洲的高等教育:国际化的维度》,李锋亮等译,教育科学出版社 2011 年版。

2. [美] 丹尼尔·列维:《拉丁美洲国家与高等教育——私立对于公立主导地位的挑战》,周保利等译,北京师范大学出版社 2016 年版。

3. [美] 伊曼纽尔·沃勒斯坦:《现代世界体系》第一卷,郭方译,高等教育出版社 1998 年版。

4. [美] 约瑟夫·奈:《软实力》,马娟娟译,中信出版社 2015 年版。

5. [英] 戴维·赫尔德等:《全球大变革:全球化时代的政治、经济与文化》,杨雪冬等译,社会科学文献出版社 2010 年版。

6. 贺双荣:《中国与拉丁美洲和加勒比国家关系史》,中国社会科学院出版社 2016 年版。

7. 胡昳昀等:《拉美和欧盟区域间高等教育合作机制研究》,山西教育出版社 2021 年版。

8. 黄志成:《世界教育大系——巴西教育》,吉林教育出版社 2000 年版。

9. 经济合作与发展组织发展中心、联合国拉丁美洲和加勒比经济委员会、CAF—拉丁美洲开发银行主编:《拉丁美洲经济展望》,唐俊等译,社会科学文献出版社 2017 年版。

10. [智] 卡洛斯·拉米雷斯·桑切斯：《智利高等教育的国际化》，载 [荷] 汉斯·德维特等著《拉丁美洲的高等教育：国际化的维度》，李锋亮等译，教育科学出版社 2011 年版。

11. 阚阅：《多样与统一——欧洲高等教育一体化研究》，浙江大学出版社 2016 年版。

12. [美] 克莉丝汀·福克斯：《比较教育视角下的认同问题——二元对立逻辑也是一种从属与支配的逻辑》，载罗伯特·阿诺夫等主编，冯增俊等译《比较教育学：全球化与本土化的辩证关系》，教育科学出版社 2012 年版。

13. 《毛泽东外交文选》，中央文献出版社 1994 年版。

14. [墨] 若瑟兰·加塞尔·阿维拉等：《拉丁美洲的道路：趋势、问题和方向》，载 [荷] 汉斯·德维特等著《拉丁美洲的高等教育：国际化的维度》，李锋亮等译，教育科学出版社 2011 年版。

15. [巴] 索尼娅·佩雷拉·劳斯等：《巴西高等教育的国际化》，载 [荷] 汉斯·德维特等著《拉丁美洲的高等教育：国际化的维度》，李锋亮等译，教育科学出版社 2011 年版。

16. 肖楠：《当代拉丁美洲政治思潮》，东方出版社 1988 年版。

17. [哥] 伊莎贝尔·克里斯蒂娜·哈拉米略，简·奈特：《主要行动者和项目：地区内部联系的增强》，载 [荷] 汉斯·德维特等著《拉丁美洲的高等教育：国际化的维度》，李锋亮等译，教育科学出版社 2011 年版。

18. 曾昭耀等：《战后拉丁美洲教育研究》，江西教育出版社 1994 年版。

19. 《中华民国史档案资料汇编》第五辑，江苏古籍出版社 2000 年版。

20. [古巴] 莉迪娅·古巴·维嘉等：《古巴政府中国青年培训计划》，外语教学与研究出版社 2016 年版。

（二）期刊论文

1. 顾明远：《"一带一路"与比较教育的使命》，《比较教育研究》2015 年第 6 期。

2. 郭存海：《中国的国家形象构建：拉美的视角》，《拉丁美洲研究》2016 年第 10 期。

3. 郭存海：《中国拉美研究 70 年：机构发展与转型挑战》，《拉丁美洲研究》2019 年第 4 期。

4. 郭婧、徐晓红：《国际组织视野下的高等教育学历学位互认互授——基于

UNESCO、WTO、OECD 相关政策的比较研究》，《学位与研究生教育》2017 年第 9 期。

5. 贺双荣：《巴西现代化进程与国际战略选择》，《拉丁美洲研究》2011 年第 5 期。

6. 胡昳昀、范丽珺：《后疫情时代高等教育国际化发展的风险及规避策略研究——基于风险社会理论的视角》，《高教探索》2021 年第 5 期。

7. 胡昳昀：《欧拉高等教育区建设的动因、议程与成效——基于区域间主义的视角》，《比较教育研究》2020 年第 1 期。

8. 胡昳昀、刘宝存：《国际比较视野下的中国教育软实力》，《教育研究》2021 年第 10 期。

9. 胡昳昀、刘宝存：《拉美高等教育一体化建设：目标、路径及困境——联合国教科文组织参与区域治理的视角》，《比较教育研究》2018 年第 4 期。

10. 胡昳昀、赵灵双：《中国和拉美教育交流与合作 60 年：进展、问题及策略》，《比较教育研究》2020 年第 12 期。

11. 黄永忠、蒋平：《高等教育国际化背景下拉丁美洲留学生教育现状评析》，《教育与教学研究》2021 年第 4 期。

12. 姬芳芳、吴坚、马早明：《反全球化背景下美国留学生教育政策的新变化》，《比较教育研究》2020 年第 5 期。

13. 刘宝存、臧玲玲：《全球化时代的比较教育：机遇、挑战与使命》，《教育研究》2020 年第 3 期。

14. 刘昌亚：《加快推进教育现代化开启建设教育强国新征程——〈中国教育现代化 2035〉解读》，《教育研究》2019 年第 11 期。

15. 楼世洲，徐辉：《新时期中非教育合作的发展与转型》，《教育研究》2012 年第 10 期。

16. [智] 乔治·梅嫩德斯·加耶戈斯、吕培培：《智利高等教育的新发展：现状、特点及未来走向》，《比较教育研究》2014 年第 11 期。

17. 史沛然：《拉丁美洲的科技创新：21 世纪以来的特点和趋势》，《拉丁美洲研究》2016 年第 5 期。

18. 孙洪波：《中国对拉美民间外交：缘起、事件及影响》，《拉丁美洲研究》2014 年第 3 期。

19. 童婷，孙辉：《拓展新时期拉美科技合作——以中国科学院对拉美地区科技合作为例》，《中国科学院院刊》2018 年第 9 期。

20. 王留栓：《智利高等教育的大众化和普及化》，《世界教育信息》2011 年第 12 期。

21. 王留栓：《墨西哥高等教育改革进程及成效》，《拉丁美洲研究》1997 年第 5 期。

22. 文进：《墨西哥高等教育现代化与墨西哥政治》，《拉丁美洲研究》1991 年第 6 期。

23. 曾昭耀：《墨西哥高等师范教育的发展和改革》，《高等师范教育研究》1993 年第 1 期。

24. 张红路：《肯尼迪的"争取进步联盟"》，《拉丁美洲研究》1987 年第 2 期。

25. 周志伟：《巴西参与金砖合作的战略考量及效果分析》，《拉丁美洲研究》2017 年第 4 期。

26. 周志伟：《新世纪以来的巴西对非政策：目标、手段及效果》，《西亚非洲》2014 年第 1 期。

27. 韩晗：《古巴社会主义进程与"更新"：国家制度构建的视角——兼评〈古巴社会主义研究〉》，《拉丁美洲研究》2020 年第 5 期。

28. 郑淳、闫月勤、王海超：《在地国际化的概念演进、价值指向及要素条件——基于欧洲地区高等教育一体化进程的思考》，《江苏高教》2022 年第 3 期。

（三）工具书、报告

1. 中华人民共和国外交部：《中国对拉丁美洲和加勒比政策》，2008 年版。

2. 中华人民共和国外交部：《中国对拉美和加勒比政策文件》，2016 年版。

3. 中华人民共和国外交部：《中华人民共和国政府和巴西联邦共和国政府文化教育合作协定》，1985 年版。

4. 教育部国际合作与交流司：《2018 来华留学生简明统计》，2018 年版。

（四）网络资源

1. 财政部、教育部：《财政部教育部关于调整国家公派留学人员奖学金和艰苦地区补贴标准的通知》，2019 年 2 月 2 日，见 http://pyb.hfut.edu.cn/_upload/article/files/a0/7d/ac8790b84f71a163992938827fa3/e9e8c4b7-0938-41e9-ad13-e7e28f8f229f.pdf。

2. 国家汉办：《荣光十载：汉语之花盛放巴西——记巴西圣保罗州立大学孔子学院十周年庆典》，2018 年 10 月 4 日，见 http://www.hanban.edu.cn/article/2018-10/04/content_74

7826.htm。

　　3. 汉办：《孔子学院/课堂》，2021年5月17日，见 http://www.hanban.org/confuciou sinstitutes/node_10961.htm。

　　4. 麦高：《中国和拉美之间仍有很多旧框框》，2013年1月17日，见 ttp://www. chinatoday.com.cn/ctchinese/chinaworld/article/2013-01/17/content_512961.htm。

　　5. 人民网：《中华人民共和国和墨西哥合众国关于推进全面战略伙伴关系的行动纲要》，2014年11月13日，见 http://politics.people.com.cn/n/2014/1113/c1001-26018856. html。

　　6. 新华社：《王毅谈习近平出访拉美：把握新机遇开启新里程》，2014年7月25日，见 http://www.xinhuanet.com/world/2014-07/25/c_1111806453.htm。

　　7. 新华网：《中华人民共和国和墨西哥合众国联合声明》，2013年6月5日，见 http://www.xinhuanet.com/world/2013-06/05/c_116042630_3.htm。

　　8. 阳光高考：《专业知识库》，2021年5月17日，见 https://gaokao.chsi.com.cn/zyk/zybk/specialityDetail.action? specialityId=73383483。

　　9. 英孚留学网：《更全面的全球成人英语熟练度调查》，2021年6月20日，见 https://liuxue.ef.com.cn/epi/。

　　10. 中华人民共和国外交部：《巴西国家概况》，2021年7月，见 https://www.fmprc. gov.cn/web/gjhdq_676201/gj_676203/nmz_680924/1206_680974/1206x0_680976/。

　　11. 中国拉丁美洲研究网：《中国与秘鲁共和国的关系》，2007年7月14日，见 http://ilas.cass.cn/xwzx/jjzlgx/xbgx/nmzdq/ml/200707/t20070714_2263601.shtml。

　　12. 中华人民共和国驻墨西哥合众国大使馆：《墨西哥国家概况》，2019年1月，见 http://mx.china-embassy.org/chn/mxg/t1396355.htm。

　　13. 中国国社会科学网：《西班牙语人才报告：中拉合作为西语人才提供发展平台》，2017年1月19日，见 http://www.cssn.cn/hqxx/201701/t20170119_3390147.shtml。

　　14. 中华人民共和国外交部：《古巴国家概况》，2021年8月，见 http://new.fmprc. gov.cn/web/gjhdq_676201/gj_676203/bmz_679954/1206_680302/1206x0_680304/。

　　15. 中华人民共和国外交部：《中华人民共和国和乌拉圭东岸共和国政府文化教育合作协定》，2021年5月17日，见 http://m.110.com/fagui/10680.html。

16. 中华人民共和国驻圭亚那合作共和国大使馆：《中国—拉共体成员国重点领域合作共同行动计划》，2021 年 12 月 31 日，见 http：//gy.china-embassy.org/sgxw/202112/t20211213_10469233.htm。

## 二、外文文献

### （一）专著

1. ANUIES，Consolidación y avance de la educación superior en México：elementos de diagnóstico y propuestas，México：ANUIES，2006，pp. 249-250.

2. Banco Mundial，Revisión de Políticas Nacionales de Educación，La Educación Superior en Chile，Chile：Banco Mundial，2009，p.61.

3. Juliet Thondhlana（eds.），*The Bloomsbury Handbook of the Internationalization of Higher Education in the Global South*，Brasília：Bloomsbury Publishing，2020，p. 190.

4. MCTIC，Plano de Ação 2007—2010 Ciência，Tecnologia e Inovação para o Desenvolvimento Nacional，Brasília：Ministério da Ciência e Tecnologia，2007，pp. 11-15.

5. OCDE，Banco Mundial：La Educación Superior en Chile，Santiago：OCDE，Banco Mundial，2009，p.157.

6. OECD，Education at a Glance：OECD Indicators Brasil，Paris：OECD，2019，p.9.

7. Robert Keohane，"International Institutions and State Power：Essays in International Relations Theory"，Boulder：Westview Press，1989，p.5.

8. S. D. "Aupetit Attraction，Integration，and Productivity of International Academics in Mexico" in International Faculty in Higher Education，Maria Y. & Philip G. A.（eds.），New York：Routledge，2016，pp. 183-205.

9. SEP-ANUIES，*Agenda SEP-ANUIES para el Desarrollo de la Educación Superior*，México：SEP-ANUIES，2015，pp. 9-12.

10. UNESCO，"Situación Educativa de América Latina y el Caribe：Hacia la Educación de Calidad para Todos al 2015"，Paris，2013，p.43.

11. Castro，Fidel，P，La Educación Constituye Nuestro Escudo Invencible，La Habana：Oficina de Publicaciones del Consejo de Estado，2005，p.86.

12. Raúl，Hernández，P，Educación superior en América Latina：la dimensión internaciona，The World Bank，2005，pp.217-226.

13. Simpson，R，La Educación Superior bajo el Colonialismo Español，La Habana：Editorial Ciencias Sociales，1984，p.3.

14. Martín，José，Obras Completas，La Habana：Editorial Ciencias Sociales，2005，p.85.

15. Ramón de Armas y Eduardo Torres，Historia de la Universidad de La Habana，La Habana：Editorial Ciencias Sociales，1984，p.284.

16. Barinaga. E. G & Pravia. M. C. P. (eds.)．"Restricciones en el Financiamiento de los Procesos en la Educación Superior Cubana" in Tendencias en la Investigación Universitaria：Una visión desde Latinoamérica，Chirinos. Y. & Luna. C. (eds.)，Santa Ana de Coro：Universidad Continente Americano，2020，pp. 559-573.

（二）期刊论文

1. Adrian H. Hearn，"China's Social Engagement Programs in Latin America"，*Journal of Iberian and Latin Research*，Vol. 2 (2013)，pp.239-250.

2. Alexandre Guilherme & Marilia Morosini (eds.)，"The process of internationalisation of higher education in Brazil：the impact of colonisation on south-south relations"，*Globalisation*，*Societies and Education*，Vol. 16，pp.409-421.

3. Caitlin Byrne，"Australia's New Colombo Plan：Enhancing Regional Soft Power through Student Mobility"，*International Journal：Canada's Journal of Global Policy Analysis*，Vol. 71，pp.107-128.

4. Carlos Tünnermann Bernheim，*La Universidad Latinoamericana ante los Retos del Siglo XXI*，México：UDUAL，2003，p. 72.

5. Concepta Mcmanus：Carlos Nobre. Internacionalização e inclusão social no Ciência sem Fronteiras，*Valor Econômico*，2016 年 6 月 21 日。

6. Creso Sá & Julie Grieco，"International Collaboration in Brazilian Higher Education"，*Frontiers of Education in China*，Vol. 10，pp.7-22.

7. Cristióbal Villalobos，María Luísa Quaresma，"Sistema Escolar Chileno：

Características y Consecuencias de un Modelo Orientado al Mercado", *Revista de Ciencias Sociales*, Vol. 69 (2015), pp. 69: 63-84.

8. Daniela Perrotta & Andrés Santos Sharpe, "Política exterior y procesos de internacionalización del sistema científico y universitario: Argentina y Brasil (2003—2019)", *Sociologias*, Vol. 22, pp.88-119.

9. Felipe Gajardo León, "Gratuidad en la Educación Superior: Economía Política y Evidencia", *Estudios Nueva Economía*, Vol. 3, No.1 (2014), pp. 56-66.

10. Hans De Wit, "Globalisation and Internationalisation of Higher Education", *RUSC*, Vol. 8, pp.241-247.

11. Hantian Wu & Qiang Zha, "A New Typology for Analyzing the Direction of Movement in Higher Education Internationalization", *Journal of Studies in International Education*, Vol. 22, pp.259-277.

12. Henrique Altemani de Oliveira, "China-Brasil: Perspectivas de Cooperación Sur-Sur", *Nueva Sociedad*, Vol. 203 (2006), pp.138-147.

13. Ida Sessarego Espeleta &José González Campos, "La Orientación de los Planes Estratégicos Institucionales en el Camino a la Internacionalización", *Universidades Estatales de Chile*, Vol.49, 2020, p.117.

14. J. Mabry Donald, "Twentieth Century Mexican Education", *History of Education Quarterly*, Vol. 25, p. 223.

15. Jane Knight, "Internationalization Remodeled: Definition, Approaches, and Rationales", *Journal of Studies in International Education*, Vol.8 (2004), pp.5-31.

16. José Ángel Sotillo& Irene Rodríguez&Enara Echart&Tahina Ojeda, *El espacio Iberoamericano de Educación Superior: Diagnóstico y Propuestas Institucionales*, Fundación Carolina, 2009, p. 63.

17. Jocelyne Gacel Ávila, "Comprehensive internationalization in Latin America", *Higher Education Policy*, Vol. 25, pp. 493-510.

18. Jocelyne Gacel Ávila, "La Dimensión Internacional de las Universidades Mexicanas", *Revista Educación Superior y Sociedad*, Vol. 11, pp.121-142.

19. Jocelyne Gacel Ávila a，"La Internacionalización de la Educación Superior en América Latina：El caso de México"，*Cuaderno de Investigación en la Educación*，Vol. 20，pp.1-14.

20. Juan José Ramírez Bonilla，"La Internacionalización en las Instituciones de Educación Superior Mexicanas. Experiencias de Vinculación con Asia del Pacífico"，*Universidades*，Vol.74（2017），pp.79-82.

21. María Angélica Oliva，"Políticas Educativas y la Profundización de la Desigualdad en Chile"，*Estudios Pedagógicos*，Vol.34（2008），pp. 207-226.

22. Norberto Fernández Lamarra，"Hacia la Convergencia de los Sistemas de Educación Superior en América Latina"，*Revista Iberoamericana de Educación*，Vol. 35，pp.39-71.

23. Norberto Fernández Lamarra，"La Convergencia de la Educación Superior en América Latina y su Articulación con los Espacios Europeo e Iberoamericano：Posibilidades y Límites"，*Avaliação*，Campinas.Vol. 15（2010），pp. 9-44.

24. Oildier Labrada Cisneros，"Breve Acercamiento a las Políticas sobre la Internacionalización de la Educación Superior"，*Revista Cubana de Educación Superior*，Vol.40（2021）.

25. Pablo Buchbinder，*Historia de las Universidades Argentinas*，Argentina：Sudamericana 2005，p. 95.

26. S.A. Rye，"The Educational Space of Global Online Higher Education"，*Geoforum*，Vol. 51（2014），pp.6-14.

27. Simon Schwartzman，*Um espaço para a ciência：a formação da comunidade científica no Brasil*，Brasília：Ministério da Ciência e Tecnologia-Centro de Estudos Estratégicos，2001，p.220.

28. Wanessa de Assis Silva &Cezar Luiz de Mari，"Internacionalização e ensino superior：história e tendências atuais"，*Revista de Políticas Públicas e Segurança Social*，Vol. 1，pp.36-53.

29. Y Riao，A Lombard，E Piguet，"How to Explain Migration Policy Openness in Times of Closure? The Case of International StudentsinSwitzerlandJ"，*Globalisation*

*Societies & Education*，Vol.3（2018），pp.295-307.

30. González P G，"Etapas principales de la educación superior en Cuba"，*Revista Historia de la Educación Latinoamericana*，Vol. 7，pp.49-72.

31. Villavicencio Plasencia M V，"Internacionalización de la educación superior en Cuba. Principales indicadores"，*Economía y desarrollo*，Vol. 162，pp.49-72.

32. Amaya M A，Santana C M C，Zamora A T，"Internacionalización de la educación superior en Cuba. Contribución del proyecto FORGEC"，*Revista de Educación Superior en América Latina*，pp.6-9.

33. Llody L A P，Rodríguez A A，"Procedimiento para la gestión de la internacionalización en el nivel de Facultad. Bases metodológicas para su implementación en Universidades cubanas"，*Revista de educación y derecho*，Vol. 22，pp.440-467.

（三）论文集

1. Manolita Correia Lima & Fábio Betioli Contel，*Períodos e Motivações da Internacionalização da Educação Superior Brasileira*，Grenoble：5 ème colloque de l'IFBAE，2009，pp.17-32.

（四）政府文件、报告

1. Asociación Nacional de Universidades e Instituciones de Educación Superior：*Patlani Encuesta mexicana de movilidad internacional estudiantil 2014/2015 y 2015/2016*，México：ANUIES，2017，pp.34-64.

2. Asociación Nacional de Instituciones de Educación Superior，*Declaraciones y Aportaciones de la ANUIES para la Modernización de la Educación Superior*，México：Asociación Nacional de Instituciones de Educación Superior，1989，p. 2.

3. CAPES，*Plano Nacional de Pós-Graduação-PNPG 1975/1979*，Brasília：Ministério da Educação，1974，p. 35.

4. CAPES，*Plano Nacional de Pós-Graduação-PNPG 1986/1989*，Brasília：Ministério da Educação，1985，pp. 17-19.

5. CAPES，*Plano Nacional de Pós-Graduação-PNPG 2005/2010*，Brasília：Ministério da Educação，2004，pp. 62-64.

6. CAPES，*Plano Nacional de Pós-Graduação-PNPG 2010/2020*，Brasília：Ministério da Educação，2010，pp. 223-303.

7. Centro de Investigación y Docencia Económicas，A.C.，*Reporte*：*El estado de la internacionalización en la educación superior en México*，México：British Council，2017，pp. 62-64.

8. Comisión Europea Dirección General de Desarrollo y Cooperación-Europe Aid：*Alfa III Una Apuesta a la Equidad Social y la Integración entre América Latina y la Unión Europea*，Bélgica：Comisión Europea Dirección General de Desarrollo y Cooperación-Europe Aid，2014，p.3.

9. CONACYT，*Informe General del Estado de la Ciencia，la Tecnología y la Innovación*，México：CONACYT，2009，p. 310，2019，p.168.

10. CONACYT，*Informe General del Estado de la Ciencia，la Tecnología y la Innovación*，México：CONACYT，2016，pp. 137-140；2017，pp.133-134.

11. CONACYT，*Informe General del Estado de la Ciencia，la Tecnología y la Innovación*，México：CONACYT，2019，pp. 90-91，p.188.

12. CRESALIC、UNESCO，*Informe del Director de Conferencia Regional sobre Políticas y Estrategias para la Transformación de la Educación Superior en América Latina y el Caribe*，Caracas：CRESALIC，1996，p. 33.

13. Distrito Federal de México，*Fondo para el Modelo de Asignación Adicional al Subsidio Federal Ordinario，Universidades Públicas Estatales*，México：Distrito Federal de México，2010，p. 2.

14. Gobierno de Chile，*Programa de Gobierno 2018—2022*，Santiago：Gobierno de Chile，2006，p.80.

15. Gobierno de Chile，*Plan Nacional de Educación*：*30 prioridades para el 2030*，Santiago：Gobierno de Chile，2020，p.29.

16. Instituto Nacional de Estudos e Pesquisas Educacionais Anísio Teixeira：*Censo da Educação Superior 2020*：*Notas Estatísticas*，Brasília：Ministério da Educação，2020，p.6.

17. Instituto Internacional para la Educacion Superior en America Latina y el Caribe，

*Declaración de III Conferencia Regional de Educación Superior en América Latina y el Caribe*, Paris: Instituto Internacional para la Educacion Superior en America Latina y el Caribe, 2018, pp. 14-15.

18. Instituto Internacional para la Educacion Superior en America Latina y el Caribe, Plan de Acción 2018—2028, Paris: Instituto Internacional para la Educacion Superior en America Latina y el Caribe, 2018, pp. 55-64.

19. MERCOSUR: Acuerdo sobre la Creación e Implementación de un sistema de Acreditación de Carreras Universitarias para el Reconocimiento Regional de la Calidad Académica de las Respectivas Titulaciones en el MERCOSUR y Estados Asociados, Argentina: MERCOSUR, 2006, p1.

20. Ministerio de Educación, *Informe 2002 Matrícula en Educación Superior*, Chile: Ministerio de Educación, 2020, p.2.

21. Ministerio de Educación: Panorama de la Educación Superior en Chile, Santiago: Ministerio de Educación, 2014, p.32.

22. Ministro de Economía, Fomento y Turismo: *Estrategia de Internacionalización 2017—2018*, Chile: Ministro de Economía, Fomento y Turismo, 2017, p.1.

23. Michelle, *Programa de Gobierno Michelle Bachelet 2006—2010*, Santiago: Michelle, 2005, p.100.

24. Michelle: *Programa de Gobierno Michelle Bachelet 2014—2018*, Santiago: Michelle, 2013, p.154.

25. Secretaría General Consejo de Rectores Universidades Chilenas: Legislación Universitaria Chilena, Chile: Secretaría General Consejo de Rectores Universidades Chilenas, 1981, pp.18-25.

26. Secretaría de Educación Pública, *Programa Nacional de Educación 2001—2006*, México: Secretaría de Educación Pública, 2001, p. 11, 36.

27. Secretaría de Educación Pública, *Programa Sectorial de Educación 2007—2012*, México: Secretaría de Educación Pública, 2007, p. 28.

28. Secretaría de Educación Pública, *Programa Sectorial de Educación 2013—2018*,

México：Secretaría de Educación Pública，2013，p. 13.

29. UNESCO，*Comunicado Final de la II Conferencia Mundial de Educación Superior*，Paris：UNESCO，2010，pp. 5-6.

30. UNESCO，*Declaración Mundial sobre la Educación Superior en el Siglo XXI：Visión y Acción*，Paris：UNESCO，1998，p. 97.

31. UNESCO，*Declaración Mundial sobre la Educación Superior en el Siglo XXI：Visión y Acción*，Paris：UNESCO，1998，p. 109.

32. UNESCO，*Declaración Mundial sobre la Educación Superior en el Siglo XXI：Visión y Acción*，Paris：UNESCO，1998，p. 113.

33. UNESCO，*Declaración y Plan de Acción de la Conferencia Regional de Educación Superior en América Latina y el Caribe*，Paris：UNESCO，2008，pp. 22-24.

34. UNESCO，*Declaración y Plan de Acción de la Conferencia Regional de Educación Superior en América Latina y el Caribe*，Paris：UNESCO，2008，pp. 6-7.

35. UNESCO，*Declaración y Plan de Acción de la Conferencia Regional de Educación Superior en América Latina y el Caribe*，Paris：UNESCO，2008，pp. 34-38.

（五）网络资源

1. AGCID Chile：Quiénes somos，2021 年 5 月 16 日，见 https：//www.agci.cl/acerca-de-agci/quienes-somos。

2. Agencia Mexicana de Cooperación Internacional para el Desarrollo：Becas de Excelencia para Extranjeros Convocatoria 2020，2019 年 10 月 31 日，见 http：//www.planeacion.sep.gob.mx/principalescifras/。

3. Agencia Mexicana de Cooperación Internacional para el Desarrollo：Oferta para Mexicanos，2019 年，见 http：//www.planeacion.sep.gob.mx/principalescifras/。

4. ALISIOS：Documentos de trabalho do projeto ALISIOS，2017 年，见 http：// www.alisios-project.eu。

5. Álvaro Acevedo Tarazona：A Cien Años de la Reforma de Córdoba，1918-2018，2021 年 1 月 22 日，见 https：//dialnet.unirioja.es/servlet/articulo? codigo=3797042。

6. Asociación Nacional de Universidades e Instituciones de Educación Superior：Acerca

de la ANUIES，2019 年 11 月 17 日，见 http：//www.anuies.mx/anuies/acerca-de-la-anuies。

7. Asamblea Nacional del Poder Popular：Constitución de la República de Cuba，2019 年 4 月，见 http：//www.cubadebate.cu/noticias/2019/04/09/descargue-la-constitucion-de-la-republica-de-cuba-pdf/。

8. BOM DIA BRASIL：Ciência Sem Fronteiras chega ao fim por falta de dinheiro，2017 年 4 月 4 日，见 http：//g1.globo.com/bom-dia-brasil/noticia/2017/04/ciencia-sem-fronteiras-chega-ao-fim-por-falta-de-dinheiro.html。

9. Bruno Lanvin et al.：The Global Talent Competitiveness Index 2021，2021年1月3日，见 https：//www.insead.edu/sites/default/files/assets/dept/fr/gtci/GTCI-2021-Report.pdf。

10. Bolivia：Ley de Reforma Educativa，1994年7月7日，见 https：//www.lexivox.org/norms/BO-L-1565.html。

11. Biblioteca de Congreso de Nacionla de Chile：Ley General de Educación，2010 年 7 月 2 日，见 https：//www.bcn.cl/leychile/navegar? idNorma=1014974。

12. Câmara dos Deputados：Legislação Informatizada-DECRETO Nº 19.851，DE 11 DE ABRIL DE 1931-Publicação Original，1931 年 4 月 15 日，见 https：//www2.camara.leg.br/legin/fed/decret/1930-1939/decreto-19851-11-abril-1931-505837-publicacaooriginal-1-pe.html。

13. Câmara dos Deputados：Lei de Diretrizes e Bases da Educação Nacional，1996年12月20日，见 http：//www.planalto.gov.br/ccivil_03/Leis/L9394.htm。

14. Carlos Ruiz Schneider：Educación，Mercado y Privatización，2021 年 5 月 18 日，见 http：//web.uchile.cl/facultades/filosofia/Editorial/documenta/reflexunive/08.htm。

15. CAPES：Coordenação do Aperfeiçoamento de Pessoal de Nível Superior（Capes）. A internacionalização na Universidade Brasileira：resultados do questionário aplicado pela Capes，2017 年，见 https：//www.capes.gov.br/images/stories/download/ diversos/A-internacionalizacao-nas-IES-brasileiras.pdf。

16. CAPES：Coordenação do Aperfeiçoamento de Pessoal de Nível Superior（Capes）. Geocapes：Sistema de Informações Georeferenciadas：banco de dados：Distribuição de discentes de Pós-Graduação no Brasil，2021 年 3 月 13 日，见 https：//geocapes.capes.gov.br/

geocapes/。

17. Centro de Investigación y Docencia Económicas，A.C，Reporte：El estado de la internacionalización en la educación superior en México，México：British Council，2017，pp. 115-118.

18. Consejo Nacional de Educación：Sistema Nacional de Aseguramiento de la Calidad de la Educación Superior（SINACES），2022 年 2 月 11 日，见 https：//educacionsuperior. mineduc.cl/acerca-del-comite-de-coordinacion/plan-de-accion/。

19. Consejo Nacional de Ciencia y Tecnología：Programa Nacional de Posgrados de Calidad，2019 年 11 月 18 日， 见 http：//conacyt.gob.mx/index.php/becas-y-posgrados/programa-nacional-de-posgrados-de-calidad。

20. CONACYT：Fondo de Cooperación Internacional en Ciencia y Tecnología del Conacyt，2019 年 1 月 20 日， 见 https：//www.conacyt.gob.mx/index.php/programa-de-apoyos-para-actividades-cientificas-tecnologicas-y-de-innovacion。

21. CONACYT：Convocatorias para la Consolidación Institucional：Repatriaciones y Retenciones，2019 年 3 月 25 日，见 https：//www.conacyt.gob.mx/index.php/el-conacyt/con vocatorias-y-resultados-conacyt/convocatoria-de-apoyos-complementarios-grupos-de-investigacion。

22. CPLP：ENQUADRAMENTO，2018 年 6 月 21 日， 见 https：//www.cplp.org/id-4627.aspx。

23. CPLP：VIII Reunião de Ministros-junho 2018，Brasília，2018 年 6 月 21 日， 见 https：//www.cplp.org/id-4616.aspx？Action=1&NewsId=5975&M=NewsV2&PID=11402。

24. CPLP：IX Reunião dos Ministros da Ciência，Tecnologia e Ensino Superior da CPLP-Declaração final，2022 年 1 月 19 日，见 https：//www.cplp.org/id-4616.aspx？Action=1&N ewsId=9377&M=NewsV2&PID=11402。

25. CPLP：BOLSAS，2021 年 5 月 3 日，见 https：//www.cplp.org/id-4637.aspx。

26. CPLP：REPOSITÓRIO CIENTÍFICO，2021 年 5 月 3 日， 见 https：//www.cplp. org/id-4629.aspx。

27. Comunidade dos Países de Língua Portuguesa：REUNIÕES MINISTERIAIS，2022年

2 月 25 日，见 https：//www.cplp.org/id-4593.aspx。

28. CSF：Painel de controle dos bolsistas do programa Ciência sem Fronteiras. CSF，2021 年 3 月 23 日，见 http：//www.cienciasemfronteiras.gov.br/web/csf/painel-de-controle。

29. Comisión Nacional de Evaluación y Acreditación Universitaria：Ley Nacional De Educacion Superior Nro. 24.521，1995 年 7 月 20 日，见 https：//www.coneau.gob.ar/archivos/447.pdf。

30. Colombia Aprende：Aseguramiento de la calidad，见 https：//redes.colombiaaprende.edu.co/ntg/men/micrositio_convalidaciones/Guias_mineducacion/MINEDU-cuba/aseguramiento_calidad.html？lang=es。

31. Centro Interuniversitario de Desarrollo：Educación Superior en Iberoamérica Informe 2016，2016 年 3 月，见 https：//cinda.cl/wp-content/uploads/2019/01/educacion-superior-en-iberoamerica-informe-2016-informe-nacional-cuba.pdf。

32. Diario Oficial de la Federación：PROGRAMA de Desarrollo Educativo 1995-2000，1996 年 2 月 19 日，见 http：//dof.gob.mx/nota_detalle.php？codigo=4871357&fecha=19/02/1996。

33. DGECI，*Memoria UNAM 2018/DGECI*，México：UNAM，2018，p. 2.

34. DGECI，*Memoria UNAM 2020/DGECI*，México：UNAM，2020，p. 5.

35. EcuRed：Federación de Estudiantes Universitarios，见 https：//www.ecured.cu/Federaci%C3%B3n_Estudiantil_Universitaria。

36. Erasmus Plus Riesal：Políticas de Intercionalización de Educación Superior de los Países de RIESAL，2019 年 2 月，见 http：//erasmusplusriesal.org/sites/default/files/adjuntos/cuba.pdf。

37. European Commission，Erasmus+for higher education in Chile，2020 年 1 月，见 https：//ec.europa.eu/assets/eac/erasmus-plus/factsheets/america-caribbean/chile_erasmusplus_2019_en.pdf。

38. Exame：Programa de intercâmbio do MEC que beneficiou 818 mil alunos será fechado，2019 年 7 月 19 日，见 https：//exame.com/brasil/idiomas-sem-fronteiras-sera-encerrado-pelo-mec/。

39. Folha de S.Paulo：Ranking de universidades 2019，2019 年 10 月 7 日，见 https：// ruf.folha.uol.com.br/2019/ranking-de-universidades/principal/。

40. Gobierno de Chile Ministerio de Hacienda Dirección de Presupuestos：Programa Fortalecimiento de la Formación Inicial de Docente，2021 年 5 月 18 日，见 http：//www. dipres.gob.cl/595/articles-140980_informe_final.pdf。

41. Gobierno de México，*Plan Nacional de Desarrollo 2001—2006*，México：Gobierno de México，2001，p. 69.

42. Gobierno de México：Ley General de Educación，2019 年 9 月 3 日，见 http：// www.diputados.gob.mx/LeyesBiblio/pdf/LGE_300919.pdf。

43. Gobierno de México：Plan Nacional de Desarrollo 2013-2018，2013 年 2 月 28 日，见 https：//www.gob.mx/epn/articulos/plan-nacional-de-desarrollo-2013-2018-12607。

44. Gobierno de México：Plan Nacional de Desarrollo 2019-2024，2019 年 4 月 30 日，见 http：//www.dof.gob.mx/nota_detalle.php？codigo=5565599&fecha=12/07/2019。

45. Guiado Estudante：Ciência sem Fronteiras abre 5 mil vagas na China para estudantes brasileiros，2012 年 6 月 22 日，见 https：//guiadoestudante.abril.com.br/universidades/cien cia-sem-fronteiras-abre-5-mil-vagas-na-china-para-estudantes-brasileiros/。

46. Gobierno de México：Oferta para Mexicanos，2019 年，见 https：//www.gob.mx/ amexcid/acciones-y-programas/oferta-para-mexicanos。

47. Gobierno de México：Cuantificación de la Cooperación Mexicana，2019 年，见 https：// www.gob.mx/amexcid/acciones-y-programas/cuantificacion-de-la-cooperacion-mexicana。

48. Gobierno de México：Cooperación de México con Centroamérica y el Caribe，2018年 4 月 12 日，见 https：//www.gob.mx/amexcid/acciones-y-programas/cooperacion-de-mexico-con-centroamerica。

49. Grupo Nacional para la Implementación de la Agenda 2030：Informe Nacional Voluntario Cuba 2021，2021 年 6 月，见 https：//sustainabledevelopment.un.org/content/docu ments/280872021_VNR_Report_Cuba.pdf。

50. INEGI：Encuesta Nacional de Seguridad Pública Urbana，2019 年 12 月 16 日，见 https：//www.inegi.org.mx/contenidos/saladeprensa/boletines/2020/ensu/ensu2020_01.pdf。

51. International Association of Universities：IAU 5th Global Survey—Internationalization of Higher Education：An Evolving Landscape，Locally and Globally，2019 年 9 月 13 日，见 https：//www.iau-aiu.net/Internationalization? lang=en。

52. Jaime Caiceo Escudero：Educación Superior en Chile y su Internacionalización，2021 年 5 月 18 日，见 http：//www.histedbr.fe.unicamp.br/revista/edicoes/38/art02_38.pdf。

53. Jocelyne Gacel Ávila：La Dimensión Internacional de las Universidades Mexicanas，2020 年 3 月 26 日，见 http：//www.iesalc.unesco.org/ess/index.php/ess3/article/view/135/129。

54. Joseph Nye：Soft Power and Higher Euducation，2021 年 2 月 4 日，见 http：//theory.people.com.cn/n1/2019/0830/c40531-31326541.html。

55. Kaluf F. Cecilia：La Internacionalización de la Educación Superior en Chile，2021 年 5 月 18 日，见 http：//www.iesalc.unesco.org.ve/index.php? option=com_fabrik&view=details&formid=2&rowid=172&lang=es。

56. Learn Chile：DuocUC，2022 年 2 月 15 日，见 https：//www.learnchile.cl/programas/duoc-uc-carreras-y-cursos-de-pregrado/。

57. Learn Chile：Aprender Español，2020 年 4 月 21 日，见 https：//www.learnchile.cl/aprender/。

58. Ministerio de Educación：Estudiantes Extranjeros en Educacion Superior en Chile Matrícula 2020，2021 年 11 月，见 https：//www.mifuturo.cl/wp-content/uploads/2022/01/Extranjeros_en_Educacion_Superior_Chile_matricula_2020_SIES.pdf。

59. Ministerio de Educación：Programa Inglés Abre Puertas，2021 年 5 月 17 日，见 https：//ingles.mineduc.cl/ensenanza-chino-mandarin/。

60. Ministerio de Educación：Estados Financieros de las Instituciones de Ed. Superio，2013 年 3 月 6 日，见 http：//www.mifuturo.cl/index.php/2013-03-06-18-20-53/noticias/354-2016estados-financieros-auditados-2016。

61. Ministerio de Educación de Chile：Misión del Mineduc，2021 年 4 月 21 日，见 https：//www.mineduc.cl/ministerio/mision/。

62. Ministerio de Educación de Chile：Subsecretaría de Educación Superior，2021 年 4 月 21 日，见 https：//educacionsuperior.mineduc.cl/subsecretaria-de-educacion-superior/。

63. Ministro de Relaciones Exteriores：Misión，Objetivos y Valores，2021 年 4 月 21 日，见 https：//minrel.gob.cl/minrel/ministerio/ministro。

64. Ministro da Educação：Plano Nacional de Educação，2014 年 6 月 25 日，见 https：//pne.mec.gov.br/。

65. Ministério da Educação：Plano Nacional de Educação（PNE），2014 年 6 月 25 日，见 http：//www.planalto.gov.br/ccivil_03/_Ato2011-2014/2014/Lei/L13005.htm。

66. Ministério da Educação：Programa Institucional de Internacionalização-CAPES-PrInt，2020 年 9 月 19 日，见 https：//www.gov.br/capes/pt-br/acesso-a-informacao/acoes-e-programas/bolsas/bolsas-e-auxilios-internacionais/informacoes-internacionais/programa-institucional-de-internacionalizacao-capes-print。

67. Ministro da Educação：Programa Estudantes-Convênio de Graduação（PEC-G），2021 年 12 月 29 日，见 https：//www.gov.br/mec/pt-br/acesso-a-informacao/institucional/secretarias/secretaria-de-educacao-superior/programa_estudantes-convenio_graduacao。

68. Ministério das Relações Exteriores：Programa de Estudantes-Convênio de Graduação-PEC-G，2021 年 5 月 5 日，见 http：//www.dce.mre.gov.br/PEC/G/historico/introducao.php。

69. Ministério das Relações Exteriores：Programa de Estudantes-Convênio de Pós-Graduação-PEC-PG，2021 年 5 月 5 日，见 http：//www.dce.mre.gov.br/PEC/PG/historico.php。

70. Ministerio de Salud Pública：Anuario estadístico de Salud 2013，见 https：//core.ac.uk/download/pdf/228919009.pdf。

71. Ministerio de Educación Superior：Intercionalización，见 https：//www.mes.gob.cu/internacionalizacion-0。

72. Madrid Habana：Aumentará la exigencia en nivel de inglés de la educación superior de Cuba，2015 年 9 月，见 http：//www.madridhabana.com/aumentara-la-exigencia-en-nivel-de-ingles-de-la-educacion-superior-de-cuba/。

73. Nelson Mandela：Discurso durante los Festejos por el Aniversario del Asalto al Moncada，1991 年 6 月，见 https：//www.cubamilitar.org/wiki/Nelson_Mandela_y_Cuba。

74. OECD：Education at a Glance 2018，2020 年 12 月 13 日，见 https：//read.oecd-

ilibrary.org/education/education-at-a-glance-2018_eag-2018-en#page1。

75. OECD：Education at a Glance：OECD Indicators，2019 年 9 月，见 http：// downlo ad.inep.gov.br/acoes_internacionais/eag/documentos/2019/Country_Note_ EAG_2019_Brasil. pdf。

76. OECD：Education at a Glance 2006，2006 年 9 月 12 日，见 https：//doi.org/10.1787/ eag-2006-en。

77. Observatorio Regional de Planificación para el Desarrollo de América Latina y el Caribe：Plan Nacional de Desarrollo Económico y Social 2030 de Cuba，见 https：// observatorioplanificacion.cepal.org/es/planes/plan-nacional-de-desarrollo-economico-y-social-2030-de-cuba。

78. Pontificia Universidad Catolica de Chile：Académico extranjero，2022 年 2 月 15 日，见 https：//relacionesinternacionales.uc.cl/academicos/academico-extranjero。

79. Patricia Argüelles B：El Proceso de Bolonia en América Latina：Caso Chile，2016 年 12 月 6 日，见 http：//www.institut-gouvernance.org/es/analyse/fiche-analyse-435.html。

80. PEC：Programa de Estudantes-Convênio. Ministério de Relações Exteriores，2021 年 3 月 13 日，见 http：//www.dce.mre.gov.br/PEC/PECG.php & http：//www.dce.mre.gov.br/ PEC/PECPG.php。

81. Partido Comunista de Cuba：Documentos del 7mo. Congreso del Partido aprobados por el III Pleno del Comité Central del PCC el 18 de mayo de 2017 y respaldados por la Asamblea Nacional del Poder Popular el 1 de junio de 2017，2017 年 6 月，见 https：//derechodelacu ltura.org/wp-content/uploads/2019/07/cuba_plan_nacional_de_desarrollo_economico_y_ social_hasta_2030_page_14.pdf? view=download。

82. Partido Comunista de Cuba：Lineamientos de la Política Económica y Social del Partido y la Revolución para el período 2016-2021，2017 年 6 月，见 https：//siteal.iiep.unes co.org/sites/default/files/sit_accion_files/11169.pdf。

83. Partido Comunista de Cuba：Conceptualización del Modelo Económico y Social Cubano de Desarrollo，2017 年，见 https：//siteal.iiep.unesco.org/bdnp/253/conceptualizaci on-modelo-economico-social-cubano-desarrollo-socialista-plan-nacional。

84. QS Top Universities：QS world university rankings methodology，2019年6月19日，见 https：//www.topuniversities.com/qs-world-university-rankings/methodology。

85. QS Top Universities：QS World University Rankings 2022，2022 年 1 月 3 日，见 https：//www.topuniversities.com/university-rankings/world-university-rankings/2022。

86. QS Top Universities：THE-QS World University Rankings 2004，2020 年 4 月 1 日，见 https：//www.topuniversities.com/。

87. QS Top Universities：QS world university rankings methodology，2019年6月19日，见 https：//www.topuniversities.com/qs-world-university-rankings/methodology。

88. QS Top Universities：THE-QS World University Rankings，2020 年 1 月 10 日，见 https：//www.topuniversities.com/。

89. QS：QS Latin America University Rankings 2022，2022 年 2 月 14 日，见 https：// www.topuniversities.com/university-rankings/world-university-rankings/2022。

90. Resumen Latinoamericano：Cuba. Tres Universidades se posicionan en la Edición 2022 del QS World University Rankings，2021 年 6 月，见 https：//www.resumenlatinoameri cano.org/2021/06/10/cuba-tres-universidades-se-posicionan-en-la-edicion-2022-del-qs-world-university-rankings/。

91. Radio Televisión Martí：Crisis educacional obliga a rebajar nivel de aprendizaje de inglés en universidades cubanas，2018 年 6 月，见 https：//www.radiotelevisionmarti.com/a/ cuba-idioma-ingles-rebaja-nivel-/177949.html。

92. Slide Player，：Estrategia Maestra：Internacionalización，见 https：//slideplayer.es/ slide/2272717/。

93. Sistemas de Información de Tendencias Educativas en América Latina：Lineamientos de la Política Económica y Social del Partido y la Revolución para el período 2016-2021，见 https：//siteal.iiep.unesco.org/bdnp/3332/lineamientos-politica-economica-social-partido-revolucion-periodo-2016-2021。

94. Secretaría de Educación Pública de México：Plan Nacional de Desarrollo 2013—2018，2013 年 12 月，见 https：//www.gob.mx/cms/uploads/attachment/file/11908/PROGRA MA_SECTORIAL_DE_EDUCACION_2013_2018_WEB.compressed.pdf。

95. Secretaría de Educación Pública de México：Plan Nacional de Desarrollo 2019—2024，2020 年 7 月 8 日，见 https：//www.planeacion.sep.gob.mx/Doc/planeacion/mediano_plazo/pse_2020_2024.pdf。

96. Simon Marginson：Global HE as We Know it has Forever Changed，2020 年 3 月 26 日，见 https：//www.timeshighereducation.com/blog/global-he-we-know-it-has-forever-changed#survey-answer，2020-03-26。

97. SJR：Scimago Journal and Country Ran，2018 年，见 https：//www.scimagojr.com/countryrank.php？year=2018。

98. Sociedade Brasileira para o Progresso da Ciência：O fim do Ciência sem Fronteiras depois de R$ 13 bilhões investidos em bolsas no exterior，2017 年 6 月 30 日，见 http：//portal.sbpcnet.org.br/noticias/o-fim-do-ciencia-sem-fronteiras-depois-de-r-13-bilhoes-investidos-em-bolsas-no-exterior/。

99. Subsecretaría de Educación Superior：Programa de Mejoramiento del Profesorado de las Instituciones de Educación Superior，2019 年 11 月 17 日，见 http：//publicaciones.anuies.mx/pdfs/revista/Revista101_S3A4ES.pdf。

100. Secretaría de Educación Pública de México：De los cambios del Acuerdo 286-DGAIR，2017 年 12 月，见 http：//www.sep.gob.mx/wb/sep1/acuerdo_286。

101. Secretaría de Educación Pública：Sistema Educativo de los Estados Unidos Mexicanos，Principales Cifras 2020-2021，2022 年 2 月 20 日，见 http：//www.planeacion.sep.gob.mx/principalescifras/。

102. Servicio de Información de Educación Superior：Informe matrícula 2017 en Educación Superior en Chile，2020 年 7 月 18 日，见 http：//www.mifuturo.cl/images/Informes_sies/Matricula/informe%20matricula%202017_sies.pdf。

103. Servicio de Información de Educación Superior：Informe matrícula 2020 en Educación Superior en Chile，2020 年 7 月 18 日，见 https：//www.mifuturo.cl/wp-content/uploads/2020/07/Informe-matricula_2020_SIES.pdf。

104. THE World University Rankings：THE World University Rankings 2020：methodology，2019 年 9 月 2 日，见 https：//www.timeshighereducation.com/world-univer

sity-rankings/world-university-rankings-2020-methodology。

105. The World Bank：High-technology Export（Current US$）-Latin America & Caribbean，2021 年 5 月 17 日，见 https：//data.worldbank.org/indicator/TX.VAL.TECH. CD? locations=ZJ&most_recent_value_desc=true&view=chart。

106. The World University Rankings：THE World University Rankings 2020：methodology，2019 年 9 月 2 日，见 https：//www.timeshighereducation.com/world-university-rankings/world-university-rankings-2020-methodology。

107. UNAM：Políticas de Internacionalización de la UNAM，2019 年 10 月 21 日，见 https：//www.unaminternacional.unam.mx/es/politicas。

108. UNAM：Estrategias de Cooperación e Internacionalización 2015-2019，2019 年 10 月 21 日，见 https：//www.unaminternacional.unam.mx/es/politicas/estrategias。

109. UNAM-CHINA：UNAM-CHINA Centro de Estudios Mexicanos，2020 年 1 月 20 日，见 https：//unamenchina.net/。

110. UNESCO UIS：Number and Rates of International Mobile Students（Inbound and Outbound），2022 年 2 月 10 日，见 http：//data.uis.unesco.org/。

111. UNESCO：UIS Education Statistics，2020 年 1 月 10 日，见 http：//data.uis.unesco. org/。

112. UNILA：UNILA em Números，2022 年 3 月 29 日，见 https：//portal.unila.edu.br/ acessoainformacao/unila-numeros。

113. UNILAB：Projeto RIPES，2021 年，见 http：//www.ripes.unilab.edu.br/index.php/ projeto-ripes/。

114. Universidade de São Paulo：Cooperação internacional，2022 年 2 月 11 日，见 https：//www5.usp.br/institucional/cooperacao-internacional/。

115. University World News：Brazil launches African higher education collaboration，2013 年 6 月 15 日，见 https：//www.universityworldnews.com/post.php? story=2013061510043840。

116. Universities UK：Ciência sem Fronteiras Reino Unido：Impact of the Brazilian Scientific Mobility Programme 2012–2015，2015 年 8 月 15 日，见 http：//www.universities

uk。

117. Universidad Nacional Autónoma de México：Políticas de Internacionalización，2017年4月，见 https：//www.unaminternacional.unam.mx/es/politicas。

118. UNILAB：Unilab em Números，2022年2月20日，见 https：//unilab.edu.br/unilab-em-numeros/?_ga=2.89504155.1692704944.1646936546-979589477.1646936546。

119. U.S. News World Report：How U.S. News calculated the best global universities rankings，2019年10月25日，见 https：//www.usnews.com/education/best-global-univer sities/articles/methodology。

120. Usembassy：Aumenta número de chilenos en universidades en los EE.UU，2016年1月16日，见 https：//cl.usembassy.gov/es/aumenta-numero-de-chilenos-en-universidades-en-los-ee-uu/。

121. Usembassy：Chile sube al puesto número 24 en el mundo como destino para estudiantes estadounidenses，2020年11月16日，见 https：//cl.usembassy.gov/es/chile-sube-al-puesto-numero-24-en-el-mundo-como-destino-para-estudiantes-estadounidenses/。

122. United Nations Educational，Scientific and Cultural Organization：Educación Superior en América Latina：La dimensión internacional，见 https：//documents1.worldbank.org/curated/en/797661468048528725/pdf/343530SPANISH0101OFFICIAL0USE0ONLY1.pdf。

123. Universidad de la Isla de la Juventud：Estrategia Maestra de Internacionalización，见 https：//portal.uij.edu.cu/?p=682。

124. U.S. News World Report：How U.S. News calculated the best global universities rankings，2019年10月21日，见 https：//www.usnews.com/education/best-global-universi ties/articles/methodology。

125. Universidad de Oriente Santiago de Cuba：Campus Universitarios，见 https：//www.uo.edu.cu/。

126. Universidad Agraria de La Habana：Universidad Agraria de La Habana，见 https：//www.unah.edu.cu/。

127. University Rankings Results：QS World University Rankings，见 https：//www.

universityrankings.ch/results? ranking=QS&region=World&year=2020&q=Cuba。

128. Unión Europea：Internacionalización en Cuba y Panamá：Experiencias del proyecto FORINT，见 https：//itemsweb.esade.edu/exed/forint/Libro_Internacionalizacion_en_Cuba_y_Panama-Experiencias_del_Proyecto_FORINT.pdf。

129. Wikipedia：Program Mecesup，2022 年 2 月 16 日，见 https：//en.wikipedia.org/wiki/Program_Mecesup。

130. Wikipedia：Comisión Nacional de Acreditación，2019 年 9 月 1 日，见 https：//es.wikipedia.org/wiki/Comisión_Nacional_de_Acreditación。